아빠,
딸을 이해하기
시작하다

아빠, 딸을 이해하기 시작하다

나이젤 라타 글 | 이주혜 옮김

내인생의책

차례

추천사 (김영훈-가톨릭대학교 의정부성모병원장) — 6
　　　　(양선아-한겨레신문 건강·육아 부문 기자) — 9
서문　한국 독자들에게 — 11
머리말　아빠는 딸을 이해 못한다? — 13

1장 딸 키우는 법을 알아보기에 앞서…

과연 남자는 화성에서, 여자는 금성에서 왔을까? — 22
우리 딸이 얼간이와 결혼하는 것을 막으려면 — 36

2장 딸의 세계를 탐험하기 전에 알아둬야 할 것들

딸들과 자녀교육서 그리고 그것을 쓰는 '교육전문가'에 대하여 — 42
딸을 언제까지 껴안아도 괜찮을까? — 49
사춘기 딸한테는 침묵이 금? — 61
딸들의 위기: 통계를 과신하지 말자 — 73
《화성에서 온 남자 금성에서 온 여자》: 성에 관한 사이비과학 — 82
우리 딸은 외계인이 아니다: 남녀 차이점에 대하여 — 102
기다리고 인내하라. 우리 딸에게 시간을 주자 — 112

3장 딸들의 세계를 알아보자

딸들이 학교생활을 더 잘한다, 만세! — 136
불량소녀에 대처하는 아빠의 자세 — 149
딸과 세상을 논하자 — 165
딸의 인터넷 사용과 휴대전화 구입 — 173

4장 사춘기 딸을 대하는 아빠의 자세
딸의 사춘기: 생각만큼 그렇게 끔찍하지는 않다 — 186
청소년기: 우리 딸은 '잠시' 미칠 수도 있다 — 203
십대 딸로부터 살아남기 — 221
딸의 친구가 될 생각은 하지 마라 — 234
착한 여성은 없다 — 256

5장 고통받는 딸들을 위해 아빠가 할 수 있는 것
섭식장애: 딸은 어떤 모습이라도 항상 아름답다 — 270
우울, 불안 그리고 자해의 가능성이 높은 딸들 — 290
모든 아빠들의 악몽: 성관계, 마약 그리고 파티 — 301
나쁜 딸들: 내 딸이 잘못을 저질렀을 때 — 312
이혼과 새로운 만남: 딸을 먼저 생각하라 — 327

6장 멋진 아빠가 될 준비를 마치며
하루 두 번 '아빠' 한 알씩 복용할 것 — 340
멋진 아빠가 되는 3가지 방법 — 346
최고의 딸과 최고의 아빠! — 351

추천사

김영훈 (가톨릭대학교 의정부성모병원장)

과거에는 사춘기 문제의 원인을 호르몬에서 찾았다. 사춘기에는 신체 호르몬이 변화하기 때문에 대담해지거나, 반항적이 되거나, 성적 호기심이 동한다는 것이다. 그러나 최근에는 사춘기의 신체적·정신적 문제 행동의 원인을 더 이상 호르몬에서 찾지 않는다. 학자들은 사춘기를 이해하는 단서로 뇌에 주목하고 있는데, 사춘기의 문제행동, 정서불안, 성급한 판단력의 원인과 대처법을 뇌과학에서 찾고 있다.

이 책은 사춘기의 충동적인 행동의 원인으로 뇌의 이마엽(전두엽) 부분이 발달하지 못했기 때문이라는 점을 분명히 하고 있다. 이마엽이 발달하지 못했으니 이성적으로 판단하지 못하여 충동적이고 우발적인 행동을 하게 된다는 것이다. 판단과 사고를 담당하는 이마엽이 미처 발달하지 못하면 정서의 뇌인 변연계만 반응하여, 상대가 불쾌한 말이나 행동을 하면 유독 민감하게 반응하는 것이다. 충동적이며 반항적인 사춘기가 이해되는 부분이다.

그럼에도 저자는 뇌과학자들이 남녀 뇌의 차이를 너무 강조하여 남자 아이와 여자 아이를 구별하여 키우는 것에는 우려를 나타낸다. 우리가 신경과학을 맹신한 나머지 글 한 귀퉁이에 두뇌 스캔 사진 몇 장만 박아놓으면 그것을 그대로 믿어버린다는 것이다. 그에 따르면 아들과 딸 사이에 신경학적으로 큰 차이가 있는 것처럼 과장하는 학자들이 많지만, 개인적인 차이가 오히려 더 크지, 성별 사이의 평균 차이는 사소하다고 한다. 오히려 저자는 성격의 차이가 남녀의 차이보다 많다고 주장한다. 그 점에 대해서는 나도 전적으로 동감한다.

성격은 평생에 걸쳐 지속적으로 발달한다. 즉 나이가 아이의 모양새를 만들어주고, 세월이 지혜를 심어준다. 저자는 성격적으로 보면 사춘기 딸도 나이가 들어감에 따라 더 싹싹해지고 정서적으로도 안정된다고 주장한다. 더구나 딸들이 아들들보다 더 일찍 철이 들고 성숙한다는 사실은 딸을 둔 아빠에게 훨씬 좋은 소식이다.

이 책은 아빠와 딸의 관계를 경쾌한 필치로 그려내고 있다. 사춘기의 기본적인 내용뿐 아니라 딸이 겪을 수 있는 학교생활, 대중문화, 인터넷, 섭식장애, 우울, 불안, 자해 같은 민감한 문제들에 대해서도 구체적이고 명확한 해답을 제시한다. 무엇보다도 사춘기의 딸을 어떻게 참고 기다려야 하는지 혜안을 제시하고 있다. 나는 내가 사춘기에 대해 잘 모르면서 내 방식대로 몰아가지 않고 사춘기의 딸을 기다려준 것이 잘한 일이라고 생각했다.

사춘기의 뇌는 나쁜 자극에 예민하게 반응하여 쉽게 취약해질 수 있다. 감수성 높은 사춘기에 유해한 게임, 술, 담배, 마약에 노출된다면 그 어느 시기보다 큰 타격이 된다. 쉽게 중독될 뿐 아니라, 회복시키는 것이 간단하지 않다. 이 책은 이러한 세세한 문제에 적용할 수 있는 구체적인 아빠의 역할을 제시하고 있다.

나는 이 책을 읽으면서 내 딸이 사춘기였을 때를 떠올려보았다. 사실 그때 나는 사춘기의 딸을 키울 준비가 되지 않았었다. 그저 질풍노도의 시간이 지나갈 때까지 기다리는 것 말고는 할 게 없었다. 시간이 지나면 방황에서 돌아올 것이라는 믿음과 끝까지 딸을 지켜주겠다는 다짐은 있었지만, 사춘기의 딸을 제대로 키울 수 있는 기술은 가지고 있지 않았다. 그 시절 딸에 대한 진정성마저 없었다면, 나와 딸과의 관계는 오랫동안 어려움을 겪었을 것이라는 생각이 든다.

이 책은 딸을 가진 아빠뿐만 아니라 사춘기 자녀를 키워야 하는 모든 부모에게 유용한 지침서가 될 것이라고 확신한다.

추천사

양선아 (한겨레신문 건강·육아 부문 기자)

친구 같은 아빠 '프렌디(friendy)'가 늘고 있다. 남성 육아 휴직자 수도 증가하고, 아예 육아를 전담하려는 아빠들까지 생길 정도다. 가정은 내팽개쳐두고 죽자 사자 일만 한다고 행복해지지 않는다는 사실을 우리 사회 남성들이 조금씩 인식하고 있다는 증거다.

그러나 막상 아빠들이 육아에 동참하려 해도 구체적으로 어떻게 해야 할지 막막함을 느끼는 경우가 많다. 자신들의 성장 과정에서 대부분의 아버지가 육아에 적극적이지 않았기에 그들에겐 역할 모델이 없다. 특히 딸을 가진 아빠들의 고민 수위는 한층 높아진다. 딸과 어떻게 대화할지, 딸의 성교육은 어떻게 할지, 사춘기에 접어든 딸을 어떻게 대해야 할지, 세상에서 가장 귀한 내 딸을 늑대 같은 남자들로부터 어떻게 보호할지 등 만만치 않은 숙제들이 그들 앞에 놓여 있기 때문이다. 이런 문제들로 길을 잃고 헤매고 있는 아빠들에게 이 책은 오아시스와 같은 역할을 해 줄 것이다.

저명한 임상심리학자이자 양육전문가인 나이젤 라타는 좋은 아빠가 되려는 남성들에게 구체적이고 실질적인 정보를 제공한다. 딸을 키우는 과정을 크게 사춘기 이전과 이후로 나누고 각 시기별로 어디에 중점을 둘지 알려준다. 지은이는 10세 이전의 딸과 공통의 관심사를 마련하고, 즐겁고 재밌는 아빠가 될 것을 주문한다. 또 딸과 놀 때도 아들만큼 약간의 위험을 감수하는 거친 놀이를 허락하는 것이 중요하다고 지적한다.

이 책이 가장 마음에 드는 부분은 양성 평등적 관점으로 딸을 키울 수 있도록 아빠들을 안내한다는 점이다. 세상에는 "딸은 아들보다 말이 많다."거나 "딸은 언어를 아들은 수학을 더 잘 한다."는 선입견이 있고, 때로는 일부 연구 결과를 토대로 그런 선입견들이 진실로 여겨지기도 한다. 그러나 좀 더 면밀하게 들여다보면, 남성과 여성 사이에는 차이점도 존재하지만 유사점이 훨씬 많다는 점을 지은이는 알려준다. 또 육아를 복잡하고 어려운 일로 여기는 아빠들에게 육아는 그렇게 어려운 일도 아니며, 아이들을 과잉보호·과잉관리할 필요가 없다고 조언한다. 이 얼마나 쉽고 간단명료한 해법인가.

이 책은 딸을 키우는 아빠들뿐만 아니라 자식을 둔 부모들이라면 한번쯤 읽어봐도 도움이 될 것이다. 아들과 딸의 공통점과 차이점을 잘 이해하면서 아빠가 육아에 참여하는 것의 중요성 등을 인식할 수 있도록 도와주기 때문이다.

서문
한국 독자에게

우리 아이들은 우리가 자란 것과 매우 다른 세상에서 자라고 있다. 그 한 예로서, 한국은 이 지구상에서 가장 인터넷이 발달한 나라이며, 이 새로운 기술이 아이들의 삶에 미치는 영향은 어마어마하다. 이 모든 변화가 가져올 영향력은 결국 누구도 알 수 없을 것이다. 그럼에도 불구하고 확실한 것은, 가족에서 아빠의 역할이 항상 그래왔던 것처럼 여전히 같다는 사실이다. 아이들을 부양하고, 사회의 생산적인 일원이 되도록 가르치는 일이 그것이다. 이는 아빠가 이 세상에 존재하기 시작한 때부터 딸을 위해 하고자 한 일이기도 하다.

그리고 그 과정에서 아빠가 딸을 이해하고 그들을 도울 수 있는 최선의 방법을 알아내고자 몸부림쳤을 것이다. 딸의 신비로움은 아빠를 수천 년 동안 쩔쩔 매게 했으니까.

이 책은 아빠와 딸 사이의 간극을 좁히려는 시도이다. 아빠에게 무엇이 딸을 움직이는지 이해할 수 있는 몇 가지 간단하면서도 실용적인 이야기를 들려준다. 또 딸이 인생의 기회를 어떻게 하면 최대한 활용하도록 기를 수 있는지도 알려준다. 좋은 소식이 있다면, 우리 딸들은 아빠들과 비슷하며, 그들이 바라는 바와 우리가 원하는 바가 같다는 사실이다. 당신이 서울이나 부천, 안산에 사는 아빠라도, 시애틀, 부다페스트, 오클랜드에 사는 아빠들과 생각보다 공통점이 많을 것이다.

가장 좋은 소식은, 당신 앞에 놓인 길이 생각보다 훨씬 간단하다는 것이다.

나이젤 라타

머리말
아빠는 딸을 이해 못한다?

13세 소녀는 합성시럽처럼 달콤하게만 보인다. 꽉 끼는 청바지에 살이 훤히 드러나는 분홍색 탑을 입고 있다. 그러나 나는 책의 표지와 내용이 같지만은 않다는 것을 알만큼 이 분야의 일을 오래 해왔다.

혹시 들판에서 길을 잃었다면, 유난히 빨간 산딸기에는 손대지 않는 게 좋다. 빛깔이 매혹적일수록 독이 들었을 가능성이 크기 때문이다. 지나치게 소녀티를 내는 여자 아이들은 조심해야 한다. 언제 이를 드러내고 물어뜯을지 모른다.

소녀는 아빠와 함께 내 사무실로 왔지만, 사실 온갖 협박과 뇌물공세와 애원을 적절히 섞어 어르고 달래서 끌고 왔다고 보는 게 더 정확할 것이다. 소녀의 엄마는 교통체증으로 말미암아 약속시간에 맞추지 못했다. 그래서 지금은 소녀와 그 아빠 그리고 나 이렇게 셋뿐이다.

카라는 최근 부모에게 공포의 맛을 보여주면 원하는 걸 쉽게 손에 넣을 수 있다는 사실을 깨달았다. 지칠 줄 모르고 졸라대다가, 요구사항에 조금이라도 '태클'이 들어오면 가출하겠다는 협박부터 한다. 하지만 카라는 부모님이 자신의 협박을 왜 그렇게 겁내는지 그 이유를 헤아릴 만큼 철이 들지는 못했다.

"자, 아버님. 어머님도 금방 오신다는데 먼저 이야기를 시작할까요? 무슨 일로 오셨습니까?"

나는 소녀의 아빠에게 말했다.

아빠가 카라의 눈치를 보자, 아이는 시선을 돌리며 의자에 구부정하게 몸을 묻었다. 무슨 이야기가 오가든 전혀 관심이 없으면서도, 동시에 이 소동의 매 순간을 즐기는 듯 보였다.

"저희 집에 요즘 몇 가지 문제가 있습니다."

그러자 카라는 제 아빠 쪽을 돌아보며 연신 콧방귀를 뀌어댔다.

"무슨 문제입니까?"

"무슨 일이든 서로를 잘 이해하지 못하는 것 같습니다."

"아니거든요!"

카라가 불쑥 끼어들었다. 아이의 목소리에 묻어난 독기는 독사조차 화들짝 놀랄 정도였다.

"사실이 아니잖아요, 아빠."

"요즘 우리가 말다툼을 자주 하잖니."

"그래서요?"

"그건 나나 네 엄마에게 썩 좋은 상황은 아니란다. 물론 너에게도 좋진 않을 거고…….."

"엄마가 짜증나게 하니까 자꾸 말다툼이 벌어지는 거라고요! 엄마가 완전 짜증나게 한다고!"

카라가 시동을 걸기 시작하는 게 보였다. 내 경험으로 미루어 볼 때, 13세 여자 아이들은 햇볕 아래 오래 방치된 다이너마이트와 비슷하다. 잠시 뒤 폭약이 새어나오면, 조금의 충격만 줘도 폭발하고 말 것이다.

"제발 엄마에 대해 그렇게 말하지 마라."

아이 아빠가 점잖게 경고했다.

대부분의 경우, 이 정도는 충격 축에도 끼지 못한다. 아이 아빠의 말투는 단호했지만 괜찮은 편이었다. 욕을 하지도, 딸을 위협하지도 않았으며, 언성을 높이지도 않았다. 심지어 '제발'이라는 단어도 썼다. 하지만 그래봐야 소용없다. 카라에게는 뭐든 핑계가 필요했을 뿐, 제 아빠가 어떤 말을 했어도 결과는 같았을 것이다.

"정말 짜증나!"

카라는 눈물을 터뜨리며 자리에서 벌떡 일어나 단번에 억울함 모드로 돌변했다.

"아빠도 엄마랑 똑같아! 엄마 편만 들고 내 말은 듣지도 않아. 완전 거지 같아! 더 이상 여기 앉아서 이딴 소리 듣고 있을 필요도 없어."

제 아빠가 무슨 말을 더 하기도 전에, 카라는 문을 쾅 닫고 나가버렸다.

우리는 한동안 가만히 있었다. 아이 아빠의 얼굴에는 내가 여러 해 동안 목격한 예의 그런 표정이 떠올라 있었다. 혼란과 당혹감이 더 이상 어쩔 수 없을 정도로 딱 맞게 버무려진 얼굴이었다.

"혹시 네이팜이라는 말이 어디서 유래한지 알고 계십니까?"

내가 불쑥 물었다(최소한 네이팜이 뭔지 알고 있는 남자들끼리 나누기에 썩 좋은 화제다).

"네? 뭐라고요?"

"네이팜이요. 그 이름이 어디서 유래한지 아시냐고요."

남자는 고개를 저었다.

"아니요."

"휘발유를 젤 상태로 만들려면 나프텐과 팜유산이 필요하죠. 이 나프텐과 팜유산이라는 말의 앞 글자를 따서 네이팜이 되었답니다."

"아, 그래요?"

"네. 나프텐은 원유에서 추출하고 팜유산은 야자기름에서 얻습니다. 1944년 7월 17일 제2차 세계대전 당시 프랑스의 연료창고에 처음 투하됐죠. 그럼 좋은 네이팜탄을 만드는 비결을 아십니까?"

"끈적거릴수록 좋겠죠."

아이 아빠가 대답했다.

"바로 그겁니다."

네이팜이 얼마나 특별한지 아는 남자들끼리의 대화는 얼마나 경이로운가!

"그전까지만 해도 소이탄을 떨어뜨리면 파편이 사방으로 튀어 너무 빨리 불타버리는 문제가 있었죠. 그래서 더 오래 들러붙어 타는 물질이 필요했답니다."

"아, 뭔지 알 것 같아요. 우리 애도 네이팜탄처럼 종일 들러붙어 폭발하죠."

"딸을 키우다보면 혼란스러울 때가 참 많죠. 딸들에 관한 온갖 사탕발림은 많은데, 그 뒤에 숨겨진 네이팜탄 이야기는 아무도 안 해주니까요."

내 말에 그는 고개를 끄덕였다.

"도무지 애를 어떻게 다뤄야 할지……. 어렸을 때는 별 문제 없었는데 지금은 정말이지……. 아니, 여자 아이들의 머릿속에 뭐가 들어 있는지 가엾은 아빠들에게 가르쳐주는 책은 왜 안 나오는 겁니까?"

"흠, 사실 제가 요즘 바로 그런 책을 쓰고 있답니다. 아마 아버님 같은 분들이 머리말에 등장하지 않을까 싶네요."

남자가 껄껄 웃음을 터뜨렸다.

"어떤 책입니까?"

"딸을 키우는 아빠들을 위한 지침서랄까요? 왜 딸들은 별일도 아닌데 아빠와 생각하는 게 그토록 다른지 설명하는 책입니다. 또 딸 키우는 아빠들이 '해야 할 일'과 '해서는 안 되는 일'도 담고요."

"예를 들면요?"

"흐음, 이를테면 '아빠가 딸의 친구가 될 필요는 없다!' 같은 조언이 있죠."

남자가 또 다시 웃음을 터뜨렸다.

"그게 무슨 뜻이죠?"

"딸을 키운다고 아빠까지 딸처럼 굴 필요는 없다는 뜻입니다."

"아, 정말 감사합니다. 만약 저까지 딸처럼 군다면 아마 우리 집은 하루 만에 폭삭 주저앉고 말 거예요."

바로 그때 카라의 엄마가 교통체증을 뚫고 사무실에 도착했다.

"카라는요?"

아이 엄마가 물었다.

"당신, 혹시 네이팜을 야자기름으로 만든다는 거 알고 있었어?"

남자가 다짜고짜 물었다.

"네⋯⋯, 뭐요?"

아이 엄마의 얼굴에 당혹감이 스쳤다.

남자와 나는 서로를 바라보며 씩 웃었다. 소이탄, 네이팜 같은 전문용어가 가득 찬 남자들만의 세계를 공유한다는 친밀감을 나누면서.

이런 게 바로 남자들만의 세계다.

재미있게도 이 책 또한 남자들만을 위한 것이다.

1장

딸 키우는 법을 알아보기에 앞서…

♡ 과연 남자는 화성에서, 여자는 금성에서 왔을까?
♡ 우리 딸이 얼간이와 결혼하는 것을 막으려면

과연 남자는 화성에서, 여자는 금성에서 왔을까?

자, 현실을 직시하자. 대부분의 여자들은 살벌하게 느껴질 만큼 신비한 존재다. 우리 남자들은 여자들을 이해하는 척 하지만-그래야 골치 아픈 일이 생기지 않으니까-사실은 어리둥절할 정도로 혼란스럽기만 하다. 여자들은 왜, 대체 왜 매일매일 반복되는 수많은 일들을 얘기하는 걸 좋아할까? 이를테면 자는 아이들을 깨우고 옷을 입히고 밥을 먹이고 숙제를 챙기고 머리를 빗기고 양치질을 시키고 책가방을 싸고 학교에 데려다주고 예산에 맞게 시장을 보고 빨래를 하고 고장 난 가전제품을 고치고 또 바꾸고 병원에 다녀오고 하교하는 아이를 마중 나가고 곧바로 학원에 데려다주고 집에 와 숙제를 시키고 저녁을 차리고 먹이고 양치질을 시키고 동화책을 읽어주고 이불을 꼭 여며주고 잡다한 집안일을 처리하고, 끔찍하게도 그 모든 일들을 굳이 우리 남편들에게 주절주절 들려주면서 동시에 가족들의 생일과 각자 좋아하는 색깔과 아이 선생님들 및 친구들의 이름과 알레르기를 일으키는 음식과 머리 모양과 다음 밀물 시간과 달의 기울기까지 세세히 기억하고 있다!

하지만 이런 여자들을 바퀴가 터져버린 자동차 앞에 세워보라. 그들은 순간 얼음처럼 굳어버릴 것이다. 바퀴가 터지면 십중팔구 여자들은 '보험사'나 '남편'에게 또는 둘 다에게 전화를 건다.

그토록 뛰어난 멀티태스킹 능력자들이 왜 바퀴 터진 자동차 앞에서는 속수무책으로 쩔쩔맬까? 그게 그렇게 어려운 일인가? 아니, 우주왕복선을 띄우라는 것도 아니고, 뇌종양을 제거하라는 것도 아니지 않나! 그냥 잭으로 자동차를 들어 올리고 바퀴의 너트를 풀고 바람 빠진 타이어를 빼 새 타이어로 바꿔 끼우고 너트를 조이고 다시 자동차를 내리면, 작업 끝인데!

어제는 재미있는 메일을 하나 받았다. 아빠들이 자녀들과 섬에 들어가 엄마들의 일을 대신하는 '미션'을 수행하는 〈서바이버(미국 CBS의 리얼리티 쇼-옮긴이)〉의 새 시리즈에 대한 구상이 떠오르는 메일이었다. 아내의 친구들 사이에서 떠도는 메일이었는데, 이들은 그 내용을 재미있어 했다. 엄마들은 척척 해내는 일들을 아빠들이 쩔쩔매며 손도 대지 못하는 몇 가지 에피소드에서는 모두들 바닥을 구르며 웃었다. 솔직히 재미있는 메일이었고, 나도 몇몇 대목에서는 낄낄대기도 했다. 하지만 비교해보기도 전에 여자들이 자신들을 남자들보다 우월한 성이라고 확신하는 태도는 확실히 경이로웠다.

하지만 그렇게 현명하다는 사람들이 하이힐을 신는다니?

하이힐은 어이없는 신발이다. 하이힐을 신으면 뛰는 건 고사하고 걷기조차 힘들다. 나는 하이힐을 볼 때마다 신으면 발도 아프고, 게다가 좀비가 쫓아와도 도망칠 수 없는 신발을 돈 주고 산다는 건 미친 짓이라는 생각을 한다. 그렇다. 나는 남자이기 때문에 언제 좀비에게 쫓길지 모른다는 생각을 하고 산다. 하지만 여자들은 좀비에 대해 잘 생각하지 않는 모양이다. 그건 근시안적인 사고방식 아닐까? 이런 내 생각에 남성 독자들은 동의할 거라고 믿는다.

흔히 여자들은 하이힐을 신고 화장을 하고 어쩌고저쩌고 하는 게 남자들을 위해서라고 둘러댄다. 그리고 덧붙이기를 남자들이 기대하지 않는다면 당연히 하지 않을 행위라고 못을 박는다.

정말로?

만약 여자들이 내게 하이힐을 신거나 닭 모양 잠옷을 입거나 심지어 가짜 콧수염을 붙이기를 기대한다는 내용의 집단성명서를 발표해도, 나는 단박에 거절할 것이다.

"우린 당신이 발을 아프게 하는 어이없는 신발을 신어주길 바랍니다."라고 여자들이 내게 요구한다면?

물론 "싫어요."라고 대답할 것이다.

"대체 왜요?"라고 묻는다면?

"좀비 때문이죠."

"뭐라고요?"

"좀비 때문이라고요. 하이힐을 신고 있으면 도망칠 수가 없잖아요. 뭐, 좀비가 여유 작작 영국인 타입이라면 괜찮지만, 초스피드 미국인 타입이라면, 하이힐을 신고 도망치다가 당장 놈의 점심밥이 되고 말걸요?"

하지만 여자들은 이런 내 생각을 전혀 이해하지 못할 것이다.

좀비와 하이힐, 이 두 가지는 절대로 양립할 수 없는 존재다.

남자와 여자는 정말이지 다르다. 뭐, 깊이 파고든다면 모를까? 표면적으로는 두 성이 서로 다른 별, 즉 화성과 금성에 살고 있다는 주장에 절로 고개가 끄덕여진다.

그 차이 가운데 한 가지가 쇼핑이다. 여자들은 대부분 쇼핑을 좋아한다. 살 물건이 없는데도 쇼핑을 간다. 그냥 보는 것만으로도 흡족하다나? 하지만 난 그저 보기만 하는 건 싫다. 대부분의 남자들이 그렇다. 그저 보는 것만으로도 좋은 곳은 서점과 가전제품 상점뿐이다. 그밖에 다른 곳은? 꼴도 보기 싫다.

또 한 가지 다른 점은 카페, 거실, 침실과 자동차 안에서 매일매일 벌어지는 대화다. 어느 순간 우리 남자들은 이렇게 묻고 만다.

"당신 나한테 화났어?"

"아니."

"그런데 왜 화난 표정이야?"

"화 안 났다니까."

"우편함에서 편지 가져오라고 말한 것 때문이야?"

"아니야."

"그럼, 오늘 아침 밥 먹고 싱크대에 그릇 안 갖다놔서?"

"아니라니까."

"그럼, 오늘 아침 장인어른하고 통화한 것 때문에?"

"아니야. 그게 아니라고. 그게 왜 문제였는데? 아무 일도 아니었잖아. 당신이 우리 아빠랑 통화했을 때, 무슨 잘못을 했는데?"

이런! 장인어른과 통화한 게 문제였네.

"아까 내가 뭐라고 말했지? 뭐가 잘못이었는데?"

"아무 일도 아니야."

"아니야. 뭔가 있어. '아무 일도 아니야.'는 분명히 뭔가 있다는 뜻이야."

하지만 아내는 어깨만 으쓱할 뿐이다.

이런 젠장.

"나 아까 엄청 공손했잖아. 불손한 말이나 무례한 짓은 하지 않았어."

"그러셨겠지."

오, 이런. 이건 "당신이야 좋은 뜻이랍시고 그랬겠지만, 완전 틀렸어."라는 뜻이다.

"그래, 당신은 잘못한 게 아무것도 없으니까 됐어."

이 대목에서 우리는 재빨리 상황분석에 들어간다. 완벽할 만큼 평범한 대화라고 생각했던 그 통화에 어떤 위험이 있었던가를 알아보려고 머리를 굴려본다.

드디어 기억 한 가닥을 끄집어냈다. 장인어른에게서 전화가 걸려왔을 때, 우린 텔레비전을 보고 있었다. 그래서 아내에게 꽤 성급하게 수화기를 건넸다.

이제야 사태가 파악된다.

"내가 장인어른하고 너무 빨리 통화를 끝냈다고 생각해서 그래?"

묵묵부답. 오직 차가운 침묵만이 감돈다. 이게 바로 아내가 남편에게 단 한 마디 말도 하지 않고 사태를 파악시키는 방식이다.

그래, 뭐 좋다. 가끔은 그 속을 헤아리기 힘들어도, 우린 아내를 사랑하니까. 이 납덩어리 같이 무거운 순간들은 남자들만으로 이루어지지 않은 세상을 사는 대가로 받아들이면 되니까. 어차피 일대일의 관계에서는 '져 주는 게 이기는 것'인 순간도 있는 법이니까.

하지만 딸이 생긴다면? 이 상황에서 딸이 있는 아빠는 수적 열세에 몰리고 만다. 드디어 소수자로 전락하는 순간이다.

영원히.

허허, 이것 참.

그러니 남자들은 아들을, 여자들은 딸을 선호한다는 경향을 입증하는 수많은 연구 결과를 봐도-물론 일반적인 수준의 연구다-그리 놀랍지가 않다. 왜 그런 결과가 나왔는지 분석하는 여러 설명들은 "동성끼리 있으면 더 편하니까."라는 생각의 변주일 뿐이다. 그러나 내 생각은 다르다. 나는 모든 게 결국 숫자의 문제, 즉 투표의 문제라고 본다.

투표가 뭐 그렇게 중요하냐고? 자, 가족끼리 볼 영화를 골라보자. 〈바비인형의 아기자기 닭살 돋는 사랑의 파티 2〉와 〈캐리비안의 해적〉 가운데 어느 것을 볼까? 이는 투표가 결정한다. 모든 게 거수투표로 결정되는 순간, 아빠가 소수당에 속해 있다면? 아빠는 꼼짝없이 무성영화처럼 보이는 마법의 조랑말과 요정, 바비인형이 파티를 벌이는 낯간지러운 영화를 봐야 한다.

집에서 수적으로 열세라면 이런 고통을 감내해야 한다. 안타깝지만 어쩔 도리가 없다. 뭐, 낯간지러운 영화가 눈앞에 펼쳐져도 "딸을 이해할 수 있는 기회로 삼아라! 그 어느 때보다 소중한 순간이 될 것이다."와 같은 그럴듯한 조언을 마음에 새길 수도 있을 것이다.

그러나 실제로는 그렇지가 않다.

애를 쓰고 용을 써도 그냥 무성영화를 본 것이다.

그러므로 딸을 키워야 하는 아빠라면, 많은 준비와 각오를 해야 할 것이다. 다른 일은 내 뜻대로 될지라도, 딸 키우기만은 내 맘대로 안 된다.

이 책은 그리 길지 않다. 필요하지 않은 말은 아예 생략했다. 간결하고 요점 위주로 쓰려는 이유는 남자들을 위한 책이기 때문이다. 우리 남자들은 낯간지러운 미사여구와 필요 없는 장식이라면 딱 질색 아니던가. 적어도 나는 그런 게 싫다. 부풀리고 꾸며대는 사람들을 보면 솔직히 짜증부터 난다.

그럴 때마다 마음속으로 중얼대는 말이 있다.

'닥치고 본론이나 말하라고!'

이 책은 홀로 딸을 키우는 아빠에게 특히 도움이 될 것이다. 딸이든 아들이든, 아빠 홀로 자식 키워내기는 쉽지 않다. 그러나 다른 성에 속한 자식을 키우는 건 더 힘들 것이다. 아들들이 무슨 생각을 하고 어떻게 행동할 것인가는 대충 그림이 그려지지만…… 딸이라면? 대체 그 머릿속에 뭐가 들어있는지 도무지 알 수가 없다.

    이 책에 담긴 몇 가지 기본원칙만 충실히 따른다면 혼란의 도가니로만 보였던 딸 키우기가 조금은 수월해질 수 있다. 길을 잃고 헤매는 아빠에게는 길잡이 구실을 해줄 것이다.

    딸을 키우는 아빠들이 사춘기라는 공포스러운 나날을 어떻게 헤쳐 나갈지에 대해서도 다룰 것이다. 이따가 자세히 다룰 테니 조급해 하지 말자. 당신들이 알고 싶어 하는 것 이상의 자세한 이야기들이 담겨 있을지도 모른다. '여자들만의 이야기'에 대해서도 알아야 할 게 있고, 또 그다지 유쾌하지 않은 일도 알아두어야 한다. 또 딸의 성교육을 담당해야 한다면, 그러니까 '여자들만의 그날'에 대해 설명을 해줘야 한다면 이 책의 도움을 받을 수 있을 것이다.

    억지로 등 떠밀려 이 책을 읽는 아빠들까지도 얻어가는 게 있도록 신경을 썼다. 오랫동안 자녀교육서 업계에 종사하다보니, 이런 책을 읽는 절대다수가 엄마라는 사실을 잘 알고 있다. 물론 자발적으로 자녀교육서를 찾아 읽는 '싱글대디'도 있지만, 대부분 아내의 강요로 읽게 될 것이다. 아내가 먼저 책을 읽어본 다음, 인상 깊었던 내용을 아빠에게 큰 소리로 읽어준다. 그 대목이 재미있고 유익하다는 판단이 서면, 그제야 아빠도 책을 집어 든다. 그렇다고 아빠들이 책을 싫어한다거나 자식에게 관심이 없다는 뜻은 아니다. 다만 자녀교육에 대한 접근법이 다를 뿐이다. 우리 남자들은 애 키우기가 뭐 대수냐고 생각하고, 또 크게 잘못될 일도 없다고 여긴다. 뭐, 대체로 맞는 말이다. 다들 넘어지고 다쳐가며 큰다.

이렇게 말하고 보니 독자들 앞에 대충 던져놔도 다들 이 책을 고를 거라는 확신처럼 들릴 것 같다. 정말로 그랬으면 싶어 책장이 잘 넘어가도록 쉽게 쓰려고 애썼다. 각 장 끝에는 핵심 요약도 따로 실었다.

책은 읽고 싶을 때 읽는 게 좋다. 쉽지는 않았지만 재미와 실용성, 두 마리 토끼를 모두 잡으려고 노력했다. 하지만 자신의 취향과 맞지 않는다고 생각된다면, 입맛이 당기는 내용만 골라 읽어도 좋다.

이쯤에서 내겐 딸이 없음을 밝혀야 할 것 같다. 나는 아들만 둘

두었다. 솔직히 아들만 있다는 사실이 기쁘다. 딸보다 아들이 좋아서가 아니다. 아들 키우기가 더 수월해서도 아니다. 아들도 딸과 다를 뿐, 키우기는 녹록치가 않다. 아들이 있어서 좋은 이유는 아내에 견주어 내가 수적 우위에 속하기 때문이다. 우리 집은 적어도 요정이니 조랑말이니 바비인형 따위가 등장하는 영화를 안 봐도 된다. 난 무슨 일이 있어도 여자 애들의 영화는 보기 싫다. 그러니 아들만 있는 게 얼마나 기쁜지 모른다.

뭐, 굳이 봐야 한다면 못 볼 것도 없겠지만, 소름끼치게 싫기는 할 것이다.

딸도 없는 주제에 딸 키우는 아빠들에게 무슨 도움이 될 말을 해줄 수가 있느냐고? 나는 오랜 시간 수많은 '아빠와 딸'들과 일해왔다. 지난 20년 동안 공주부터 사악한 마녀까지, 달콤한 소녀부터 야만적인 여자 아이까지 온갖 종류의 딸들을 목격했다. 그 과정에서 배운 것이 있다면 "여자 아이들이 더 온순하다."는 세간의 속설은 헛소리라는 점이다. 물론 천사 같은 여자 아이들도 있다. 하지만 네이팜탄이나 곰 사냥용 덫 같은 무시무시한 여자 아이들도 많다. 책의 뒷부분에서 더 자세한 이야기를 나누기로 하자. 어쨌든 지금 당장은 내가 딸을 키워본 적은 없지만, 남들보다 훨씬 더 많은 시간을 딸을 키우는 가족과 함께 보냈다는 점에 집중하자. 그 결과 천사 같은 여자 아이든, 네이팜탄과 곰 사냥용 덫 같은 여자 아이든, 어린 인간을 키우는 과정에서 진짜 중요한 일이 무엇인지 몇 가지 배운 게 있었다는 사실만 밝히고 넘어가겠다.

또 몇 가지 당부할 이야기가 있다. 지금부터 내가 들려주는 이야기들은 절대 변하지 않는 진리가 아니다. 그저 내 생각일 뿐이다. 그러므로 당신들은 내 주장과 제안이 자신과 자신의 가족에게 적절한지부터 확인해야 한다. 책을 무조건 믿고 덤벼서는 안 된다. 나도 자녀교육서를 수없이 읽어봤지만, 그 가운데는 말도 안 되는 희한한 논리를 그럴듯하게 포장한 것들도 있었다. 심지어 '과학적 연구 결과가 입증하듯이'라고 시작하지만, 전혀 검증이 되지 않은 '연구 결과'에 기초해 심하게 한계를 벗어난 주장도 많았다. 이 부분에 대해서는 '성에 관한 사이비과학'을 다룰 때 조금 더 깊이 보기로 하자.

물론 이 책에도 과학적 연구 결과에 대한 언급이 등장한다. 과학은 딸들의 세계에 대해서도 중요한 사실들을 일러주기 때문이다. 궁금한 게 있다면 찾아볼 수도 있다. 그러나 보통 독자들은 직접 그 사실의 진위 여부를 직접 알아보지 않는다. 그래서 어떤 저자들은 잘못된 주장을 하더라도 큰 문제 없이 지나간다. 그러나 나는 딸들에 관한 타당한 과학적 연구가 가르쳐주는 내용에 대해 정직하게 설명하기 위해 많은 노력을 기울였다. 그러나 결론은 이 책에 담긴 나의 주장을 액면 그대로 믿지 말라는 말이다.

누군가 나서서 자녀양육을 이러저러하게 해야 한다고 주장하면, 일단 의심과 질문부터 품어야 한다. 교육은 앞뒤가 딱 맞아떨어지는 과학도 아니요, 흑백으로 분명하게 나누어지는 논리도 아니다. 그러므로 교육이나 양육을 마치 과학이나 논리인 것처럼 주장하는 사람이 나타나거든 일단 의심하는 게 좋다.

나의 양육원칙은 아주 단순하다. 최근 들어 자녀양육은 어이없을 정도로 복잡해져버렸다. 양육에 대해 지나치게 많은 생각을 하고, 그다지 중요하지 않은 일에 노심초사한다. 그러니 열기를 가라앉힐 필요가 있다. 요즘 아이들은 오히려 과잉보호와 과잉관리에 시달리고 있다. 그러므로 부모가 한 발짝만 뒤로 물러나 아이 스스로 주변세계를 이해할 여지를 주어야 한다.

어린 시절 내가 심심해하면, 부모님은 그냥 밖에 나가서 놀라고 하셨다. 믿기 힘들겠지만 나는 정말로 밖에 나가 놀았다. 더 믿기 힘들겠지만, 그렇게 밖에 나가 노는 동안 한쪽 눈을 잃지도 않았고, 부모로부터 무시당한다고 느끼지도 않았으며, 방치된 아이라는 고민도 없었고, 아동성범죄자의 추행을 당하지도 않았고, 각성제에 중독되지도 않았다. 나는 그냥 밖에 나가 놀았다.

요즘 부모들은 아이들이 마치 유리로 만들어진 양 종일 아이 곁을 맴돈다. 그러나 아이들은 유리로 만들어지지 않았으며, 세상은 우리가 어렸을 때보다 더 위험해지지도 않았다. 아니, 이보다 더 안전한 곳이 없을 정도다. 내 말이 믿기지 않는가? 적어도 지나가는 길목마다 '망태 할아버지'가 숨어 있다가 우리 아이들을 낚아채 가지는 않는다고 말하고 싶다. 그러니 당신들의 딸도, 내 아들도 세상 밖에 나가 놀 필요가 있다. 우리가 어린 시절 그랬던 것처럼, 스스로 삶을 살아갈 필요가 있다.

너무 많이 생각하지 말라, 이것이 바로 나의 기본원칙이다. 아이 키우기는 유리처럼 깨지기 쉬운 위태로운 일도 아니요, 그리 복잡한 일도 아니기 때문이다.

1
우리 딸이 얼간이와
결혼하는 것을 막으려면

엄마들은 아빠들보다 원하는 게 훨씬 많다. 그렇다고 해서 엄마들이 아빠들보다 자식을 더 많이 사랑한다는 뜻은 아니다. 그저 엄마들이 훨씬 더 많은 일을 걱정하고 마음에 담아두는 경향이 있을 뿐이다. 그와 달리 우리 아빠들의 요구는 훨씬 더 간단하고 단순하다. 그게 뭐냐고? "제발 골치 아픈 일이 생기지 않길……." "아이들이 아빠에게 분노의 화살을 쏘아대지 않길……."

그러니까 그저 조용히 살아갈 수 있기를 바랄 뿐이다.

물론 아빠들도 자식이 건강하고, 행복하고, 성공하기를 바란다. 그러나 골치 아픈 일 없이 조용히 우리 아이들이 그 길을 가주길 바란다. 바로 그런 맥락에서 우리 아빠들은 욕실 앞에 놓인 발깔개를 제자리에 놓으라는 아내의 시시콜콜한 요구를 묵묵히 따르는 것이다. 그런 아내의 요구가 정당하다고 믿어서, 또는 발깔개를 반듯하게 두는 게 합리적이라고 생각해서 고분고분히 따르는 게 아니다. 그렇게 해야 집안이 조용하니까, 굳이 발깔개를 비뚤게 놓고 시끄러운 일을 만들 이유가 없으니까 하는 것이다.

놀랍게도 여자들은 이토록 간단한 핵심을 이해하지 못한다. 그들은 우리가 대단한 도덕적 가치관에 따라 발깔개를 반듯하게 놓는다고 생각한다. 설마? 절대로 그렇지 않다. 반듯하게 두지 않았을 경우 발생할 난리법석을 참기 싫을 뿐이다.

아이들도 마찬가지다. 특히 딸이라면, 그것도 특히 십대인 딸이라면 똑같은 이야기가 적용된다. 나중에 십대 청소년 딸에 대해 특별히 지면을 할애해 검토해볼 예정이다. 대다수의 아빠들이 특히나 힘들어하는 부분이기 때문이다. 딸의 인생을 사춘기 이전과 사춘기 이후로 크게 나눈다면, 첫 번째 단계는 꽤나 탄탄대로다. 어린 딸은 대부분 제 아빠를 세상에서 가장 멋진 남자로 생각하기 때문이다. 그러나 두 번째 단계에서 벌어지는 일들은 아빠들을 쩔쩔매게 만든다.

가장 먼저 호르몬이 찾아온다. 다음으로 티격태격 일일연속극이 펼쳐진다. 뒤이어 압도적인 탈주본능이 강타한다. 중년 나이에 도망치듯 프랑스 외인부대에 자원한 남자들을 보면 상당수가 성마른 십대 청소년 딸을 피해 달아난 게 아닐까 하는 의구심이 들 정도다. 믿기 힘들거든 유튜브에서 '외인부대'를 검색해보라. 특히 못되게 구는 십대 딸 때문에 괴로운 아빠들에게는 꽤나 유혹적으로 들릴 것이다. 그러나 이런 상황을 타개하는 데 외인부대 자원보다 덜 극단적인 방법도 많으니 너무 고민하지 마시길.

딸을 둔 아빠들이 원하는 또 한 가지는 귀한 딸이 제발 얼간이 같은 남자만은 피했으면 하는 것이다. 지나친 가족주의 아니냐고 비판할지도 모른다. 하지만 '아버지'로서 가족주의자가 되지 않는 게 오히려 힘들 정도다. 사실 거의 모든 아빠들은 남자 아이들에 대해 본능적으로 의심을 품는다. 왜냐고? 대부분의 아빠들이 한때는 그렇고 그런 남자 아이들이었기 때문이다. "안녕!"이나 "고마워!" 같은 친절한 말들이 오직 한 가지 목적을 겨냥하고 있다는 걸 누구보다 잘 알고 있다.

아아, 싫다.

정말이지 소름끼치게 싫다.

더 싫은 건 결국엔 내 딸이 그렇고 그런 남자 아이들 가운데 하나와 결혼해서 평생 살아가게 될 것이라는 사실이다. 우리도 그렇고 그런 남자 아이들 가운데 하나였기 때문에, 이 게임이 진행될수록 결국 딸은 아빠보다 '그 녀석'의 말에 더욱 귀를 기울일 게 빤하다는 것까지 알고 있다. 딸에 대한 영향력이 점점 약해지는 아빠는 내 딸이 얼간이와 짝이 되는 사태만은 막고 싶어 머리가 분주하게 돌아간다.

그러나 복잡할 뿐, 불가능한 일은 아니다.

그러므로 모든 보통 아빠들이 딸에게 바라는 바를 다음과 같이 요약할 수 있겠다. 내 딸이 행복하고, 건강하고, 성공하기를 원한다(물론 어떤 게 행복하고, 건강하고, 성공하는 삶인지는 아이들이 알아서 선택하겠지만). 그리고 내 딸이 얼간이와 사는 것만은 막고 싶다.

겨우 이 정도가 지나친 요구인가?

요약 – 우리 딸이 얼간이와 결혼하는 것을 막으려면

★ 내 딸이 행복하고, 건강하고, 성공하기를 원한다.
★ 골치 아픈 일이 생기지 않기를 바란다.
★ 내 딸이 얼간이와 짝을 맺는 일이 없기를 바란다.

2장

딸의 세계를 탐험하기 전에 알아둬야 할 것

♡ 딸들과 자녀교육서 그리고 그것을 쓰는 '교육전문가'에 대하여
♡ 딸을 언제까지 안아줘도 괜찮을까?
♡ 사춘기 딸한테는 침묵이 금?
♡ 딸들의 위기: 통계를 과신하지 말자
♡ 〈화성에서 온 남자, 금성에서 온 여자〉: 성에 관한 사이비과학
♡ 우리 딸은 외계인이 아니다: 남녀 차이점에 대하여
♡ 기다리고 인내하라. 우리 딸에게 시간을 주자

I
딸들과 자녀교육서
그리고 그것을 쓰는 '교육전문가'에 대하여

내가 지속적으로 맞닥뜨리는 딜레마가 있다. 나는 많은 부모들이 자신에 대해 또는 자신의 판단에 대해 자신감을 잃는 큰 이유가 이른바 '교육전문가'들의 그럴싸한 주장 때문이라고 확신한다. 수많은 자녀교육서와 교육관련 텔레비전 프로그램이 존재한다. 그럼에도 나는 지금 이 순간 또 한 권의 자녀교육서를 쓰고 있다. 심지어 텔레비전의 교육관련 프로그램에도 고정출연한다.

이보쇼. 댁은 이런 책을 쓰고 앉아 있으면서 지금 자녀교육서가 문제라고 걸고넘어지는 거요?

이렇게 생각할지도 모르겠다.

그러나 대답은 쉽고 간단하다.

아뇨. 전혀 쉽지 않아요. 자녀교육서가 차고 넘친다면서요? 불평은 불평대로 늘어놓고 또 그런 책을 쓰는 이유가 뭡니까?

계속 해보시라.

아니, 대체 이유가 뭐냐고요?

기본적으로 내가 게으른 사람이라서 그렇다.

뭐라는 거야?

나는 정말 게으르다. 어떤 상황이 살짝 어긋났을 때, 이에 대한 내 의견을 말하는 방법은 두 가지다. 모든 이들에게 일일이 전화를 걸어 내 생각을 줄줄 말하는 것이 하나다. 그러나 엄청나게 많은 시간이 필요하고, 언어의 장벽에도 부딪치게 될 것이다. 또 다른 방법이 있다면 내 이야기를 책으로 쓰거나 텔레비전 프로그램으로 만들어 보여주는 것이다. 전반적인 상황을 검토해보면 두 번째 방법이 훨씬 쉽다.

그런데 왜 굳이 자녀교육서가 또 한 권 필요하냐고요?

자녀교육서, 필요 없다.

엥?

필요하지 않다. 사실 필요 없다. 대다수 부모들은 자녀교육을 잘 하고 있다. 그리고 시간이 흐르면 대부분의 아이들이 결국 잘 컸음을 증명해 보일 것이다.

그런데 왜 자꾸 자녀교육서를 출간하느냐고요?

모순처럼 들리겠지만, 사실은 자녀교육 전문가가 필요 없다는 사실을 사람들에게 알려주는 가장 쉬운 방법이 책을 써서 보여주는 것이기 때문이다. 덧붙여 많은 현명한 부모들이 내게 흥미로운 경험을 들려주었는데, 그들의 이야기를 공유할 수 있는 가장 좋은 방법은 책에 담아 전달하는 것이기 때문이기도 하다.

그럼, 딸을 키우는 방법에 대해서는 말하지 않겠다, 이 말인가요?

물론이다. 다만 내가 겪은 일들만 이야기할 생각이다. 또 한 가지, 내가 늘어놓는 말들을 절대적으로 신뢰하지 말라는 당부도 하고 싶다. 책에 담긴 이야기는 당신들이 먼저 시도해보고, 자신의 상황에 맞는지 확인부터 해야 한다. 당신들은 직접 자식을 키우는 부모이기 때문에, 양육에 대해 이러쿵저러쿵 떠드는 모든 이들의 말에 일단 의문부터 품어야 한다. 그들이 전달하는 것은 하나의 의견에 지나지 않는다. 그 이상도 그 이하도 아니다. 그 의견을 얼마나 중요하게 여길 것인가, 어느 정도까지 받아들일 것인가는 순전히 당신들의 몫이다.

또한 여기서 내 입장도 분명하게 밝히고 넘어가는 게 좋겠다.

나는 딸을 키우는 법에 관한 책을 쓰는 남자다. 자녀교육서에는 언제나 바탕이 되는 가치관과 세계관이 존재한다. 은밀하게 감추어졌든, 뚜렷하게 드러났든, 이데올로기가 존재하기 마련이다. 따라서 저자는 자기도 모르게 어떤 암시를 던진다.

예를 들어 딸들은 착하고 온순하지만 아들들만큼의 능력은 없다는 생각을 가진 저자라면, 모든 문제를 그러한 시각에 따라 풀어나갈 것이다. 당연히 딸들을 온순하고 친절한 사람으로 키우는 방법, 선천적인 모성애와 여성스러움을 맘껏 발산할 수 있는 방향으로 키워내는 방법에 집중할 것이다. 조물주가 애초에 아들과 딸을 저마다 특별한 존재로 빚어냈고, 두 성은 결코 같지 않다고 생각하는 저자라면, 그런 내용의 책을 쓸 것이다. 그러므로 나는 사람들이 언제나 자신의 정치적 견해를 분명하게 드러내는 게 중요하다고 생각한다.

나도 온순하고 친절한 딸들을 좋아한다. 또 온순하고 친절한 사람이 타인에게 해악을 끼치는 경우도 목격한 적도 없다. 하지만 〈에일리언〉을 1탄부터 4탄까지 빠짐없이 본 관객으로서, 딸들도 아들들만큼이나 악당을 물리치는 능력을 가져야 한다고 생각한다. 시고니 위버가 연기한 리플리는 괜히 비명만 질러대거나 툭하면 발목을 삐지 않았다. 오히려 복수심으로 무장한 채 거대한 에일리언을 처치하는 데 성공했다. 물론 이 땅의 모든 딸들이다 리플리처럼 용맹무쌍해야 한다는 뜻은 아니다. 하지만 딸들도 아들들만큼 멋진 발차기 능력을 갖춰야 한다고는 생각한다. 이 부분에 대해서는 18장에서 자세히 살펴보기로 하자.

흔히 화성과 금성 운운하는 이야기들이 들려온다. 꽤 대중적인 호소력을 갖춘 말이기는 하다. 남성과 여성이 각기 다른 별에서 온 존재처럼 달라 보이기 때문이다. 여성들이 신는 그 어이없는 뾰족구두는 그렇다 치고, 도저히 공존할 수 없어 보이는 일들이 오만 가지다. 그렇다고 해서 실제 남성과 여성의 뇌 구조가 그렇게 다른 걸까?

사실은 그렇지가 않다.

딸을 키우는 아빠 입장에서는 꽤 중요하게 생각해볼 문제이므로 이 부분에 대해서도 뒤에 더 깊이 다룰 것이다. 그러나 지금 당장은 여성들도 남성들만큼 거의 모든 일을 해낼 수 있다는 내 생각을 밝히고 넘어간다. 서서 소변을 보는 것만 제외하면, 여성들도 남성들이 하는 모든 일들을 거의 같은 숙련도로 해낼 수 있다. 오바마 대통령이 조금만 덜 멋있었더라도 우리는 미국 최초의 여성 대통령을 목격했을 것이다. 그러나 여기 뉴질랜드에서는 그렇게 새로운 사건은 아니다. 우리는 세계 최초로 여성에게 투표권을 부여한 나라이자, 동시에 수 세기 동안 한 여성의 통치를 받은 나라다.

이쯤에서 내 견해를 간략하게 요약해보자. 여성은 남성과 달라 보인다. 다르게 말하고, 다른 것들을 좋아하고, 다른 방식으로 좋아하는 것들에 대해 이야기한다. 대체로 자동차 타이어 교체를 어려워한다. 하지만 남성과 여성은 다른 것만큼이나 꽤 비슷하다고 생각한다. 이 대목에서 어리둥절할 독자들이 있을지도 모르겠다. 방금 전까지 두 성이 다르다고 떠들어댔으면서, 이제 와서 비슷하다고?

잠깐 흥분을 가라앉히고 내 말을 끝까지 들어보시라.

나는 우리 딸들이 아들들만큼이나 그 어떤 일이든 해낼 수 있다고 믿는다. 아파치 헬기를 조종할 수도 있고, 다국적기업을 경영할 수도 있으며, 머리카락을 자를 수도, 다리를 건설할 수도, 권투를 할 수도, 브래지어를 불태울 수도, 신장이식수술을 할 수도, 회의장에서 문서를 기록할 수도, 회의를 주재할 수도, 커피를 탈 수도, 커피를 타오라고 시킬 수도, 범죄자를 체포할 수도, 범죄를 저지를 수도, 아기를 낳을 수도, 소설을 쓸 수도, 저글링을 할 수도, 하수구를 파낼 수도, 노래를 부를 수도, 권투장에서 공을 울릴 수도 있다.

이 모든 일을 해낼 수 있으며, 이보다 훨씬 더 많은 일을 해낼 수도 있다고 믿는다.

요약- 딸들과 자녀교육서
그리고 그것을 쓰는 '교육전문가'에 대하여

★ 모든 자녀교육서에는 저자의 가치관이 반영되어 있다.

★ 내가 이 책에 담은 가치관은 요즘 교육이 지나치게 복잡해지고 있으며, 부모들이 자녀교육을 지나치게 심각하게 생각하고 있다는 것이다.

★ 중요한 것은 어떤 자녀교육서든 한낱 개인의 의견을 담고 있을 뿐이라는 사실이다. 그러니 자신의 상황에 맞추어보기 전에는 그 어떤 견해도 맹목적으로 신봉해서는 안 된다.

딸을 언제까지 껴안아도 괜찮을까?

아빠들이 딸을 키우는 과정은 크게 두 단계로 나눌 수 있다. 사춘기 이전과 사춘기 이후. 간단하지 않은가?

딸이 태어나자마자 아빠들은 사춘기 걱정을 한다. 심리학자들과 아동발달전문가들이 아동기를 얼마나 많은 단계로 나누고 있는지는 전혀 중요하지 않다. 아빠에게는 오직 탄탄대로 같은 사춘기 이전 단계와 당혹스럽고 끔찍한 사춘기 이후 단계만 존재할 뿐이다.

그러므로 심리학자들이 나누는 발달단계에 대해서는 따로 언급하지 않겠다. 중요한 내용이기는 하지만, 딸을 키우는 아빠들에게 심리학적 발달과정이론 따위는 그다지 중요하지 않기 때문이다.

중요한 건 살을 다 발라내고 남는 뼈대가 아니던가.

그러니 복잡한 이론일랑 잠시 뒤로 밀쳐두고, 첫 번째 단계와 두 번째 단계로 곧장 넘어가보자.

첫 번째 단계-출생부터 만 10세 무렵까지

대다수 아빠들에게 이 첫 번째 단계는 탄탄대로다. 그만큼 단순하다. 어린 딸을 키우는 데 전혀 어려움이 없다는 뜻은 아니다. 여러 차례 힘든 고비를 만나게 되겠지만, 대다수 아빠들은 이 단계에서 그다지 안달복달하지 않는다. 무엇보다 본인이 아이 아빠이기 때문이고, 또 이 단계에서 아빠들이 크게 잘못할 일도 없기 때문이다. 가끔 딸이 아빠에게 발끈할 일도 생기지만, 대체로 어린 딸들은 아빠를 세상에서 제일 멋진 남자라고 생각한다.

이 첫 10년은 딸의 인생에서 중요한 때다. 세상을 처음 만나는 시기이자, 세상이 어떤 곳인지 자신만의 생각을 정립하기 시작하는 때다. 아이가 삶을 시작하는 시기인 것이다. 어린 아이는 거미줄이 뭔지, 원숭이는 어디에서 왔는지 따위의 복잡한 것들을 이해해야 한다. 아이들이 이 세상에 처음 나왔을 때 아는 게 없다는 사실을 기억하자. 그 짧은 시간 동안 모든 걸 깨우쳐야 한다는 사실을 감안한다면, 이 첫 10년이 어마어마한 혼란과 숙고의 시기가 될 것임을 쉽게 짐작할 수 있다. 거미줄이나 원숭이의 유래 같은 문제만큼이나 아이는 여자란 무엇인지, 남자에 견주어 어떤 위치에 있는지, 텔레비전과 잡지 등에 등장하는 다양한 여성들이 어떤 메시지를 전하는지에 대해 이해한다. 이제 아이는 마치 하나의 정답이 존재하는 것처럼 보이는 의문들을 품기 시작한다.

☆ 이 여자는 아름다운가?
☆ 이 여자는 똑똑한가?
☆ 똑똑한 것과 아름다운 것 가운데 어느 쪽이 더 중요한가?
☆ 사람들은 똑똑한 여자와 아름다운 여자 가운데 어느 쪽을 더 좋아할까?
☆ 이 여자는 힘이 센가? 힘이 세도 괜찮은가?
☆ 여자들은 어떤 일을 하면서 살아갈까? 어떤 일을 하지 못할까?
☆ 남자들이 할 수 있는 일을 여자도 할 수 있을까? 그런 일들을 하고 싶기는 한 걸까?

딸이 인생 첫 10년 동안 온갖 일들에 관심을 보이며 배워가는 동안, 아빠도 딸의 문제해결과정에서 큰 역할을 해야 한다. 그토록 중요한 과정을 쓰레기 같은 대중문화에 맡겨서는 안 된다.

그러니 수월해 보인다는 이유만으로 이 단계를 그저 쉽게 보내려고 마음먹었다면, 당신은 단단히 큰 착각을 한 것이다. 이 첫 번째 단계도 두 번째 단계만큼이나 중요하다. 두 번째 단계를 순조롭게 헤쳐 나가는 데 반드시 필요한 '기초를 다지는 공사'로 봐야 한다. 첫 번째 단계를 그르치면 두 번째 단계는 훨씬 더 혹독할 것이다.

1944년 6월 5일 아침, 미국 대통령 아이젠하워가 장성들과 둘러앉아 "이제 그만 나치 악당들을 혼내줄 때가 왔소."라고 선언했을 당시와 비슷한 상황이랄까? 바로 전날 연합군이 유럽 침공을 계획했기 때문에 아이젠하워 대통령은 그런 말을 했을까? 그런 중대한 일은 눈앞에 닥쳐서 되는 대로 내뱉어도 될 만큼 허술하게 진행되지 않는다. 병참술 등 온갖 세세한 사전계획이 필요하다. 딸을 키울 때도 마찬가지다. 마지막 순간에 끼어들어 아빠 맘대로 좌지우지할 수 있는 일은 하나도 없다. 뭐 그럴 수도 있겠지만, 효과를 기대하기는 어려울 것이다. 첫 번째 단계를 잘 보내야 두 번째 단계가 든든해진다. 이 첫 번째 단계를 잘 보내고 싶은 아빠들을 위해 다음 다섯 가지를 제안한다.

:: 딸의 인생에서 당신의 지분을 빨리 차지하라

첫 번째 단계 이후에도 딸의 인생에도 관여하고 싶다면, 처음부터 딸의 곁을 지켜야 한다. 아마 이 이야기는 앞으로도 여러 차례 지겹게 들을 것이다. 그만큼 중요한 일이다. 뭐, 어렵지도 않다. 그냥 딸과 함께 놀면 끝.

:: 공통 관심사를 마련하라

　딸들만의 특징 때문에, 아무래도 아빠와 딸 사이에는 어쩔 수 없이 장벽이 존재한다. 아빠와 딸은 서로 다른 것을 좋아하게끔 생겨먹은 듯하다. 그러나 이를 당연하게 여기고 방치한다면 결국 부녀 사이에 공통된 관심사는 없어지고 만다.

　어린 딸들은 아빠가 좋아하는 건 뭐든 좋아하며 따라와준다. 그러나 아이가 커서도 함께하고 싶다면, 함께할 수 있는 것들을 미리 찾아두는 게 현명하다. 낚시가 될 수도, 숲속 산책이 될 수도, 낙하산 타고 뛰어내리기가 될 수도 있다. 뭐든 둘 다 좋아하는 일로 미리 찾아두자.

:: 딸이 찾아가는 남자가 되라

　딸이 문제가 생겼을 때, 가장 먼저 찾는 사람이 나였으면 하고 바랄 것이다. 그러려면 처음부터 딸이 찾아올 때마다 하던 일을 멈추고 귀를 기울여야 한다. 그래야 비로소 딸의 문제해결 과정에 참여할 수 있다. 그러나 많은 아빠들이 기초 공사 없이 하염없이 기다리기만 하다가 때를 놓치고 만다. 지난 시간 동안 딸이 놀아달라고 찾아왔을 때마다 먼지 털듯 쫓아냈으면서, 딸이 고민을 해결하고자 할 때 가장 먼저 도움을 요청할 수 있는 사람이 되기를 원한다면, 그건 도둑놈 심보다. 다섯 살 딸이 들고 오는 고민거리가 사소해 보일 수도 있지만, 앞으로 훨씬 크고 심각한 문제에 대비한 사전연습이라고 생각하라.

:: 매일 잠자리에 들 때마다 아빠가 지켜줄 것이라는 확신을 품게 하라

오늘 하루 기분이 영 개운치 않았어도, 딸아이가 잘못을 저질러 막 벌을 준 뒤라도, 심지어 '아빠가 내 아빠가 아니면 좋겠어!'라는 청천벽력 같은 쪽지를 받았어도, 아이가 잠자리에 들 때는 아빠가 언제나 곁을 지켜줄 것이라는 확신을 심어주자. 간단하고도 사소해 보이는 일이지만, 내 경험으로 미루어보면 정말로 중요한 일이다.

:: 즐겁고 재미있는 아빠가 되자

사소해 보이지만 중요한 이야기다. 아이의 어린 시절은 눈 깜빡할 사이에 지나가고, 다시는 돌아오지 않는다. 그러므로 가능한 한 모든 시간과 능력을 동원해 이 시절의 재미와 야단법석을 실컷 즐겨보시라. 일을 조금 줄이는 대신 자식들과 조금 더 많은 시간을 보냈더라면 얼마나 좋았을까 하고 후회하는 아빠들을 많이 보았다. 부디 그런 아빠가 되지 않기를 바란다.

마지막 당부의 말은 특히 중요하다. 자녀의 어린 시절은 한때다. 가끔씩 지루하게 느껴지지만, 어느새 시간은 쏜살같이 지나가고 아이들은 훌쩍 커버린다. 한 순간뿐인 자녀의 어린 시절은 재미있게 보내는 게 좋다.

딸과 함께 놀 때의 기술적인 문제

한 연구에서 위험한 놀이를 하는 미취학 아동들을 엄마 아빠가 어떻게 관리 감독하는지 살펴보았다. 아이에게 두 가지 임무, 즉 1.5미터 높이의 사다리 모양 길을 걸어서 통과하기와 1미터 높이의 들보에서 내려오기를 시켰다. 그리고 이를 완수했을 때 부모가 어떻게 행동하는지를 관찰했다. 이때 딸을 가진 아빠는 아들을 가진 아빠보다 아이 곁에 훨씬 가까이 다가서 있었고, 더 바짝 뒤를 따라다녔다. 사실 아빠들이 아들보다 딸 곁을 더 가까이 지키는 것은 굳이 증명할 필요가 없는 당연한 일로 보인다.

바로 이 부분이다. 딸도 아들만큼이나 뭐든 할 수 있고 될 수 있다고 말하면서, 정작 우리 행동이 모순된다면? 사실 여자 아이들은 남자 아이들만큼이나 이와 같은 일들을 잘 해낼 수 있다. 그러나 우리는 딸들이 아들들보다 더 연약하고 깨지기 쉬운 존재라는 무의식적 선입견을 갖고 있다. 이 때문에 자기도 모르는 새 딸에게 이 세상은 무서운 곳이라고 가르치는 아빠가 되는 것이다.

자신감은 스스로 뭔가를 성취했을 때 생겨나지, 부모가 내내 곁을 지켜서는 생기지 않는다.

물론 딸의 무릎이 깨질 수도 있다. 심지어 팔이 부러질 수도 있다. 하지만 딸들의 상처도 아들들의 그것만큼이나 잘 그리고 빨리 아문다. 잊지 말자!

스킨십에 관한 더 까다로운 기술적 문제

책을 쓰기 시작할 무렵, 한 남자가 불쑥 사무실로 찾아왔다. 지나는 길에 문 앞에 붙은 이름표를 보고 책에 사인을 받아 아내에게 선물하고 싶었단다(여기서 잠깐, 한 마디만 하고 넘어가자. 왜 사람들은 책의 서명을 실제 저자에게만 부탁하는 걸까? 오래전 나는 구입한 책에다 저자 대신 스스로 서명을 해주기로 결심했다. 뭐, 어차피 아무도 모를 테니까. 내 책꽂이에는 스티븐 킹이 내게 바친 《스탠드(Stand)》라는 책이 있다. 책에는 다음과 같은 서명이 되어 있다. 나의 오랜 벗이자 소중한 친구 나이젤에게. 행운을 빕니다. 스티븐이. 또 버락 오바마가 쓴 《담대한 희망(The Audacity of Hope)》이라는 책에는 다음과 같은 글귀가 적혀 있다. 감사합니다, 나이젤. 당신이 없었다면 해내지 못했을 거예요. 오바마 대통령이).

남자가 건넨 책에 서명을 하면서, 나는 딸을 키우는 아빠들을 위한 책이 나온다면 어떤 주제를 다루었으면 좋을 것 같으냐고 물었다. 그는 대체 언제부터 딸을 안아주면 안 되는지, 그 시기가 알고 싶다고 했다.

"따님이 몇 살이죠?"

"일곱 살과 아홉 살입니다."

"그런데 왜 그 문제가 궁금하신 거죠?"

"딸에게 치근거리다가 고발당하는 아빠들 이야기 들어보셨죠? 그런 식으로 오해받을 행동은 절대 하고 싶지 않아서요. 게다가 딸이 사춘기에 접어들면, 아이도 거북해할 것 같아요."

"그러니까 신체적인 애정표현을 언제쯤 그만두어야 적절한지, 그게 궁금하신 거죠?"

방금 만난 사이지만 나는 이 남자가 정말로 좋아졌다. 그는 훌륭한 아빠였다. 내겐 이런 판단에 대한 과학적 근거는 없었다. 때로 그런 사실은 그냥 저절로 알게 된다.

"그런 시기는 없습니다."

내 말에 남자가 껄껄 너털웃음을 터뜨렸다. 꽤 유쾌한 웃음소리였다. 자신이 옳은 일을 하고 있음을 아는 사람의 웃음소리였다.

"그런 일은 결코 그만둬서는 안 되는 겁니다. 물론 아이가 사춘기에 접어들면 아이 편에서 보내는 신호에 조금 더 민감하게 반응할 필요는 있겠죠. 하지만 언제 아이를 안아주고 언제 안겨오는 아이를 받아줄 것인가의 문제는 저절로 알게 됩니다. 그러니 아이가 원한다면, 당신도 절대 멈추지 마십시오."

"하지만 성추행이니 성적 학대니 하는 이야기들을 넘겨들을 수만은 없지 않습니까?"

"지난 20년 동안 성적 학대를 당한 아이들과 가해자 남성들을 상대로 수차례 상담치료를 진행해 왔습니다만, 좋은 아빠의 정직한 의도가 오해받은 일은 단 한 번도 없었습니다. 어떤 게 괜찮고 안 괜찮지는 아이들도 압니다. 당신이 만약 나쁜 의도를 품었다면, 아이도 곧 압니다. 곧바로 지적을 하지는 못해도, 알고 느낍니다. 그 반대도 마찬가지죠. 딸을 안아주는 좋은 아빠라면 아이도 알고 느낍니다."

"하지만 텔레비전에 등장하는 그런 사건들은요?"

"그런 일이 일어나지 않는다고 말한 건 아닙니다. 저는 그런 일을 저질렀으리라곤 의심할 수 없는 아빠들이 고발당한 경우를 많이 봤습니다. 그러나 추잡스러운 양육권 분쟁 동안에 고발당한 경우가 대부분이죠. 아이가 그런 사실을 털어놓았다는 상대는 엄마이고요. 그리고 '진짜' 사건인 경우는 정말 드뭅니다. 왜냐하면 아이들이 어떤 사람의 나쁜 짓을 폭로할 때는, 그 일을 저지른 사람과 그가 한 짓이 매우 확실하거든요."

"그럼 딸아이를 계속 안아줘도 된다는 말씀인가요?"

나는 고개를 끄덕였다.

"물론입니다. 안아주고 싶은 만큼 실컷 안아주세요."

"휴우."

남자는 안도의 한숨을 내쉬었다.

어쩌다가 좋은 아빠가 딸을 안아주는 걸 언제쯤 그만두어야 하는지 걱정하는 세상에 살게 된 걸까? 그저 놀라울 따름이다. 왜 세상은 이토록 유감스러운 곳이 되었을까?

휴우우우.

두 번째 단계-첫 번째 단계 이후의 모든 시기

이 부분은 '딸의 사춘기: 생각만큼 그렇게 끔찍하지는 않다'에서 보다 자세히 다룰 생각이다. 지금부터 이어질 내용은 첫 번째 단계와 두 번째 단계 모두에 적용되는 이야기이지만, 가끔 두 번째 단계에만 해당되는 부분도 나온다. 하지만 뚜렷하게 구별할 수 있으므로 거추장스러운 설명을 덧붙이지는 않겠다.

자, 서둘러 가보자.

요약 - 언제까지 딸을 껴안아도 괜찮을까?

★ 발달단계를 아무리 세분하더라도, 아빠들에게는 사춘기 이전의 첫 번째 단계와 이후의 두 번째 단계만 중요하다.

★ 대다수 아빠들에게 첫 번째 단계는 탄탄대로다.

★ 그러나 아무리 수월하게 보여도 첫 번째 단계를 결코 무시해서는 안 된다. 첫 번째 단계는 두 번째 단계를 제대로 보내기 위한 토대를 만드는 중요한 기본단계다.

★ 첫 번째 단계를 잘 보내기 위한 방법
 - 딸의 인생에서 당신의 지분을 빨리 차지하라
 - 공통 관심사를 마련하라
 - 딸이 찾아가는 남자가 되라
 - 매일 잠자리에 들 때마다 아빠가 곁을 지켜줄 것이라는 확신을 품게 하라
 - 즐겁고 재미있는 아빠가 되자

★ 아들만큼 딸에게도 약간의 위험을 감수해야 하는 거친 놀이를 허락하는 게 중요하다.

★ 스킨십은 딸의 나이와 아무 상관없고, 또한 중요하다.

사춘기 딸한테는 침묵이 금?

남자와 여자가 각각의 배우자 가족과 통화하는 방식을 보면, 남녀의 화법이 얼마나 다른지 알 수 있다. 여자들은 시부모보다 친정부모와 훨씬 길게 통화를 한다. 그러나 진정한 차이는 전화를 끊은 다음에 극명하게 드러난다. 여자가 통화를 마치면 남자는 보통 "그래, 다들 어떻게 지내신대?"라고 물어본다.

이때 남자들이 알고 싶은 것은 정말로 기본적인 정보다. 다시 말해 여전히 살아계신지, 모든 게 괜찮은지 확인하고 싶을 뿐이다. 그러나 여자들은 전체 대화내용을 축약해서 들려달라는 요청으로 해석한다. 심지어 남자들이 텔레비전을 보는 동안에도 여자들은 방금 통화한 내용을 토씨 하나 빠뜨리지 않고 낱낱이 전달하는 수고를 기꺼이 감내한다. 지금 이 순간 남자가 텔레비전 내용보다 처갓집 식구들 안부를 더 궁금해 할 거라고 생각하는 건가? 뭐 그럴 수도 있겠지만, 대부분의 경우, 우리 관심은 오로지 텔레비전에 있다.

전화를 끊자마자 "응, 두 분 다 아직 살아계시고 그럭저럭 잘 지내신대."라고 간단히 말해주면 얼마나 좋겠는가?

솔직히 그것 말고 뭐가 더 궁금하겠는가?

반대의 상황도 마찬가지다. 우리가 통화를 끝내면 곧바로 아내가 물어본다.

"어머님은 좀 어떠셔?"

"응, 잘 지내신대."

"다른 식구들은 어떻게 지낸대?"

"음, 몰라. 늘 똑같겠지, 뭐."

"어머님이 뭐라고 하셨는데?"

"어머니도 아버지도 다 잘 지내신대."

"뭔가 다른 이야기가 있었을 텐데? 20분이나 통화했잖아."

"음, 그랬지. 하지만 그냥 다들 잘 지내신대."

아내가 이마를 찌푸린다. 조심할 순간이라는 신호다. 곧 부부싸움이 발발할 조짐이다. 정신 바짝 차려야 한다.

왜 남자와 여자는 말하는 방식까지도 이토록 다른 걸까? 이 부분은 성격과 두뇌에 관한 장에서 더 자세히 살펴보겠지만, 지금 당장은 남자와 여자의 문화가 서로 다르기 때문이라고 말해두겠다. 나는 남자와 여자가 각기 화성과 금성 출신이라는 생각에는 결코 동의하지 않는다. 하지만 의사소통 욕구를 충족시키는 방식이 다르다는 사실은 인정한다. 의사소통 방식은 옳고 그름을 따질 문제가 아니다. 서로의 의사소통 방식이 다르다는 사실을 아는가 모르는가의 문제다.

정보수집

남자들은 의사소통을 할 때 마음속에 구체적인 목표를 정하고 시작한다. 그러나 여자들의 경우 의사소통 자체가 목표인 경우가 많다. 공적인 업무를 수행할 때는 남녀 모두 똑같이 결과를 중시한다. 하지만 사랑하는 사람이나 친구들과 대화를 나누는 개인적인 영역에서는 서로 다른 모습을 보여준다.

그렇다면 한 여자 아이의 아빠에게, 이런 차이는 무엇을 의미할까? 아빠들이 여자 아이들의 화법을 따로 배워야 한다는 말일까? 플라스틱 찻잔을 사이에 두고 앉아 요정이니 조랑말이니 하는 것들에 대해 토론을 벌여야 좋을까? 오늘 하루 학교에서 누가 누구에게 무슨 짓을 어떻게 했는가에 대해 끊임없이 이어지는 통렬한 비방을 들어야 하나?

때로는 그렇고, 때로는 그렇지 않다.

딸을 키우는 아빠로서 좋은 점이 있다면, 아들보다는 딸과 대화하기가 더 쉽다는 것이다. 아들들에게서 뭐가 하나 알아내려면 어르고 달래야 겨우 이야기 한 조각을 손에 넣을 수 있지만, 딸들은 정반대다.

예를 하나 들어보겠다. 아홉 살 난 내 아들은 제 보물상자에 그날 하루 있었던 일들을 꽤 자세하게 기록해 보관한다. 하지만 내가 오늘 학교에서 어떻게 지냈냐고 물으면 "잘 지냈어."라고만 대답하고 끝이다. 뭘 했냐고 물어보면 한두 가지 더 말해주기도 하지만 그뿐이다. 만약 학교가 홀라당 불에 타 주저앉았어도 아이는 오늘 하루 어땠냐는 내 질문에 "잘 지냈어."라고 답할 것이다.

그런데 아들과 친하게 지내는 같은 반 여자 아이에게 같은 질문을 던지면 어떨까? 학교생활이 어떠하냐는 질문 한 마디면 최근 학교에서 일어난 온갖 시시콜콜한 일까지 저절로 다 알게 된다. 이 아이는 다른 친구들이 요즘 어떻게 지내고 있는지 뿐만 아니라 누구의 부모가 별거 중인지, 누구는 엄마와 아빠 가운데 누구랑 함께 살고 있는지, 또 누구 부모는 그동안 어떤 삶의 이력을 거쳐 살아왔는지까지 다 꿰고 있다.

고작 아홉 살 나이에 그 모든 걸 줄줄 꿰고 있다는 사실을 볼 때, 주변 사람들의 관계에 대한 정보를 수집하고자 하는 여자 아이들의 선천적 경향은 입증되고도 남을 것이다. 훌륭한 스파이가 필요하다면 9세 여자 아이들 가운데서 찾아라! 9세 여자 아이를 학교에 파견하면, 원하는 모든 정보를 다 손에 넣을 수 있다. 아마 내 아들의 여자 친구는 일주일도 되기 전에 소련의 핵무기 발사 암호까지 입수할 수 있을 게다.

세 가지 중요 원칙

가끔 어떤 사람들은 타인과의 의사소통처럼 간단한 문제를 로켓과학에 버금가도록 어렵게 만드는 재주가 있다. 그래서 의사소통에 관한 책이 산더미처럼 출간되어 있다. 그 가운데는 유용한 것도 있지만, 말도 안 되는 것도 많다. 뭔가를 말하고 싶다면, 그냥 말하면 된다.

나는 의사소통이 로켓과학처럼 어렵다고 생각하지 않는다. 뭐, 제트추진장치에 관해 대화를 나누는 두 과학자의 대화라면 모를까. 대다수의 사람들에게 의사소통은 그저 뭔가에 대해 말을 나누는 것에 지나지 않는다.

그 이상도 그 이하도 아니다.

그러므로 딸과의 의사소통에 대해 알고 싶은 아빠들에게도 간단히 세 가지만 말할 생각이다. 복잡할 것도, 특별히 외워두어야 할 구절도 없다.

:: 노력하라

노력의 중요성은 아무리 강조해도 지나치지 않다. 특별한 뭔가를 할 필요는 없다. 그냥 어떤 것이든 하기만 하면 된다. 의사소통은 저절로 이루어지지 않는다. 최소한 두 사람이 있어야 한다. 일단 노력을 통해 아빠가 딸에게 관심을 갖고 있다는 것만 알려주자. 결국엔 딸이 가장 필요로 하는 것을 딸에게 줄 수 있을 것이다. 바로 아빠의 시간이다.

:: 문제해결만을 목표로 삼지 마라

딸들이 바라는 게 언제나 문제해결이라고 생각하지 마라. 딸들은 때때로 그냥 자신의 감정을 털어놓기만을 바란다. 우리 남자들처럼 문제해결에 목숨 거는 실용적인 동물에겐 이런 게 오히려 더 어렵게 여겨지기도 한다. 그러나 딸들은 문제해결보다 문제에 대해 이야기하는 것 자체를 더 원하기도 한다. 물론 어느 순간에는 정말로 문제를 해결해야 할 필요도 있다. 하지만 늘 그런 것은 아니다. 이따금씩 우리 딸들은 제 감정을 누군가에게 털어놓는 것만으로도 큰 위안을 얻는다.

:: 질문을 하라

질문은 단순한 정보 취합 이상의 성과를 거둔다는 장점이 있다. 질문은 아빠와 딸 사이의 연결고리를 만들어주기도 한다. 딸에게 질문을 던지는 순간, 딸에게 관심을 갖고 있음을 보여주는 일석이조의 효과를 얻을 수 있다. 우리 남자들처럼 실용적인 동물은 문제를 이해할 수 있다는 측면에서 질문 던지는 것을 좋아한다. 그리고 취합한 정보를 통해 문제를 해결하고자 한다. 그러나 그냥 질문만 던져도 된다. 딸들은 그런 걸 더 좋아한다.

이것으로 끝이다. 간단하지 않은가?
물론 훨씬 더 복잡하게 말할 수도 있다. 그러나 딸 키우는 아빠들의 세계에서 돌려 말하기나 늘려 말하기는 필요하지 않을 것이다. 이미 쓸데없는 잔소리가 너무 많지 않은가. 딸처럼 말할 필요는 없지만, 딸과 함께 이야기를 나눌 필요는 있다. 그리고 그 과정에서 딸의 말에 귀담아 듣는 것은 필수다. 그래야 딸은 자신에 대해 좋은 감정을 더 많이 품게 될 것이다. 그리고 그 자존감을 바탕으로 삶이 던지는 무수한 시련의 순간들을 더욱 잘 헤쳐 나갈 수 있을 것이다.

이성과 목소리 그리고 딸까지 잃을 뻔했던 어느 아버지

바틀렛 가족과 약 10분 정도 이야기를 나눠보고 난 뒤, 나는 구석에 홀로 앉아 있는 저 큼직한 코끼리를 내보내지 않고서는 더 이상 대화에 진전이 없을 거라는 생각이 들었다. 바틀렛 부인은 변호사, 바틀렛 씨는 회계사였고, 그들의 딸인 15세 샐리는 무서운 아이였다. 내내 무섭다기보다는 '상황에 따라' 무서웠다. 샐리는 12세 때까지만 해도 온순했는데, 그 이후 모든 게 바뀌고 말았다. 물론 새끼고양이를 죽이거나 은행을 터는 수준은 아니었다. 하지만 반항적이 됐고, 버릇도 없어졌다. 샐리가 매사에 불퉁거리며 짜증스러운 태도를 보이자, 바틀렛 부부는 고민 끝에 나를 찾아왔다.

방 안에 진짜 코끼리가 앉아 있는 건 아니다. 내가 말한 코끼리는 바틀렛 씨가 시종일관 입을 열지 않는다는 사실을 가리킨다. 아내와 딸이 그럭저럭 대화를 나누고 있는 사이, 바틀렛 씨는 절망적인 침묵만 고수했다. 침묵이라면 대화의 정반대 개념 아니겠는가?

"잠깐 쉬었다 갈까요?"

결국 내가 제안했다.

"그 전에 여쭤볼 게 있습니다."

다들 나를 바라보았다. 아니, 거의 모든 사람이 나를 바라보았다고 말하는 게 정확하겠다. 샐리는 눈알을 굴리며 내 책상 너머 허공을 보고 있었고, 얼굴에 짜증이 가득했다.

"왜 아버님은 아무 말씀도 안 하십니까?"

나는 바틀렛 씨에게 단도직입적으로 물었다.

그는 약간 불편한 기색으로 자세를 고쳐 앉았다. 이런 일에 끼는 게 익숙하지 않은 모양이었다.

"샐리 옆에서는 말을 아끼는 게 좋다는 걸 깨달았기 때문입니다. 전 늘 하지 말아야 할 말만 하거든요."

"하지 말아야 할 말이라니요? 어떤 말이 그렇습니까?"

"솔직히 저도 잘 모르겠습니다. 그냥 제 입에선 항상 잘못된 말만 나오는 것 같아요."

나는 샐리를 보았다. 그 애는 단 하나의 표정으로, 버릇없고 반항적이고 건방진 태도를 온전하게 보여주고 있었다.

"뭐, 샐리 기분을 망치는 건 그리 어려운 일이 아닌 것 같은데요? 샐리는 스스로 자기 자신의 기분을 나쁘게 만드는 데 천부적인 재능을 갖고 있거든요."

내 말에 샐리는 나를 죽일 듯 노려보더니, 이내 고개를 홱 돌려버렸다.

"와! 정말 대단하구나. 노려보기만 해도 파리를 잡을 수 있겠어. 친환경 살충제 같아. 한 번만 더 노려보면 파리를 박멸할 수도 있겠다. 더 대단한 게 뭔 줄 아니? 너의 그 시선은 완벽하게 생분해성인데다가 이산화탄소 배출량도 제로야."

바틀렛 씨가 웃음을 터뜨렸다. 물론 샐리는 웃지 않았다.

"그래서 샐리에게는 단 한 마디도 하지 않는 겁니까?"

"한 마디도 안 하는 건 아니지만, 되도록 말을 줄이려고 노력합니다."

"왜죠? 잘못된 말을 할까 봐 걱정이 돼서요?"

바틀렛 씨가 고개를 끄덕였다.

상황이 완전하게 이해되었다.

"아버님은 독일군을 향해 돌격해야 하지만, 애초에 참호를 떠나는 것 자체를 거부하는 제1차 세계대전 때의 군인 같습니다. 그래 봐야 독일군 기관총에 맞아 섬멸당하고 말 거라는 나름의 합리적인 근거까지 내세우고 있죠."

내 말에 바틀렛 씨는 껄껄 웃으며 대답했다.

"저도 그렇게 생각합니다."

"하지만 한 가지 놓치고 있는 사실이 있습니다. 독일군 기관총이야 진짜 총알을 발사하겠지만, 샐리는 입으로만 총을 쏘지 않습니까? 샐리는 가짜 총을 쏘면서 다들 깜빡 속아 넘어가기를 바라고 있어요."

샐리가 내 쪽을 돌아보더니 또 다시 코웃음을 쳤다.

나는 내 앞에 피도, 내장도 쏟아지지 않았다는 사실을 지적하며 다시 말했다.

"보세요. 가짜라니까요. 죽일 것처럼 노려보기는 하지만 그런다고 어디 긁힌 자국 하나 남나요?"

"그런 생각은 한 번도 해본 적이 없군요."

바틀렛 씨가 말했다.

"늘 옳은 말만 해야 한다는 걱정은 하지 마세요. 옳은 말이라니, 그런 게 어디 있습니까? 그냥 아무 말이나 하고, 그다음 무슨 일이 생기는지 보세요. 샐리의 가짜 총을 두려워하며 또 몇 년 동안 참호에 머리를 박고 살아야 한다면 얼마나 답답하겠습니까? 그냥 참호 밖으로 나와 돌아다니세요. 적을 향해 유쾌한 농담도 건네보시고요. 상대방 기분을 망치는 농담이라도, 일단 지르고 보세요. 가짜 총알에 속아 고개를 숙이지만 말고요. 아버님이 뒤로 물러날 게 아니라, 오히려 아이를 앞으로 끌어당겨주셔야 합니다."

바틀렛 씨는 잠시 생각을 해보더니 이내 딸을 돌아보았다.

"너도 그렇게 생각하니?"

그는 딸에게 이렇게 물었다.

"아뇨."

샐리가 으르렁거렸다.

그가 살짝 놀라 다시 나를 보자 나는 재촉하는 표정을 지어보였다.

"저기, 아빠 생각에는 선생님 말씀이 옳은 것 같구나. 이제부터 아빠도 생각하는 걸 말로 할 테니 너도 그렇게 살아가는 법을 배웠으면 좋겠구나."

샐리가 한숨을 푹 쉬었다. 아주 싫은 사람이 옆에 앉아 있을 때나 내쉴 법한 한숨이었다. 곧 샐리는 제 의자에 몸을 묻어버렸다.

"앞으론 엄마에게 하는 말버릇도 더 조심했으면 좋겠다."

바틀렛 씨가 말했다.

그러자 코끼리는 자리에서 일어나 멜빵을 한 번 추스르더니, 천천히 밖으로 걸어 나갔다.

요약 – 사춘기 딸한테는 침묵이 금?

★ 노력하라.

★ 언제나 문제 해결을 목표로 삼지는 마라.

★ 질문을 하라.

1
딸들의 위기
: 통계를 과신하지 말자

　나는 인간에 대해 잘 알지는 못한다. 하지만 인간은 위기를 사랑하는 것 같다. 이 책을 쓰기 직전, 세계적인 위기로 돼지독감이 대두되었지만, 얼마 안 가 용두사미로 끝나버렸다. 내가 돼지독감을 심각하게 받아들이게 된 것은 CNN이 매 30분마다 국제보건기구의 발표내용을 보도했기 때문이다. 이런 호들갑스러운 분위기라면 돼지독감을 대수롭지 않게 여기기가 오히려 힘들 것이다. 그러나 얼마 후 돼지독감 사태는 종종 말은 오가지만 한 번도 현실로 나타난 적 없는 '중대위기'의 모의연습이었음이 드러났다. '중대위기'는 찾아오지 않은 것이다.

　솔직히 말하자면 나는 실망했다. 몇 년 전 스티븐 킹이 쓴 전염

병에 대한 소설 《스탠드》를 읽은 뒤로 나는 전염된 지역을 소거하다시피 발병하는 '슈퍼독감'을 은근히 기다려왔다. 인류의 대다수를 잃는 건 슬픈 일이지만, 마침내 평화와 고요가 찾아와 '혼자만의 시간'을 가질 수 있을지도 모른다는 생각을 했다. 꽤 구미가 당겼다.

돼지독감은 여러 지역에서 유행했지만 무기력했다.

어린 시절에는 아프리카 살인벌이 큰 문제로 떠올랐던 적이 있었다. 아프리카 살인벌에 비하면 보통 벌은 온순하다고 말할 수 있겠다. 아프리카 살인벌을 섣불리 건드렸다간 고통과 상처가 무엇인지 똑똑히 경험할 수 있을 것이다. 나는 그 벌의 이름을 지은 사람이 잘못한 거라고 생각한다. 만약 내 이름이 '아프리카 살인 나이젤'이었다면 나도 비슷한 성격으로 자라지 않았을까? 아무튼 이 벌들은 잔뜩 독이 오른 상태로 떼를 지어 날아다니지는 않았다. 지금은 다들 어디로 가버렸는지 모르겠다. 사람들이 싫증을 내자 새로운 위기를 고대하는 곳으로 날아가버린 게 아닐까? 뭐, 그렇게 중요한 이야기는 아니다. 살인벌들이 가버린 자리에 에볼라 바이러스, 에이즈, 핵전쟁 위기, 조지 W. 부시 같은 위기가 연달아 찾아왔으니 말이다. 모두 저마다 독특한 방식으로 위기가 되었고, 기다렸다는 듯 차례차례 시들어갔다.

휴우, 정말 다행이다.

'딸들의 위기'도 마찬가지로 해석할 수 있다. 지난 몇 년 사이 이 문제에 관한 열기는 많이 시들었다. 딸들이 모든 영역에서 꽤 우수한 성적을 보이고 있기 때문이다. 이제는 '아들들의 위기' 문제가 대두되고 있다. 실제로 아들들의 위기 뒤에 어떤 원인이 숨어 있는지, 잠재적으로 어떤 영향력을 행사할 것인지에 대한 책이 쏟아져 나오고 있다. 나도 이에 대해 글을 쓴 적이 있다. 그러나 나는 수많은 연구 결과와 통계치를 검토한 끝에 요즘 유행하는 아들들의 위기가 과장됐다는 결론에 이르렀다. 사실 언제나 위기에 처한 아들은 존재하기 마련이다. 그러나 딸들의 약진만큼 아들들이 딱히 더 잘못하고 있는 것은 아니라고 믿는다.

국제적인 연구 결과를 검토해보면 아들과 딸이 각기 다른 문제를 지녔다는 사실만은 분명해진다. 딸들의 경우 우울증과 자살충동, 자살시도, 섭식장애와 같은 문제를 보인다. 또한 딸들은 수학과 과학 분야에서 최고 수준에 도달할 확률이 상대적으로 적은 경향이 있다. 여성 수학자들의 이력에 대해 글을 쓰고 싶은 독자가 있다면, 잠시 마음을 가라앉히고 다음 장을 참고하길 바란다. 수학과 과학의 문제는 언뜻 봤을 때만큼 그렇게 간단한 문제가 아니다.

방금 내용을 읽고 놀란 독자들이 있을지도 모르겠다. 내 딸이 우울증이나 자살충동, 섭식장애와 같은 문제를 겪을지도 모른다는 생각을 하면, 당연히 불안할 것이다. 그러나 이와 같은 통계치는 개인 차원에서 보면 별 의미가 없다. 그럼 왜 여기 언급하고 있냐고? 겁주려고 그런 게 아니다. 오히려 정반대다. 침울하기 짝이 없는 통계치를 상황에 따라 적당히 해석하는 방법을 알려주려고 그런 것이다.

그렇다고 모든 위기를 몽땅 무시하라는 뜻은 아니다. 그러한 정보도 나름대로 유용한 목적이 있다. 딸들의 위기가 대중들의 관심사로 떠오른 것은 1990년대에 이르러서다. 이 당시 관심의 중심에 떠오른 책이 한 권 있었다. 1994년 출간된 메리 파이퍼(Mary Pipher)의 《내 딸이 여자가 될 때(Reviving Ophelia)》였다. 이 책이 수년 동안 〈뉴욕타임스〉 베스트셀러 자리를 지키며 인기를 누렸던 이유는 단지 저자가 상식을 뒤집었기 때문만은 아니었다. 저자는 우리 딸들이 '중독성 문화' 속에서 자라고 있다고 주장했다. 그리고 '몸을 망치는 다이어트', 관계의 단절, 부모에 대한 반항, 약물, 알코올, 안전한 피임을 하지 않는 성관계 등의 문제를 정면으로 다루었다.

입 밖에 내기에 두려운 주제였지만, 사람들의 관심을 끌려면 어쩔 수 없는 선택이기도 했다. 당시 딸들은 대중들의 관심과 학계의 논쟁에서 다소 비껴나 있었다. 1970년대 '청소년 문화'를 연구하고 그에 대해 기고하던 사람들이 주로 관심을 보였던 분야는 남자 청소년들의 문화였다. 이 과정에서 딸들의 이야기는 누락되거나 보충 차원에서 잠시 덧붙여지는 수준에 머물렀다.

그러나《내 딸이 여자가 될 때》가 등장한 이후, 모든 게 변하기 시작했다. 다들 갑작스럽게 자신의 딸을 걱정하기 시작했다. 미국에서 시작된 파도는 다른 선진국으로 거침없이 퍼져 나갔다. 우리는 곧 딸과 관계있는 모든 것들을 걱정하게 됐다. 정치인들은 딸들을 돕기 위한 프로그램을 만들고 의안을 제출했다.

그리고 당연히 상황은 점점 개선되어갔다.

그러나 여전히 등골이 오싹해지는 통계가 종종 발표된다. 그 이유는? 겁을 줘야 책이 팔리고 적극적인 청중이 양산되기 때문이다. 만약 이 책의 제목을《우리 딸들을 죽음이나 정신병으로 몰고 가는 심각한 세 가지 문제》라고 짓는다면, 당연히 판매량이 치솟을 것이다. 하지만 나는 그런 게 싫다. 돈이 더 벌리면 좋겠지만, 사람들에게 겁을 줘가면서까지 책을 팔고 싶지는 않다.

이 역학관계를 좀 더 이해하기 위해 등골이 오싹해지는 통계와 그것이 실생활에서 갖는 의미에 대해 살펴보자.

자, 아들보다 딸이 상어에게 잡아먹힐 확률이 67퍼센트 더 높다는 통계가 발표되었다고 하자. 물론 실제 통계는 아니다. 더불어 상어가 아들보다 딸을 잡아먹는 걸 선호한다는 인상을 심어줘 그 어떤 상어라도 마음이 상하진 않았을까 걱정이 된다. 내가 알기로 상어는 기회평등주의로 똘똘 뭉친 육식동물이다. 사람을 잡아먹는 일을 그다지 즐기지 않지만, 굳이 먹어야 한다면 종교와 인종, 성별에 관계없이 잡아먹는다. 상황만 허락한다면 상어는 신나치주의자도 잡아먹을 수 있다. 물론 지금껏 내가 목격한 신나치주의자들은 해변에서 노는 걸 별로 좋아하지 않는 것 같았지만. 실제로 나는 신나치주의자가 해변에서 비치볼을 하거나 신나치주의자 어린이와 물장구를 치며 노는 모습을 단 한 번도 본 적이 없다. 그렇지만 어쨌든 신나치주의자와 국제인권위원회 위원이 함께 해변에 있다면 상어는 누구든 더 가까이 있는 사람 또는 더 포동포동한 사람을 잡아먹을 것이다.

상어는 정치적 견해 따위, 안중에도 없다.

그렇다면 딸이 아들보다 상어에게 잡아먹힐 확률이 67퍼센트나 높다는 통계를 어떻게 이해하면 좋겠는가?

한 마디로 그냥 무시하시라.

정말입니까?

정말이다.

하지만 무시하고 넘어가기엔 지나치게 경종을 울리는 통계가 아닙니까?

아니다.

왜죠?

이 통계는 이 세상 모든 딸들의 수를 기준으로 한 평균치이기 때문이다. 그러므로 당신의 딸에 대해서는 별로 의미 있는 수치가 아니다. 어떤 딸은 상어에게 잡아먹힐 위험에 전혀 노출되지 않지만, 어떤 딸은 그 위험도가 훨씬 높기도 하다.

그렇다면 내 딸이 어느 부류에 속하는지를 어떻게 알 수 있습니까?

끔찍한 통계에 등장하는 그런 일과 내 자식이 실제로 관계가 있다면, 통계에 상관없이 확연하게 눈에 띄기 마련이다.

그렇겠지요. 하지만 어떻게 알 수 있죠?

성관계나 약물, 자해와 같이 심각한 문제들에 대해서는 뒤에서 보다 자세히 살펴보기로 하고 여기선 그냥 넘어간다. 지금 말할 수 있는 것은 부모가 늘 주의를 기울이는 게 중요하다는 사실이다. 만약 당신의 딸이 바다에서 수백 킬로미터 떨어진 곳에 산다면, 상어에게 잡아먹힐 위험은 거의 없다. 그와 달리 바닷가에 산다면, 그것도 썩어가는 생선 내장으로 만든 집에 산다면, 게다가 종일 바닷물에 신선한 동물의 피를 뚝뚝 떨어뜨리며 보낸다면 상어에게 잡아먹힐 확률은 훨씬 높아질 것이다.

숫자는 별로 중요하지 않다, 이 말이군요. 그럼 정말로 중요한 건 딸의 행동이다, 그겁니까?

바로 그거다. 뉴스에서 어떤 말이 흘러나오느냐가 아니라, 지금 당장 당신의 눈앞에서 무슨 일이 벌어지고 있는가에 집중하라. 통계는 흥미롭지만, 일반적인 기준으로 하나의 집단을 설명할 뿐이다. 통계는 지금 내 딸에게 무슨 일이 벌어지고 있는가에 대해서는 설명하지 않는다. 그러니 지금 당장 우리 눈앞에서 무슨 일이 벌어지고 있는가에 주목하라.

그렇다면 매체에 등장하는 끔찍한 일들이 내 딸에게 일어날 가능성을 최소한으로 줄이려면 어떻게 하면 좋을까요?

그게 바로 이 책의 나머지 부분에서 설명하고자 하는 내용이다. 즉, 자신이 누구이고 무엇을 원하는지 알고, 자신감 넘치는 독립적인 딸로 키우기 위해 어떻게 최선을 다할 수 있을까에 대해 이야기할 생각이다.

좋아요. 구체적으로 말해보세요.

우선 딸에게 바다에 수영하러 갈 것인지 물어본다. 가겠다면 수영복을 입은 채로 실례를 하지 말 것, 개와 함께 수영하지 말 것, 해가 질 무렵까지 수영하지 말 것, 신선한 피를 한 바가지 끌고 다니며 수영하지 말 것 등을 당부한다. 상어 때문에 걱정되는 바는 이걸로 해결할 수 있다. 나머지 문제는 살아가면서 차차 풀어나갈 수 있을 것이다.

요약- 딸들의 위기: 통계를 과신하지 말자

★ 15년 전만 해도 우리는 딸들의 위기에 대해선 알지도 못했다.

★ 좋은 소식이 있다면, 생각보다 우리 딸들이 잘해 나가고 있다는 사실이다.

★ 휴우, 정말 다행이다.

《화성에서 온 남자 금성에서 온 여자》
: 성에 관한 사이비과학

화성과 금성은 당연히 아주 다르다. 화성은 태양으로부터 2억 2780만 킬로미터 떨어져 있고, 금성은 1억 500만 킬로미터 떨어져 있다. 금성의 반지름은 화성보다 2,654킬로미터 더 크다. 화성은 대기 중 이산화탄소와 질소의 양이 아주 조금 더 적고(각각 1.2%와 0.8%) 아르곤의 양은 1.593퍼센트 더 많다. 뭐, 아르곤을 특히 좋아하는 사람이라면 반가운 소식이겠다. 나야 아르곤에 대해서는 완전히 중립적인 입장이지만, 무한한 이 우주 어디쯤에는 아르곤을 좋아하는 생명체가 분명히 존재할 수도 있다. 금성은 위성이 없지만, 화성은 두 개의 위성을 거느리고 있다. 또 금성이 꽤 뜨거운 반면(460℃) 화성은 추운 편이다(4℃).

그러니 화성과 금성이 몹시 다르다는 견해에는 완전하게 동의하는 바이다. 아, 물론 진짜 화성과 금성을 말하는 것이다. 남성과 여성을 지칭하는 상징적 용어인 화성과 금성을 말하는 게 아니다. 참 멋진 비유다. 《화성에서 온 남자 금성에서 온 여자(Men Are From Mars, Women Are From Venus)》의 저자인 존 그레이(John Gray)를 어마어마한 부자로 만들어준 상징이기도 하다. 그러나 이는 성별 간 두뇌 구조 차이에 대한 실제 과학을 근거로 한 것은 아니다. 다시 말해, 멋지게 들린다고 해서 반드시 사실은 아니다. 오히려 정반대다.

지난 몇 년 사이 '여성의 두뇌'에 대해 그럴듯하게 들리기는 하지만 근거는 없는 주장을 펼치는 이들이 나타났다. 이들의 주장을 몇 가지로 요약해보면 다음과 같다.

☆ 딸의 청력이 아들의 청력보다 더 예민하다. 그래서 아빠가 보통 목소리로 말하더라도 딸은 아빠가 고함을 지른다고 불평한다.
☆ 딸의 시각 체계는 아들의 것과 완전히 다르게 설계됐다. 그래서 딸들은 아들과 완전히 다른 그림을 그리고, 색깔도 더 많이 사용한다.
☆ 딸은 아들보다 자신의 감정을 더 잘 이야기한다. 두뇌의 서

로 다른 두 부분이 아들보다 더 일찍 연결되기 때문이다.
☆ 딸은 아들보다 공감을 더 잘한다. 그러나 아들은 누군가 울음을 터뜨리거나 자신을 위협해야 비로소 뭔가 잘못되었음을 감지한다.
☆ 딸은 아들보다 말이 많다.
☆ 딸은 언어를, 아들은 수학을 더 잘한다.

뭔가 있는 듯 들렸는지 모르지만, 과학적인 근거는 없다. 그렇다고 해서 '성에 관한 사이비과학'으로 범벅이 된 책을 써서 큰돈을 버는 행위까지 막을 수는 없다. '성에 관한 사이비과학'이라는 용어는 내가 만든 게 아니다. 아들들에 관한 책을 쓸 당시 랭귀지 로그(The Language Log)라는 웹사이트에서 처음 접한 것이다. 이 사이트에 글을 쓰는 마크 리버만(Mark Liberman) 교수는 위 주제에 관해 많은 글을 써왔다. 특히 아들과 딸의 문제, 그들 각각의 두뇌에 관해 많은 연구를 해왔다. 시간이 생기거든 직접 이 웹사이트를 둘러보길 강력 추천한다.

이쯤해서 이 사이비과학에 대해 아는 게 그렇게 중요한가, 라는 의문이 생길 것이다. 그러나 내 말을 믿어 달라. 정말로 중요하다.

왜죠?

사이비과학이 얼마나 큰 부정과 불법으로 얼룩졌는지 알아야 과대과장 광고에 현혹되지 않는다.

그게 무슨 뜻입니까?

알고 싶다면 우선 〈워싱턴타임스〉의 다음 기사를 읽어보자.

MRI 스캔을 이용한 최근 연구 결과, 일반적인 남자 아이의 두뇌는 여자 아이의 것보다 훨씬 느리게 발달하는 것으로 드러났다. 일부 연구 결과 만 17세 남자의 두뇌는 만 13세 여자의 두뇌와 비슷해 보였다. 남성이 대략 만 30세에 이르러야 여성과 비슷한 발달 수준에 도달한다.

아니면 스트레스에 대해 딸들이 보이는 반응에 대한 다음의 정보는 어떠한가?

여성의 두뇌회로는 에스트로겐이 활성화됨으로써 양육행위와 보호적인 사회관계망을 형성해 스트레스에 대응한다.

젠장, 서른이 될 때까지 우리 남자들은 여자들의 두뇌를 도저히 따라잡을 수 없다는 말인가? 만 17세 소년의 두뇌가 만 13세 소녀의 두뇌와 비슷하다고? 무엇보다 여자들은 스트레스를 받으면 호르몬의 영향을 받아 양육행위에 돌입하고 다 같이 모여 수

다를 떨게 된단 말인가? 이게 다 사실인가?

　잠시 후 이 문제를 자세히 살펴보겠지만, 지금 당장 본 것만으로도 이런 정보가 부모들에게 얼마나 큰 영향력을 행사할지 짐작할 수 있을 것이다. 그럼에도 이런 식의 '정보'가 별별 장소에서 별별 사람들에 의해 마구 유통되고 있다. 일부는 인터넷에서-그것도 거친 황무지처럼 광활하고 무질서한 양육관련 게시판에서- 유통되고 있다. 또 중요인사와의 정책간담회나 협의회, 학교 교무실 같은 곳에서도 마구잡이로 돌아다닌다.

　문제는 우리가 신경과학을 맹신한다는 것이다. 자기가 펼치는 주장의 한 귀퉁이에 두뇌스캔 사진 몇 장만 박아놓으면 대중들은 그것을 그대로 믿는다. 사실은 번지르르한 허풍에 지나지 않는데도 말이다. 신경과학자들도 이러한 시류에 우려를 품고 있다. 그들은 어떤 심리적인 현상에 대한 설명이 빈약하거나 논리적으로 타당하지 않아도 신경과학적 정보를 포함하고 있으면 사람들이 쉽게 믿는다는 사실을 입증하는 연구를 진행하기도 했다. 다시 말해 논리적인 타당성을 갖추지 못한 정보도 신경과학적인 설명을 곁들이면 마치 설득력이 있는 듯 느낀다는 것이다.

　이제부터 사이비과학이 어떻게 작용하고 있으며, 얼마나 어이없는지 살펴볼 것이다. 오늘날 양육논쟁의 맥락을 이해하는 데도 중요하다. 그래서 지금부터 성에 관한 사이비과학에 대해 대략적인 설명을 해보고자 한다. 또한 아동과 두뇌, 특히 성과 두뇌의 세계를 겹겹으로 에워싸고 있는 온갖 허접한 이데올로기에 약간의 현실을 주입하고자 한다. 물론 나의 주장도 맹목적으로 믿지 말아야 한다. 가능하면 자료의 출처를 직접 확인하는 게 좋다. 하지만 대부분의 독자들은 그렇게 하지 않는다. 그냥 저자가 무슨 주장을 펼치면 당연히 과학적 연구에 근거를 둔 이야기려니, 추측할 뿐이다. 사실 당연한 게 아닌가? 과학적 연구 결과에 기초했다고 말해놓고 실제로는 그렇지 않다면, 혼이 나야 하는 게 아닌가? 경찰이 잡아가야 하는 게 아닌가? 출처도 없이 과학적이라고 주장만 하는 책은 수백만 권 이상 팔려서는 안 되는 게 아닌가?

그런 짓은 하면 안 되는 게 아닌가?

그렇지 않은가?

흔히 사람들이 두뇌스캔에 대해 이야기하면 대부분 fMRI, 즉 기능성 자기공명영상을 떠올린다. 과학자들이 두뇌를 연구하는 방법은 수도 없이 많다(알파벳순으로 정리하면 DTI, EEG, MRS, PET, sMRI 등이 있다). 그 가운데 fMRI가 가장 보편적으로 쓰인다.

fMRI의 원리가 궁금한가? 사람을 큼직한 기계 안에 집어넣으면 기계가 딸깍거리고 빙빙 돌다 쿵 소리를 낸다. 딸깍거리고 빙빙 돌고 쿵 소리를 낸 결과 컴퓨터는 그 사람의 두뇌에서 무슨 일이 벌어지고 있는지 영상으로 찍어낸다.

복잡하기는 하지만(원래 어마어마한 일들은 복잡해 보이는 법이다) 두뇌세포인 뉴런이 점화하는 모습까지는 사진으로 찍어내지 못한다. 다만 BOLD(혈액 속에서 산소를 운반하는 헤모글로빈의 농도 변화) 신호를 측정해 간접적으로 두뇌 활동을 측정한다. 두뇌세포의 점화가 활발할수록 혈액 내 산소농도도 변화한다는 원리를 바탕으로, 활성화 신호를 아주 작은 3D 정육면체(3㎣ 이하)인 '복셀(voxel)'로 바꾸어 이미지를 형성한다. 마치 디지털카메라의 픽셀과 같은 원리다.

그러므로 두뇌세포의 활동을 직접 측정하는 게 아니라, BOLD 신호를 통해 간접적으로 측정하는 것이다. 두뇌세포가 점화하는 동안 BOLD 신호가 변화를 일으키고, 이를 복셀로 바꾸어 이미지를 형성한다. 왜 굳이 복셀이라는 말을 쓰는지는 이해할 수도 없고, 이해할 필요도 없다. 그냥 두뇌세포가 더 많이 점화될수록 혈액 내 산소의 농도도 더 많이 변화하고, 이러한 활성화 신호가 강할수록 최종 이미지 속의 복셀도 더 강해지는 원리다.

꽤 머리를 쓴 것 같은데요?

인정한다.

그렇다면 이제 멋들어진 복셀 이미지를 통해 인간의 두뇌가 어떻게 작용하는지를 전부 다 알 수 있게 되었다는 말인가요?

이런, 그렇지 않다. 그건 사실이 아니다.

이런.

안타깝지만 사실이 아니다.

그럼 왜 그렇게 간단하지가 않은 겁니까?

fMRI로 촬영한 두뇌 영상을 확정적인 주장의 근거로 삼기에는 무수한 문제점이 존재한다. 즉 fMRI 스캔 속의 복셀 이미지만으로는 두뇌의 작용 원리를 정확히 알 수 없다.

완전 실망입니다.

그렇다. 정말이지 실망스럽기 짝이 없다.

왜 그런지 좀 간단하게 설명해주시죠. 사람 진 빠지게 하지 말고요.

흔히 매체에서 '두뇌스캔'이라고 부르는 fMRI 영상을 확고한 근거로 삼기에는 조심할 수밖에 없는 몇 가지 이유가 있다.

☆ 먼저 두뇌스캔만으로는 피실험자의 실생활 능력을 알아볼 수 없다는 문제가 있다. 기계 안에 가만히 누운 채로 검사를 받아 나온 결과를 실질적인 능력으로 일반화한다면 문제가 발생할 수밖에 없다.

☆ BOLD 신호는 실험 대상이 된 두뇌 부위, 과제 및 자극의 종류, 실험 대상의 연령과 건강 정도, 카페인이나 니코틴의 섭취 여부에 따라 달라질 수 있다(물론 아동을 대상으로 검사를 실시할 때는 이 카페인이나 니코틴이 문제가 되지 않길 바란다). 다시 말해 변동성이 크다.

☆ 무엇보다 BOLD 신호는 같은 사람이라도 측정 시간에 따라 결과가 달라진다. 따라서 기준을 정하기가 꽤 어렵다.

☆ 때로는 관찰 대상이 되는 두뇌 부위가 너무 작아 복셀 이미지로 나타낼 수 없는 경우도 있다. 현재 과학자들은 1세제곱밀리미터까지 복셀의 크기를 줄이는 연구를 하고 있지만, 아직 완성되지는 않았다.

☆ BOLD 신호가 아동의 두뇌발달 과정에서 어떠한 영향을 받는지 아직 밝혀지지 않았다. 일부 연구를 통해 아동과 성인의 BOLD 신호가 유사성을 보인다는 결과를 얻었지만, 아동의 fMRI 스캔이 실제로 어떤 의미를 지니는가를 확신하려면 여전히 해결해야 할 문제가 많다.

☆ 결과 분석을 위해 사용되는 통계는 정말로 복잡하다. 일개 연구 집단의 결과가 다른 연구 집단의 통계치와 일치하지 않으므로 결과 역시 재고해봐야 한다는 주장을 여러 논문과 문헌에서 찾아볼 수 있다.

결국 여기서 우리가 챙겨야 할 메시지는 '두뇌스캔' 어쩌고 하는 것들이 그렇게 분명하고 확정적이지는 않다는 사실이다. 즉 fMRI가 '입증'했다고 하는 내용들을 보면 사실보다는 주장이 훨씬 많다. 그러므로 앞으로 더 많은 주장이 나올 수 있음을 쉽게 예측할 수 있다. 모두 다 헛소리에 쓰레기라고는 감히 말하지 않겠다. 3백만 달러에 육박하는 기계가 전혀 쓸모없는 일이나 하고 있지는 않을 테니까. 다만 내가 하고 싶은 말은 이 영상이 우리 인간에 대해, 특히 우리 딸들에 대해 말하는 바를 무조건 맹신하기 전에 주의를 기울일 필요가 있다는 것이다.

과학자인 존 T. 브루어(John T. Bruer) 박사의 말로 끝을 맺는 게 좋을 것 같다(그는 실생활에서 신경과학의 영향력을 등에 업고 개진되는 주장들에 대해 우려를 표해왔다).

신경과학자들은 자신의 연구 성과가 잘못 전달되는 사태를 막기 위해서라도 연구 내용이 교육 현장이나 대중들에게 어떻게 전달되고 있는가를 심각하게 생각해야 한다. 특히 "기본적인 연구가 실천적으로 어떤 의미를 지니고 있는가?"와 같은 가장 순수한 생각조차도 매우 신중하게 할 필요가 있다. 우리는 흥미와 관심을 갖고 신경과학을 바라보는 대중들에게 신경구조가 어떻게 정신적인 기능을 수행하는지, 또 그 정신적 기능이 어떻게 행동을 이끌어내는지에 대해 이제 막 과학적 탐문을 시작했다는 사실을 상기시켜줄 의무가 있다.

각종 연구에 대해 매우 엄격한 잣대를 가지지 않고 그저 fMRI에 기초한 연구라며 맹목적으로 받아들이기만 한다면, 자기도 모르는 사이 실없는 소리나 내뱉고 마는 커다란 위험에 봉착하게 되는 것이다.

이제 '두뇌스캔' 과학의 한계 그리고 신경과학을 언급함으로써 비합리적인 주장이 설득력을 가질 수 있다는 사실을 이해하게 되었을 것이다. 그럼 이제 다시 앞으로 돌아가, 신경과학의 다소 대담한 주장들을 조목조목 살펴보기로 하자.

"딸의 청력이 아들의 청력보다 더 예민하다."

이는 한때 단성학교를 정당화하는 생물학적 근거로 제시되었던 핵심 주장이다. 단성학교와 남녀공학을 둘러싼 논쟁에 대해서는 뒤에서 자세히 살펴보기로 하고, 여기서는 이 주장 자체만 살펴보자. 일부 저자들은 43세의 아빠가 17세의 딸에게 보통 목소리로 말을 하면 딸은 이를 10배나 큰 소리로 느낀다고 주장하기도 했다.

아아, 신성한 고막이여! 달라도 너무 다르지 않은가!

만약 이 주장이 사실이라면, 아빠가 딸에게 말을 하거나 학교에서 남자 선생님이 여학생들에게 수업을 할 때 꼭 검토해야 할 사안일 것이다. 이 주장의 논리는 다음과 같이 흘러간다. 연구를 통해 딸의 청력이 아들의 청력보다 훨씬 예민하다는 것을 보여준다. 그런 이유로 여교사가 부드러운 목소리로 수업을 하는 학급은 여학생들의 성적이 더 좋고, 남교사가 큰 소리로 수업을 하는 학급은 남학생들의 성적이 더 좋다.

정말일까? 정말이라면 어느 정도까지 정말일까?

학계는 이 문제에 관해 엄청난 논쟁을 벌였다. 논쟁의 과정을 살펴볼 수 있는 논문과 웹사이트도 많다. 그러나 모든 독자들이 적극적으로 논문을 찾아 뒤지진 않을 것이다. 그러므로 남성과 여성의 청력 차이에 대한 연구와 이를 둘러싼 각기 상반된 주장에 대해 나의 견해를 간단히 밝히고 넘어가겠다.

본질적으로 남성과 여성의 청력에는 별 차이가 없다.

별 차이가 없다고요?

그렇다.

그럼 도대체 그런 주장은 어디서 나온 겁니까?

좋은 질문이다. 양성 간의 청력 차이에 관한 다소 과장된 주장을 합리화하고자 거론된 연구들을 살펴보면, 남성과 여성의 청력에는 평균적으로 작은 차이가 존재함을 확인할 수 있다. 물론 중복도가 꽤 높다. 이 말은 평균적인 차이는 존재하지만, 각 평균치보다 높거나 낮은 남성과 여성이 아주 많다는 뜻이다. 그러니 누구라도 아들과 딸 사이에 청력 민감도가 커다란 차이를 보인다고 주장하면, 사실은 그렇지 않다는 것을 기억하길 바란다.

"딸의 시각 체계는 아들의 것과 완전히 다르게 설계됐다."

왜 딸들은 그림을 그릴 때 화사한 색깔을 많이 사용해 꽃과 집,

구름 따위를 그릴까? 왜 아들들은 총으로 무장하고 그 총을 발사하고 창을 집어 던지며 탱크 위에 앉아 있는 괴물 따위를 그릴까?

참으로 흥미로운 질문이다. 어느 교실에 들어가 봐도 여자 아이들의 그림과 남자 아이들의 그림은 뚜렷한 차이를 보인다. 이러한 현상을 설명하고자 일부 저자들과 논평가들은 역시나 '우리의 친구' 신경과학을 내세우며 매혹적인 주장을 펼친다.

이들의 주장을 살펴보기에 앞서 실질적인 사실부터 이야기해 보자.

남성과 여성의 망막에는 실제로 차이가 있다. 망막세포의 해부학적 구조를 현미경으로 살펴보면, 여성의 망막은 가장자리 윤곽과 색깔을 감지하는 'P신경절세포'를 더 많이 가졌다. 이에 견주어 남성의 망막은 움직임과 깊이를 감지하는 'M신경절세포'를 더 많이 가졌다. 이때 M신경절세포가 P신경절세포보다 더 크기 때문에, 남성의 망막이 더 두껍다.

이렇게 드러난 사실을 통해 아들과 딸이 그림을 다르게 그리는 이유를 꽤 그럴듯하게 설명할 수 있을 것만 같다. 여성의 눈은 자신이 보는 것을 더 많은 색깔로 표현할 수 있도록 설계됐지만, 남성의 눈은 움직이는 장면을 많지 않은 색깔로 그리도록 설계됐다. 그러니 남성과 여성의 시각 체계 차이는 엄청나게 크고, 또 중요하게 여겨진다.

멋진 주장이다.

딱 한 가지, 꽤나 중요한 부분이 빠졌다. 그게 뭐냐고? 방금 언급한 망막의 해부학적 구조 차이는 사실 쥐의 망막을 대상으로 한 연구 결과다.

쥐라고요? 그 조그만 야행성 설치류 말입니까?

그렇다. 그 쥐 말이다.

쥐라니, 조금 더럽지 않나요?

말한 대로 조금 더럽다.

그럼, 인간 아동의 망막도 살펴보았나요?

보았다. 역시 평균적인 차이가 아주 적었고, 중복도가 꽤 높았다고 말하면 다들 놀라시려나?

아니요.

다시 말하지만, 이들이 자신의 주장을 뒷받침하려고 내세우는 과학적 근거는 전혀 과학적이지 않다고 할 수 있다. 인간 남성과 인간 여성의 망막 두께는 차이를 보이지만, 이는 아주 사소하다 (약 3% 정도). 그리고 아들과 딸 사이에는 개인차가 평균차보다 훨씬 크다. 그러므로 아들과 딸의 그림이 차이를 보이는 이유가 뭐든, 눈의 설계 차이와는 큰 관계가 없다.

"딸은 아들보다 자신의 감정을 더 잘 이야기한다.
두뇌의 서로 다른 두 부분이 아들보다
더 일찍 연결되기 때문이다."

이야말로 최상급 A++ 쇠고기에 버금가는 A++ 사이비 신경과학적 헛소리다. 아인슈타인이 최고과학연구소 남자화장실 벽에 끼적거린 것이 아닐까 싶을 정도로 과학적인 것 같고 환상적으로 들린다. 이 말이 어쩐지 위대한 과학자가 지어냈을 법한 농담처럼 들리는 이유는 뭘까?

이러한 주장이 과학적인 느낌을 풍기는 이유는 실제로 딸들이 아들들보다 자신의 감정에 대해 더 많이 털어놓는 것처럼 보이기 때문이다. 그러니 여기에 약간의 신경과학적 요소만 집어넣는다면, 매체와 '교육전문가'들이 실컷 쏟아내고 싶어 하는 뭔가를 그럴싸하게 포장할 수 있다.

그런 이유로 지금껏 위와 같은 주장을 펼치면 "그래, 맞아!"와 같은 반응을 얻을 수 있었다. 그렇다면 진실은 과연 무엇일까?

이러한 주장은 2001년 실시된 19명의 만 9세에서 만 17세 아동을 대상으로 한 연구에서 비롯되었다. 연구자들은 두뇌의 중요한 두 부분인 전전두엽과 편도체 사이의 의사소통 수준을 살펴보았다. 굳이 이 두 부분을 살펴본 이유는, 편도체는 감정을 '생산'하는 주요부분이고, 전전두엽은 편도체에서 얻은 정보를 조직하고 해석하는 부분이기 때문이다. 편도체와 전전두엽은 마치 서로 대화를 나누며 어떠한 감정을 느끼고, 왜 그런지를 결정하는 것처럼 보인다.

효과적인 이해를 위해 다소 투박하게 말하자면 다음과 같다. 두뇌의 이 두 부분이 서로 대화를 나누지 않는다면, 우리는 어떤 감정을 느끼는지, 왜 그러한지를 알 수가 없게 된다. 물론 실제 과정은 훨씬 더 복잡하고 미세하지만, 이른바 사이비과학 팬들이 내세우는 논리다.

2001년의 연구는 두뇌의 이 두 부분의 연결 정도가 남자 아이와 여자 아이 사이에서 통계적으로 의미 있는 차이를 보이는 것 같다는 결론에 도달했다. 또 딸을 키우는 아빠들에게 희소식이었던 점은 아들들보다 딸들이 연결 정도가 더 높은 것으로 나타났다는 사실이다.

이 연구에서 유일한 문제점이 있다면-물론 마음먹고 살펴보면 문제점이 더 보이겠지만, 여기서는 그냥 딱 한 가지만 간단하게 짚고 넘어가자-이 연구가 단 19명의 아동을 대상으로 했다는 점이다. 과학적으로 보면 실소가 터져나올 법한 작은 수치다. 그러니 이 19명을 대상으로 한 연구 결과를 모든 딸들과 아들들에게 적용시키면, 당연히 큰 문제가 발생할 것이다. 물론 당시 연구자들도 논문에서 이 점을 분명하게 언급하고 넘어갔지만, 온갖 부류의 사람들이 이런 어이없을 정도로 '담대한' 주장을 펼치는 것까지 막지는 못했다.

"딸은 아들보다 말이 많다."

적어도 이것 하나는 사실일 거라고 생각할지도 모르겠다. 정말로 이 주장만큼은 사실일까? 우리 남자들은 대부분의 여자들이 우리보다 말을 더 많이 한다는 주장에 동의할 것이다. 수많은 시트콤의 주제이기도 하고, 실제 가정 안에서 무수히 일어나는 일들이니까. 정말로 딸들은 아빠보다 말을 훨씬 더 많이 하는 것처럼 보인다.

하지만 그렇지 않다.

설마, 농담이죠?

농담이 아니다. 한숨을 내쉬기 전에 잠깐 위의 주장이 실제 과학적 근거를 갖고 있는지부터 알아보면, 과학적인 주장인지 아닌지 쉽게 알 수 있다. 애리조나대학교의 심리학 교수 마티어스 멜(Matthias Mehl) 박사는 400명의 남성과 여성에게 녹음기를 나누어 주고 종일 각자 사용한 단어의 수를 세어보는 실험을 진행했다.

그래서요? 결과가 어떻게 나왔죠?

양쪽 모두 종일 한 말의 양은 같았다.

농담이죠?

아니다.

대략 비슷하게 말을 하기는 했지만, 사실은 여자들이 조금 더 말을 많이 했다는 건가요, 아니면 정말로 양쪽이 똑같이 말을 했다는 건가요?

똑같이 말을 했다는 뜻이다. 남성과 여성 모두 각 집단 안에서 누구는 말을 더 많이 하고 누구는 더 적게 하는 차이를 보였지만, 평균적으로는 같았다. 남녀 아이들 가운데 어느 쪽이 더 말을 많이 하는가에 대한 연구는 아직 실시되지 않았지만, 같은 결과가 나오지 않을까 생각한다.

그렇다면 십대 청소년의 경우는 어떤가요? 당연히 여자 아이들이 남자 아이들보다 훨씬 말이 많겠죠?

어쩌면 그럴 수도 있다. 십대 청소년 집단에게 녹음기를 나누어 준다면 부모에게 말을 하는 양은 아들들이 딸들보다 더 적을 것이다. 그러나 서로 말을 하는 양은 아마 거의 똑같을 것이다. 물론 오직 추측일 뿐, 지금껏 청소년을 대상으로 한 연구는 없었다.

"딸은 언어를, 아들은 수학을 더 잘한다."

딸을 가진 아빠들에게는 기쁜 소식일 게다. 최근 들어 딸들의 학교 성적이 갈수록 좋아지고 있으며, 오랫동안 존재했던 아들과 딸의 성적 차이가 거의 사라졌다는 게 입증되었기 때문이다. 실제로 대규모 연구를 통해 딸들이 수학 영역에서 나타났던 학력 차이를 극복했음이 확인되었다. 수학뿐만이 아니라 거의 모든 종류의 차이를 극복했고, 학교생활 전반에도 적극적으로 임하고 있다. 꽤 오랜 기간 아들과 딸 사이에 나타난 학력차의 주범이었던 수학과 과학 같은 과목의 경우, 능력보다는 기대치 때문에 생긴 차이였던 것을 확인할 수 있었다. 최근 딸들이 교육의 모든 영역에서 성취를 높여가고 있으며, 스스로에 대한 기대치를 달리하면서 전통적인 차이는 사라지고 있다. 학교생활에 대해서는 뒤에서 자세히 다루기로 하고, 지금은 딸들도 아들들만큼이나 수학을 잘하게 되었다는 수많은 증거들을 확인한 뒤 안심하고 넘어가자.

좋다, 좋아. 하지만……

혹시 지금까지의 설명이 약간 거슬리지는 않았는가? 나는 이번 장 내내 아들과 딸이 똑같다는 주장을 펼쳤다. 그러나 그렇게 생각하지 않는 이들도 있을 것이다. 그렇다면 공원으로 산책을 나가보자. 아이들이 노는 모습을 몇 분만 지켜보자. 대부분의 경우 아들과 딸은 꽤 다른 모습으로 논다. 보통 남자 아이들은 소리를 지르며 뛰어다니고, 여자 아이들은 옹기종기 모여서 이야기를 나눈다. 거친 일반화지만, 사실이다.

지금까지 나의 주장은 딸과 아들이 완전히 똑같다는 게 아니다. 아들과 딸의 차이를 설명하고자 근거로 내세워지는 신경과학이 딱 맞아떨어지는 게 아니라는 말을 하는 것이다. 어떤 사람들은 아들과 딸 사이에 신경학적으로 큰 차이가 있는 것처럼 말한다. 하지만 사이비과학의 밑바닥을 더 깊이 파고 들어가 살펴보면, 개인적인 차이가 오히려 더 크지, 성별 사이의 평균 차이는 사소하다는 것을 확인할 수 있다.

요약-《화성에서 온 남자 금성에서 온 여자》
: 성에 관한 사이비과학

★ 누군가 신경과학과 '두뇌스캔'을 들먹이며 주장의 근거로 삼으려 한다면, 일단 경계하라. 그런 것들을 곁들이면 실제보다 더 설득력이 있는 듯 보이기 때문이다.

★ '남성의 두뇌'와 '여성의 두뇌' 운운하는 과대과장 광고가 많다. 그러나 객관적으로 과학을 들여다보면, 성별 사이의 평균적인 차이는 적으며, 중복도가 꽤 높다.

I
우리 딸은 외계인이 아니다
: 남녀의 차이점에 대하여

언젠가 위스콘신에서 곰에게 잡아먹힐 뻔했던 적이 있다.

1994년 나는 동료들과 함께 미니애폴리스에서 열리는 성범죄자들에 관한 학회에 참석했었다. 학회는 지루했지만, 딱 하나 눈이 번뜩이던 순간이 있었다. 스칸디나비아에서 온 정신분석의들의 워크숍 발표 시간이었다. 이들의 주제는 제목부터 눈길을 끄는 '수음의 교정'이었다. 이 발표에서는 성범죄자들의 비정상적인 성적 환상을 조절하고 교정하는 과정을 보여주었다. 그전까지만 해도 학회 풍경은 딱딱한 정장 차림의 남자들이 그래프와 통계로 가득한 파워포인트 슬라이드를 보여주는 지루함의 연속이었다. 정보를 전달하는 시간이었지만 따분했다. 콧구멍에 연필을 얼마나 깊이 쑤셔 넣을 수 있을지, 인체실험이라도 하고 싶었다.

그때 다행스럽게도 자유분방한 스칸디나비아 정신분석의들이 등장했다. 이들은 연구 내용을 말로만 들려주는 데 그치지 않았다. 점잖게 앉아 있는 내성적인 '전문가'들에게 환자들이 직접 본 '건전한' 성적 환상으로 가득 찬 사진들을 보여준 것이다. 아무래도 '건전함'에 관한 스칸디나비아식 정의는 다른 나라에 비해 다채롭고 화려한 모양이었다. 그들이 보여준 사진들은 마치 환각제가 잔뜩 들어간 무지개 샌드위치 같았다.

그때까지 쥐죽은 듯 고요하게 앉아 있던 사람들은 다리 스치는 소리나 숨 막히는 침묵 속에서 킥킥대지 않으려고 무진 애를 써야 했다. 우리가 이토록 안간힘을 쓰며 웃음을 참고 있는 사이, 성도착자, 게이 성행위, 레즈비언 성행위, 전신 결박 상태에서의 성행위 등 온갖 장면들이 가로 세로 2미터에 육박하는 거대한 화면에 고화질 영상으로 재생되었다.

지금껏 참석한 학회 중 가장 재미있는 발표였다. 물론 재미의 이유가 완전히 잘못되었지만 말이다.

그 뒤 우리는 곧바로 학회장을 떠나 남은 시간을 위스콘신 외곽의 숲속을 거닐며 아메리카곰을 찾아다녔다. 지금 생각해보면 왜 그랬는지조차 모르겠다. 그냥 아메리카곰을 볼 수 있으면 참 좋겠다는 막연한 생각뿐이었다. 물론 곰을 보지는 못했지만, 내내 곰들이 어디선가 우리를 지켜보고 있었을 거라고, 그러니 틀림없이 잡아먹힐 뻔했다고 믿고 있었다. 물론 증거는 없다. 그냥 내 느낌이다.

내가 11년 정도 숲속을 더 헤매 다녔다면 아마 위스콘신대학교에 들렀을지도 모른다. 그랬으면 그곳에서 혼란스러운 만큼 설득력이 있어 보이는 흥미롭고도 타당한 가설을 세운 자넷 쉬블리 하이드(Janet Shibley hyde) 교수를 만났을 수도 있었을 것이다.

그러나 우리는 11년 동안 헤매고 다니지 않았다. 다음 날 곧바로 비행기를 타고 시카고의 블루스클럽에 갔다가, 그곳에서 다시 뉴욕으로 건너갔다. 그리고 다른 관광객들처럼 노상강도에게 총을 맞아 죽을지도 모른다는 과대망상에 시달리며 뉴욕을 돌아다녔다.

나는 미국이 정말 좋다. 모두가 미국을 싫어했던 조지 W. 부시 대통령 재임 시절에도 나는 미국을 사랑했다. 미국을 사랑하는 게 그다지 멋진 일이 못 되었던 시절에도 여전히 미국을 사랑했다. 2009년 오바마 대통령이 다시 미국을 사랑하는 것을 멋진 일로 만들어주었지만, 어쨌든 오바마가 새라 페일린과 그녀의 러닝메이트를 이기기 전에도 미국을 좋아했던 이들이 있었단 말이다. 그토록 환상적인 도넛을 만들어내는 나라를 사랑하지 않고 어떻게 배기겠는가?

그건 그렇고 그때 하이드 교수를 만났더라면 얼마나 좋았을까? 그녀가 2005년 발표한 논문에는 남성과 여성이 절대 멀리 떨어져 있지 않다는 탁월한 선언이 담겨 있다. 실제로 그녀는 남성과 여성에게 비슷한 점이 훨씬 더 많다는 사실을 증명했다.

하이드 교수는 지금까지 남성과 여성의 속성을 살펴본 모든 연구와 비평을 찾아내 분석했다. 과학 분야에는 두 가지 유형의 논문이 있다. 하나는 하나의 연구 주제를 설명하는 논문이다. 또 하나는 특정 영역에 관한 수많은 논문들을 모아 비평하는 논문이다. 예를 들어 추상적인 추론에 대한 남성과 여성의 실행 정도를 살펴보는 실험을 진행하고 그 결과를 발표했다면 첫 번째 유형의 논문에 속한다. 그에 견주어 추상적 추론에 관한 여러 논문을 보면서 대강의 '큰 그림'이 어떤지 살펴보는 논문은 두 번째 유형에 속한다. 하이드 교수가 진행한 연구는 남성과 여성의 속성과 능력을 연구한 모든 논문을 다시 검토한 것으로, 이를 '메타비평'이라고 한다.

하이드 교수는 남녀를 살펴본 총 128가지 연구를 통계적으로 분석했다. 이는 딸을 키우는 아빠들의 일상생활과 관련이 있는 흥미로운 연구다. 지금까지 화성과 금성 어쩌고 하는 대중심리학에 귀를 기울인 아빠였다면, 아들과 딸이 초콜릿과 된장만큼이나 다르다는 결과를 기대할 게 분명하다.

그러므로 하이드 교수가 발표한 결과는 어마어마하게 놀라운 것일 수밖에 없다. 남성과 여성의 심리적 변인 또는 속성의 82퍼센트가 전혀 다를 게 없음을 보여준 것이다. 이렇게 압도적으로 많은 속성에서 전혀 차이를 보이지 않다니! 다음에 열거한 23가지 속성은 신사숙녀가 동등하다는 것을 보여준 여러 가지 영역 가운데 일부만을 예로 고른 것이다.

☆ 수학
☆ 읽고 이해하기
☆ 어휘
☆ 과학
☆ 업무의 성공과 실패에 대한 귀인(歸因)
☆ 수다
☆ 얼굴 표정 처리
☆ 협상의 성과
☆ 돕는 행동
☆ 리더십 스타일
☆ 신경질
☆ 솔직함
☆ 삶의 만족도

☆ 자존감

☆ 행복

☆ 우울증

☆ 대응능력

☆ 도덕적 추론

☆ 컴퓨터 사용

☆ 도전 위주 직업선호

☆ 안전 위주 직업선호

☆ 수입 위주 직업선호

☆ 권력 위주 직업선호

다음에 열거하는 심리적 변인은 남성과 여성 사이에 약간의 차이가 있는 것으로 드러난 11퍼센트에 속하는 항목이다(남성과 여성 중 결과치가 더 큰 쪽을 괄호 안에 표시했다).

☆ 철자(여성)

☆ 언어(여성)

☆ 심적 회전(남성)

☆ 공간 지각(남성)

☆ 웃기(여성)

☆ 관찰당하고 있음을 의식한 상태에서 웃기(여성)

☆ 모든 종류의 공격성(남성)

☆ 신체적 공격성(남성)

☆ 언어적 공격성(남성)

☆ 외향성: 단호함(남성)

☆ 신체 자부심(남성)

☆ 단거리 질주(남성)

☆ 활동수준(남성)

☆ 컴퓨터에 대한 자신감(남성)

총 5.5퍼센트의 심리적 변인에서 남성과 여성은 큰 차이를 보였다.

☆ 기계학적 추론(남성)

☆ 공간 시각화(남성)

☆ 신체적 공격(남성: 일부 연구에 한함)

☆ 관찰당하고 있음을 인식한 상태에서 남을 도와주기(남성)

☆ 자위(여성……. 농담이다. 사실은 남성)

☆ 가벼운 성관계에 대한 태도(남성)

☆ 싹싹함(여성)

☆ 악력(남성)

그렇다면 남성과 여성이 대단히 큰 차이를 보이는 속성은 무엇일까? 양성 간 가장 커다란 차이를 보인 영광의 속성은 다음의 두 가지다.

☆ 물체를 던지는 속도(남성)
☆ 물체를 던지는 거리(남성)

즉, 사람들을 실제로 보지 않고 남성과 여성으로 분류하고 싶다면, 공을 던져보게 하는 게 가장 효과적인 방법이라는 뜻이다. 가장 멀리, 가장 빨리 던지는 사람의 절반이 남자고, 나머지 절반은 여자일 것이다.

이 이야기의 교훈

지금까지의 이야기에서 교훈을 찾자면 다음과 같다. 한마디로 아빠와 딸은 다른 점보다 비슷한 점이 훨씬 많다. 정말로 우리가 서로 다른 행성에서 왔다면, 앞에서 살펴본 연구 결과가 정반대로 나와야 옳다. 다시 말해 남성과 여성이 커다란 차이를 보이는 심리적 변인이 82퍼센트, 차이가 거의 없는 속성은 2퍼센트로 나와야 했다. 그러나 하이힐이나 요정집착증 같은 모습을 보일지라도, 우리 딸들은 외계인이 아니다. 물론 차이점은 존재하지만, 비슷한 점이 훨씬 더 많다. 즉, 딸들도 우리와 똑같은 눈으로 세상을 바라보고 똑같은 것들을 들으며 똑같은 일들을 한다.

예, 예, 뭐 그렇겠죠. 그런데 왜 그렇게 다르게 느껴지는 겁니까?

좋은 질문이다. 다시 출발점에서 언급했던 하이힐과 좀비 이야기로 돌아가 보자. 신사와 숙녀 사이에는 신발뿐만이 아닌 무수한 차이점들이 있다. 우리는 꽤나 유사한 두뇌를 갖고 유사한 속성과 능력을 지니고 있지만, 그것만으로는 현실을 만족스럽게 설명할 수 없다. 뭐랄까, 약간, 어설픈 느낌이 든다고 할까?

대체 뭐가 어떻다는 말입니까?

남성과 여성 사이에는 흥미로운 차이점들이 존재하는 것 같다. 하지만 원래 코끼리를 가까이 다가가 볼수록, 코끼리는 안 보이는 법이다.

요약- 우리 딸은 외계인이 아니다
: 남녀 차이점에 대하여

★ 남성과 여성의 능력과 속성 차이에 관한 연구 결과를 살펴보면, 차이점보다 유사점이 훨씬 더 많다.

★ 양성 사이에는 차이점도 물론 존재하지만, 유사점이 훨씬 많다.

★ 우리 딸들이 마치 다른 행성에서 온 외계인처럼 느껴질 때가 있을 것이다. 사실은 그렇지 않다. 우리는 딸들과 다른 점보다 비슷한 점이 훨씬 더 많다.

1
기다리고 인내하라, 우리 딸에게 시간을 주자

　어떤 딸은 온순하고 어떤 딸은 그렇지 않다. 사실 어떤 딸은 온순함과 완전히 거리가 있다. 단 한 번 제대로 뀐 콧방귀만으로 온 집안을 지옥의 불구덩이로 둔갑시킬 수 있다.

　케이티가 그런 아이였다. 14세였지만, 단 1초 만에 화기애애한 집안 분위기를 완전히 살벌하게 바꿀 수 있는 탁월한 능력을 가졌다. 〈스타워즈〉에 출연했다면 '다스 케이티' 역을 훌륭하게 소화해냈을 것이다. 인화성 물질이면 당장 불태워버릴 것이고, 인화성이 아니면 온갖 방법을 동원해 끝까지 태우려고 들 것이다.

　그런 케이티도 한때는 착한 아이였다.

　케이티의 부모는 뭐가 잘못되었는지, 자신들이 뭘 잘못했는지 이해할 수 없어서 괴로웠다. 특히 케이티의 동생은 전혀 문제가 없는 순한 아이였다. 부부는 결국 상담을 받으러 찾아왔다.

"애가 무슨 생각을 하고 있는지 도무지 알 수가 없습니다."

케이티의 아빠가 말했다. 나는 어깨를 으쓱하고 대답했다.

"여기 오시는 아버님들도 종종 그렇게 말씀하십니다."

케이티의 엄마는 기진맥진한 얼굴로 남편 옆에 조용히 앉아 있었다. 내 말에 엄마는 슬픈 얼굴로 가만히 고개를 저었다. 필리핀 상공 1만 8000킬로미터 위에 떠 있는 국제우주정거장에서 우주 유영을 하던 딸이 실종됐다는 비보를 전해 들은 부모가 지을 법한 표정이었다.

"동생은 그렇게 순하고 착한데 케이티는 어쩜 그러는지……. 정말 왜 그러는지, 이해할 수가 없습니다. 그 아이는 왜 그렇게, 정말 왜 그렇게……."

아빠는 차마 말을 맺지 못했다.

"왜 그렇게 지옥에서 방금 튀어나온 마귀처럼 못돼먹었냐고요?"

약간의 도움을 제공하기 위해 내가 덧붙였다.

내 말에 아빠가 조금 웃었지만, '진실이라 웃겨요.'식의 웃음이었다.

"네. 동생은 손 갈 일이 없을 정도로 착한 아이인데, 케이티는 그렇지가 않아요. 동생은 시키는 대로 고분고분하게 따르고, 화를 낸 적도, 불평을 한 적도 별로 없답니다. 그런데 케이티는 정말이지……."

"케이티는 태어났을 때부터 고집이 셌을 것 같은데, 제 추측이 틀렸나요?"

그러나 부부는 동시에 고개를 저었다.

"아니에요. 그 애는 엄마 배에 있을 때부터 고집이 셌어요."

처음으로 케이티의 엄마가 웃음을 띠면서 말했다.

"정말이에요. 조금만 모로 누워도 배 속에서 마구 발길질을 해 댔으니까요."

"자기가 원하는 걸 손에 넣는 방법도 특별했죠?"

부부는 다시 고개를 끄덕였다.

"원하는 걸 얻어내는 시기도 특별했나요?"

역시 고개를 끄덕였다.

"아무리 그래도 사춘기 전에는 조금은 참을 만했죠?"

또 다시 끄덕끄덕.

"그럴 줄 알았습니다. 한 가지 희소식이라면 케이티도 자라면서 점점 자기 고집에서 벗어나거나, 최소한 조금은 고집을 누그러뜨리기 시작할 겁니다."

부부는 눈에 띄게 안도의 한숨을 내쉬었다.

"다행입니다. 그런데 그게 언제쯤입니까?"

아이 아빠가 희망에 가득 찬 눈빛으로 물었다.

나는 아주 잠깐 생각을 해본 뒤 대답했다.

"한 쉰 살쯤이요?"

순간 방 안에 오물이라도 쏟아진 듯 뜨악한 분위기가 찾아왔다. 케이트는 50대의 나이가 되면 눈에 띄게 나긋나긋해질 것이다. 하지만 최소한 그보다는 조금 더 일찍 상황이 개선될 수 있을 거라고 기대할 수도 있다. 하지만 50세 정도로 넉넉하게 기준점을 잡아놓고 그보다 더 일찍 상황이 개선된다면, 오히려 안도감이 더 커지지 않을까?

성격과 '빅5(Big5)'

성격을 연구하는 심리학자들이 '빅3'을 알았더라면 얼마나 좋았을까? 역시 5보다는 3이 훨씬 멋진 숫자가 아니던가. 하지만 과학자들은 멋진 것보다는 발견해낸 것들을 정확하게 설명하는 일을 더 중요하게 생각하는 모양이다. 과학을 위해서는 유익한 일이다. 하지만 과학 분야에서도 멋짐을 추구하는 우리들에게는 조금 실망스러운 일이 아닐 수 없다.

빅5가 더 정확할지는 몰라도, 빅3만큼 멋있지는 않단 말이다.

자, 이쯤하면 멋지고 뭐고 간에, 다들 그 빅5가 뭔지 다들 궁금해 할 거라고 믿는다.

심리학자들은 오래전부터 인간의 성격에 지대한 관심을 보여 왔다. 이유야 분명하다. '성격'이란 인간 존재의 본질적인 부분이다. 어떻게 보면 가장 큰 부분이라고도 할 수 있다. 우리가 이 세상을 바라보고 경험하는 방식을 결정하고, 거꾸로 다른 이들이 우리를 어떻게 경험하는가를 결정하는 요인이기도 하다.

누군가 당신에게 새로 사귀는 남자 친구가 완고하고 잘 토라진다고 말했다면, 한 번도 만나보지 못했지만 그 남자에 대해 꽤 많은 것을 알고 있다고 여긴다. 더불어 그 남자 곁에는 가까이 가려 하지 않는다. 비슷한 예로 누군가 당신에게 새로 부임한 상사가 꽤 괜찮은 사람이기는 하지만, 상대가 지칠 만큼 세세하게 업무 지시를 내린다고 한다면, 그 상사와 깊은 인간관계를 맺고 싶지 않을 것이다. 결국 모두가 성격의 문제다. 성격은 우리 존재를 구성하는 장점과 단점인 것이다.

심리학자들은 원래 뭔가에 동의를 하는 데 인색하기로 악명이 높다. 그러나 어느 정도 동의를 하는 것처럼 보이는 한 가지 영역이 있다면 그건 바로 성격이다. 성인의 성격구조를 폭넓게 그려주는 다섯 가지 '초요인(superfactor)'의 존재에 대해 심리학자들은 대부분 동의한다. 이 다섯 가지 초요인은 다음과 같다.

:: **외향성/긍정적인 정서**

자신의 세계에 적극적, 긍정적으로 참여하는 경향을 가리키는 말이다. 외향적인 사람은 대담하고 적극적이며 활력이 넘친다(예를 들면 드러내놓고 방귀 뀌는 사람). 외향성과 반대되는 성격은 내성적이고 조용하고 나약하고 억제되어 있고 활발하지 못하고 무기력한 성격이다(예를 들면 사람들 앞에선 방귀 안 뀌는 사람).

:: **신경증/부정적인 정서**

부정적인 감정을 경험하고 스트레스를 받으며 불안감과 상처, 죄책감 등을 쉽게 느끼는 경향이다. 다시 말해 어떤 일에 대해 얼마나 긴장하고 불안해하고 화를 내는가를 설명한다.

:: **성실성/자제력**

이 초요인은 자신의 생각과 행동을 통제하는 능력에서 다양성을 보이는 경향을 일컫는다. 이 초요인이 높은 사람은 책임감이 강하고 세심하며 참을성이 있고 난감한 일도 잘 처리해낸다. 이와 달리 이 속성이 낮은 사람은 무책임하고 조심성이 없으며 산만하다.

:: 우호성

이 요인은 타인에게 다정한 사람이 될 것인지, 아니면 고통 유발자가 될 것인지를 결정하는 속성이다. 이 요인이 높은 사람은 협조적이고 사려 깊으며 공감 능력이 뛰어나다. 반면 낮은 사람은 공격적이고 무례하며 심술 맞고 교묘하다.

:: 경험에 대한 개방성/지능

가장 논란이 많았던 초요인이다. 연구자들은 여전히 이 분야에 대한 논쟁을 벌이고 있다. 상상력이 얼마나 풍부한가, 얼마나 창의적이며 얼마나 빨리 배우는가, 얼마나 통찰력이 있는가를 설명하는 속성이라고 볼 수 있다.

연구자들은 이 다섯 가지 초요인을 구성 체계로 이용해 우리를 우리답게 만드는 흥미로운 면모들을 알아냈다. 이 과정에서 남성과 여성의 성격 차이에 관한 사실들도 드러났다. 그런 면에서 성격에 관한 연구는 아빠의 경우 아이를 나무 위로 번쩍 들어 올려주고, 엄마의 경우 조심하라고 말하는 경향이 있다는 오래된 '전형'이 옳음을 입증하고 있다. 실제로 보통 남성이 더 적극적이고 위험을 감수하는 반면, 여성은 더 걱정이 많고 다정하다는 사실이 밝혀진 것이다. 정말로 흥미로운 사실은 성별 사이에 나타나는 성격 차이가 어린 시절에도 드러날 수 있으며, 이후에도 꽤나 지속적으로 유지된다는 점이다.

그러므로 남자들이 더 훌륭하고 멋진 해적이 될 수 있다는 주장도 꽤나 과학적인 근거를 갖춘 말로 들린다. 정말이지 멋지지 않은가?

그러나 앞에서 설명했듯이, 흔히 밝혀진 과학적 '사실'들은 대부분 수많은 변인을 가지고 있다. 또 평균적인 차이는 몹시 작다고 한 사실을 기억하길 바란다. 그러므로 남자들이 더 멋진 해적이 될 수 있다는 입장을 과학적으로 지지하는 편에 속하고 싶은 마음은 굴뚝같겠지만, 개인적인 수준에서 살펴보면 이러한 것들은 전혀 결정적이지 않다는 사실을 인정해야 한다. 다시 말해 걱정이 많은 딸도 있지만, 동시에 스릴을 즐기는 무모한 딸도 있는 법이다.

코끼리가 더 훌륭한 평등주의자다

이제부터가 본격적으로 흥미로워지는 대목이다. 연구자들은 개발도상국에 견주어 선진국의 성별 성격 차이가 더 심하게 나타난다는 사실을 밝혀냈다. 그렇다고 개발도상국 사람들이 선진국 사람들보다 인류평등주의에 더 투철하다는 말은 아니다. 실제로 일부 개발도상국은 여성과 여성의 사회적 역할에 관한 시각이 지나치게 제한적이기도 하다. 그런데도 남성과 여성이 드러내는 성격은 훨씬 비슷해 보인다.

왜 그럴까?

다소 복잡하고도 정교한 나만의 가설에 따르자면, 그건 전부 코끼리 때문이다. 선진국에 과연 코끼리가 몇 마리나 될 것 같은가? 별로 많지 않다. 뉴욕 5번가에서 코끼리가 어슬렁거리는 걸 본 적이 있는가? 런던 피카디리 극장 앞에서 맴도는 코끼리를, 오스트레일리아 울릉공의 쇼핑몰에서 물건을 사는 코끼리를, 뉴질랜드 오아마루 식물원을 구경하는 코끼리를 본 적 있는가? 로마 콜로세움 밖에서 줄을 서 있다가 우연히 코끼리를 만난 적도 없을 것이다(물론 코끼리들이 카이사르와 사이가 좋지 않았기 때문일 수도 있다). 자갈이 깔린 프라하의 거리에서 코끼리를 만난 적이 있는가? 분주한 거대도시 타이베이에서 코끼리를 본 적이 있는가?

하지만 개발도상국에는 코끼리가 얼마나 살고 있을까?

많다.

어마어마하게 많다. 코끼리들은 사바나나 열대우림을 거닐고, 그보다 비가 적게 오는 숲속도 돌아다닌다.

코끼리는 사람들의 주의를 환기시킨다. 코끼리가 걸어오는 것만 봐도 한 무리의 군중을 멈춰 세울 수 있다. 코끼리는 일단 크기가 어마어마하고 가만히 서 있지도 않는다. 성별 간 성격 차이라는 개념도 별로 좋아할 것 같지 않다. 왠지 다짜고짜 쳐들어와 모조리 부숴버릴 것만 같다.

물론 학계는 왜 선진국으로 갈수록 성별 간 성격 차이가 극단적으로 벌어지는지에 대한 이유를 나름대로 설명하고 있기는 하다. 즉 선진국 남성과 여성은 교육기회가 동등하고 경제적 성공의 능력도 평등하다. 그래서 자신의 고유한 성격대로 즐길 시간도 돈도 자원도 더 많기 때문이란다. 정말이지 따분하기 짝이 없는 가설이다. 그러고 보면 성별 간 성격 차이라는 게 참 '배부른 소리' 같이 들린다.

정말 따분하지 않은가?

그래서 난 나만의 코끼리 가설에 더 집착하고 싶다.

장대한 과학 모험

1972년, 뉴질랜드 더니든에 위치한 오타고대학교 연구팀은 매우 흥미로운 생각 하나를 떠올렸다. 그해 더니든에서 태어난 모든 아기들의 부모들을 초청해, 새로 태어난 이 작은 인간들에 대해 연구를 할 수 있도록 허락받는다면, 과연 어떤 사실들을 알게 될지 궁금해졌다. 연구팀은 곧 부모들에게 편지를 썼다. 놀랍게도 그 해 더니든에서 태어난 모든 아기들-정확히 1,037명의 작은 인간들-의 부모가 연구 참여에 동의했다.

몇 년 뒤, 이 아기들이 5세가 되었을 무렵, 연구팀은 더 깊이 추적하면 뭔가 또 새로운 사실이 드러나지 않을까 싶었다. 그래서 다시 한 번 편지를 보냈다. 믿을 수 없겠지만, 처음 연구에 참여한 아기들의 96퍼센트가 다시 참여했다. 이 몇 년 사이에 아이들이 겪은 변화에 대해 연구팀이 알아낸 사실들은 '끝내주게' 흥미롭다.

사실 훨씬 경이롭다고 칭할 만한 사람은 이 연구팀의 책임자이다. 놀라울 정도로 똑똑하고, 동시에 집요하며, 열정적인 필 실바(Phil Silva) 교수다. 그는 이 연구를 영원토록 지속한다면 과연 어떤 결과를 얻을 수 있을지 의문을 가졌다.

실바 교수의 열정과 노력 그리고 그를 믿고 따라준 연구자들의 헌신 덕분에 37년이 흐른 지금까지도 이 연구는 계속되고 있다. 현재는 실바 교수에 견주어 열정 면에서는 만만찮은 리치 폴튼(Richie Poulton) 교수가 세계 역사상 가장 장대한 과학 모험을 진두지휘하고 있다.

연구팀은 3년에 한 번씩 아직 생존해 있는 연구대상을 모두 더니든으로 불러 며칠에 걸쳐 인간관계와 혈압, 잇몸 상태까지 모든 걸 샅샅이 검사하고 또 질문을 던진다. 이는 심리학자들과 치과의사, 의사 등 지구상에 존재하는 온갖 종류의 연구자들이 참가하는 종합학문연구다. 만약 '원년멤버'가 감옥에 수감 중이거나 해서 어쩔 수 없이 더니든으로 오지 못하면 연구자들이 직접 찾아간다.

이제 만 35세가 된 이 70년대 생 아기들 가운데 자그마치 96퍼센트가 최근 실시한 검사에 참여했다. 흔히 장기연구에서 연구대상이 몇 년이 흐른 뒤에도 남아 있는 비율은 대략 30~40퍼센트다. 이 점을 감안하면, 정말 놀라운 수치라는 것을 알 수 있다.

더니든 종합학문 건강 및 발달조사(이하 더니든 조사)는 우리 인간의 존재를 구성하는 여러 층위를 하나하나 벗기고 있다. 더니든 조사는 크든 작든 일어나는 모든 사건들이 우리에게 어떤 영향을 끼치는가에 관해 특별한 통찰력을 보이고 있다. 우리 스스로의 존재에 대해 더 많은 것을 이해할 수 있도록 도움을 준다는 사실 하나만으로, 우리는 더니든의 연구팀에게 크나큰 빚을 지고 있다고 말할 수 있을 것이다. 생생한 삶에 대한 기적 같은 연구라고 감히 칭하고 싶다.

딸들에게 '성격 운전법'을 가르쳐라

더니든 조사가 밝혀낸 사실 가운데는 양육에 도움이 될 만한 것들도 있다. 더니든 연구팀은 만 3세 아동기에 뚜렷하게 드러나는 다섯 가지 개별행동표현양식을 찾아냈다. 이를 통해 23년 뒤 벌어질 삶의 여러 가지 모습을 예측할 수 있다는 사실에 대해 알아냈다. 다시 말해 엄격하게 진행된 과학적 실험과 조사를 통해 알아낸 정보가 자녀에게 특정 기술을 가르치는 유용한 길잡이로 쓰일 수 있다는 뜻이다.

나는 항상 성격을 자동차에 비유하곤 한다. 사람은 태어나면서 누구나 장단점을 고루 갖춘 자동차를 한 대씩 받는 것과 같다. 자녀를 키우고 또 가르쳐야 하는 부모는 이 자동차의 장점을 적극적으로 활용하고 약점은 최대한 단속해야 한다. 사람은 누구나 완벽하지 않기 때문에, 장점과 약점을 두루 타고난다.

내 딸은 다른 집 딸들과 똑같은 하나의 틀에 넣을 수가 없다. 누구나 다양한 모양의 틀에 맞는 다양한 요소를 조금씩 가졌다. 그러므로 다음에 나올 특정 성격 다섯 가지는 길잡이 또는 나침반의 구실을 할 뿐, 앞길을 정확하게 예측해주는 지도는 절대 아니다. 인생을 세세하게 알려주는 지도는 존재하지 않는다. 그러므로 앞으로 가야 할 길을 알고 싶다면, 지금 어디로 향하고 있는지 정확하게 파악해야 할 것이다.

이제 더니든 연구팀이 밝혀낸 다섯 가지 행동표현양식을 살펴보자.

:: **통제결여 성격**

이 유형에 속하는 딸들은 짜증을 잘 내고 충동적이다. 불만이 많고, 인내심이 부족한 편이다. 새로운 시도도 좋아하지 않는다.

만약 어쩔 수 없이 해야 할 경우, 불퉁거리며 마지못해 하거나 쉽게 포기한다. 당연히 이는 긍정적인 삶의 자세가 아니다. 이를 장기적으로 방치한다면 불만 수준이 꽤나 높아질 것이고, 만족감은 낮아질 것이다. 이 점들을 염두에 두고, 이런 성격의 딸들을 도와줄 방법에 대해 알아보자.

☆ 무엇보다 짜증을 내는 버릇을 고치고, 울화를 가라앉히는 법을 가르쳐줘야 한다. 그러려면 이 세상이 원래 완벽하지 않으며, 살다보면 짜증스러운 일도 일어날 수 있음을 스스로 인정하게 해야 한다. 또 화를 내고 안달복달해봐야 득 될 게 없다는 것을 깨우쳐줘야 한다. 원래 삶이란 곳곳에 화낼 일, 짜증날 일이 숨어 있다는 것을 받아들이게 해야 한다. 그래야 괜한 씨름을 하지 않고 한결 편안한 마음을 가질 수 있다.

☆ 이런 유형의 딸은 친구를 사귈 때도 어려움을 겪을 수 있다. 특히 자신의 행동이 상대방에게 어떤 영향을 끼칠 수 있는지 이해해야 한다. 불평불만을 일삼고 늘 샐쭉해 있으면 새 친구를 사귀기도, 우정을 유지하기도 힘들다는 걸 알아야 한다.

☆ 부정적인 눈으로 어떤 것을 바라보는 편이라면, 자신에 대한 상대의 반응을 해석할 때 융통성을 발휘하도록 가르쳐야

한다. 이런 딸들은 또래의 반응을 이해하는 방법도 새로 배울 필요가 있다. 예를 들면 친구에게 삐친 딸에겐 이런 질문을 던져보자. "수지가 널 자기 팀으로 선택하지 않은 이유가 그냥 네가 미워서 말고 또 뭐가 있을 것 같아?"

☆ 충동조절법도 배워야 한다. 부모가 자제력을 기를 수 있는 상황을 설정하고, 자제력을 발휘한 경우 보상을 해주는 것도 좋은 방법이다(예를 들면 2주 동안 용돈을 쓰지 않고 모으는 데 성공하면, 더 좋은 장난감을 살 수 있게 추가로 돈을 주겠다고 제안할 수 있다).

☆ 결론적으로 이런 딸은 매사를 개인적인 호불호로 받아들이기보다 유연한 사고를 가지도록 만들어줘야 한다. 마음을 편안하게 먹고, 삶이 늘 내 맘대로 굴러가지 않아도 괜찮다는 것을 이해시켜야 한다. 더 많은 것을 배울수록, 아이의 세상도 넓어질 것이다.

:: 억제된 성격

수줍음과 겁이 많고 사회성도 부족하다. 주도하기보다 따르는 편이고 뒤쪽에 물러나 있기를 좋아한다. 또 참여보다는 관망을 선호한다. 그러나 거의 모든 아이들은 다소 소극적인 태도를 보인다. 어느 정도의 소극성은 지극히 정상이며, 오히려 적응에 도움이 되기도 한다. 때로는 조용히 사태를 관망하며 일이 어떻게 흘러가는지 살펴보는 게 유익할 때도 있다. 어떤 아이들에게는 세상의 밝은 빛 속으로 걸어 나가는 것 자체가 힘들고 버거운 일이 되기도 한다. 만약 당신의 딸이 이런 성격이라면, 다음 몇 가지 도움말을 눈여겨보길 바란다.

☆ 집에서 큰 소리로 말하고 자신 있게 행동하는 연습을 시켜보자. 자기 방에서는 세상 사람이 다 아는 유명 인사처럼 행동하도록 해보자. 이후 세상으로 나가는 다리를 조금씩 연결시키자.

☆ 아이가 음악에 관심을 보이거든 최대한 장려하자. 피아노나 바이올린, 드럼 같은 악기를 연주하며 노래를 불러보게 하자. 악기는 아이에게 자기가 할 수 있는 역할을 부여해줄 것이다. 또 딸 스스로는 찾기 힘든 자기표현방식을 가질 수 있게 해줄 것이다.

☆ 가끔씩은 위험해 보이는 일도 시도하도록 격려하자. 아슬아슬한 줄타기 같은 미션들도 가끔은 뇌물을 안겨주며 시켜볼 필요가 있다.

☆ 원하는 것을 큰 소리로 말할 수 있게 도와주자. 만약 그러지 못하면 언제나 남들이 먹다 남긴 것만 갖게 된다고 가르쳐주자. 딸의 내면에 숨은 강력한 목소리를 꺼낼 수 있도록 지

지해주자.

☆ 〈간디〉 같은 영화를 함께 보자. 요란한 사람들만이 이 세상을 바꿀 수 있는 건 아니라는 사실을 인지시킬 필요가 있다. 때로는 조용하고 나직한 목소리가 온 세상을 채울 수 있음을 알려주자.

☆ 결론적으로 이 유형에 속하는 딸들은 굳건하게 설 수 있도록 지속적인 도움을 주어야 한다. 자신의 목소리를 찾아가는 과정에서 아빠의 역할이 중요하다.

:: 자신만만한 성격

자신의 능력을 자랑하고 과시한다. 질투심이 많고 외향적이며 거침없다. 자신에 대해 과대평가를 한다. '적극성'이 차고 넘치는 유형으로, 다른 아이들은 꿈도 꾸지 못할 말도 거침없이 한다. 대체적으로 좋은 성격이지만, 지나치면 좋을 게 없다. 이러한 유형의 딸들이 원만하게 자신의 길을 개척해나갈 수 있도록 몇 가지 도움말을 전하고자 한다.

☆ 이런 유형은 겸손한 태도가 자연스럽게 나오지 않는다. 따라서 겸손의 가치에 대해 가르쳐주어야 한다. 자신을 대단하게 여기는 건 멋지지만, 지나치면 상대방의 짜증을 부를

수 있음을 깨닫게 하자. 어린 아이일 때는 귀엽게 보이던 성격도 크고 나면 꽤나 참기 힘들어진다.

☆ 겸손과 더불어 충동을 제어하는 방법도 배울 필요가 있다. 자신감이 있는 것도 좋지만, 지나치면 재앙과 상처를 불러오기 마련이다. 잠깐 멈추고 한 번 더 생각해보는 태도를 길러주어야 한다.

☆ 지나친 관심과 찬사를 받는 입장이라면, 때로는 다른 사람들과 박자를 맞추는 방법을 알려주자. 늘 돋보이는 사람은 곧 상대방을 지쳐버리게 한다. 천천히 남들과 보폭을 맞추어 나가는 법을 배워나가는 동안, 성격도 원만하게 다듬어질 것이다.

:: 내성적인 성격

이 유형에 속하는 딸은 수줍어한다. 누군가 질문을 던지면 바로 얼어버리는 정도는 아닐지라도 주춤거린다. 새로운 상황을 접할 때도 불안해하고 머뭇거린다. 다시 한 번 말하지만, 누구나 다양한 상황에서 어느 정도 소극적인 모습을 보인다. 그러므로 이러한 경향이 잘못됐다고 말할 순 없다. 문제는 새로운 상황을 맞이할 때마다 소극적으로 대응하면서 생긴다.

☆ 우선 실수는 잘못이 아니라는 것부터 가르치자. 실수는 삶에서 거쳐야 할 중요한 단계 가운데 하나다. 실수를 저지르지 않는다면 그 어떤 것도 배울 수 없다.

☆ 실패했을 때나 무얼 해야 할지 모를 때 당혹스러워하는 태도를 바꾸려면 부모가 적극적으로 나서야 한다. 딸이 실수를 저지르면 오히려 칭찬을 퍼부어주자. 실수는 자신과 당면한 문제에 대해 더 많이 배울 수 있는 멋진 기회임을 가르쳐주어야 한다.

☆ 저녁식사 자리를 '오늘 저지른 최고의 실수' 발표 시간으로 삼자.

☆ 세상의 종말을 불러오는 실수는 거의 없다는 사실을 깨우쳐주자. 웬만해서 하늘은 무너지지 않는다.

☆ 이 유형의 딸들에게는 이 세상을 지나치게 심각하게 받아들이지 않도록 가르쳐야 한다. 때로는 가장 심각한 일조차 심각하지 않게 받아들이는 자세가 필요하다.

:: 적응력이 뛰어난 성격

손이 거의 안 가는 딸이다. 대부분의 일을 자기 나이에 적절한 방식으로 처리한다. 중요하지 않은 일에 대해서는 미리 긴장하지 않는다. 가끔씩 나쁜 일이 생길 수도 있음을 알고, 나쁜 일이 생겼을 때도 쉽게 넘어지지 않고 잘 해결해나간다. 심각한 사건은 거의 벌이지 않고 성격도 원만하니 이야말로 누구나 원하는 그런 딸이다. 완벽하지는 않아도 꽤 능력이 있다. 삶에 대한 태도도 균형이 잡혀 있다. 이런 딸을 둔 아빠에게 다음과 같이 조언한다.

☆ 이토록 수월히 키울 수 있는 딸을 주신 신께 무한히 감사하라. 향을 피우고 염소를 잡아 바쳐라. 염소가 아니라면 뭐든 신의 비위에 맞는 훌륭한 음식을 바쳐라.
☆ 은혜를 맘껏 누려라. 공명정대하고도 균형이 잘 잡힌 아이의 성격은 모두 아빠를 닮아서 그런 것이라고 만천하에 알려라.
☆ 다른 부모에게 완벽한 자식을 키워내는 방법을 알려줘라. 하지만 대부분의 조언이 그다지 쓸모없을 것이다. 당신 딸의 성격이 좋은 것은 양육방식보다는 유전자의 힘일 가능성이 높기 때문이다.
☆ 즐겨라! 실컷 즐겨라!

성격발달은 평생 지속된다.

희소식을 하나 전한다. 다행히도 우리의 성격은 평생에 걸쳐 지속적으로 발달한다. 우리라는 존재를 형성하는 기본구조는 비교적 변화가 없지만, 나이가 들어가는 동안 철도 들고 성숙해진다. 즉 나이가 우리 모양새를 만들어주고, 세월이 지혜를 심어준다. 흔히 추측하는 바와 달리, 성격의 발달은 아동기와 청소년기에 오히려 안정적으로 이루어진다. 십대 청소년도 나이가 들어감에 따라 더 싹싹해지고 정서적으로도 안정된다는 충분한 증거이니, 안심해라. 딸을 둔 아빠에게 훨씬 더 좋은 소식이 있다면, 딸들이 아들들보다 훨씬 더 일찍 철이 들고 성숙해진다는 사실이다.

가장 의미심장한 변화는 오히려 청년기에 일어난다. 드디어 집을 떠나 진정한 자유를 가지고 자신의 참모습을 찾게 되는 것이다. 딸들도 집을 떠나 독립한 첫 몇 해 동안 날개를 활짝 펴고 의식적으로 자아를 찾아 비행을 시작한다.

성격은 아들이나 딸이나 똑같이 지속적으로 발달하며, 50세 무렵에 최고조에 이른다. 나이 먹으면 철든다는 말이 사실인 것이다. 여기서 우리가 건질 수 있는 더 큰 메시지는 결국 변화는 불가피하다는 사실이다. 현재 딸의 태도와 사는 모양새가 골칫거리라면 위안으로 삼을 수 있겠다. 변할 거라지 않은가. 물론 얼마나 많이, 어떤 형태로, 얼마나 오랫동안 변화를 보일 것인가에는 개인차가 존재하지만. 어쨌든 변화는 분명하게 일어난다. 피할 수가 없다.

그러므로 그저 기다리고 인내하는 것이 상책일 때도 있다.

요약- 기다리고 인내하라. 우리 딸에게 시간을 주자

★ 남성과 여성의 성격에는 약간 차이가 있는 듯 보인다.

★ 남성이 조금 더 단정적이고, 위험을 더 감수한다.

★ 여성은 남성에 견주어 걱정이 많고 온화하다.

★ 그러나 어디까지나 일반적인 경향이 그렇다는 것이다. 예외 없는 규칙은 없다.

★ 성별 간 성격 차이는 선진국에서 개발도상국으로 갈수록 오히려 덜 드러난다.

★ 이는 코끼리와 관계가 있을지도 모른다.

★ 우리는 딸들에게 타고난 성격을 제대로 운전하는 법을 가르쳐주어야 한다.

3장

딸들의 세계를 알아보자

♡ 딸들이 학교생활을 더 잘한다, 만세!
♡ 불량소녀에 대처하는 아빠의 자세
♡ 딸과 세상을 논하자
♡ 딸의 인터넷 사용과 휴대전화 구입

딸들이 학교생활을 더 잘한다, 만세!

딸자식을 둔 아빠에게는 기쁜 소식이 가득한 장이다. 딸들은 학교생활을 잘하고 있으며, 이를 입증하는 지표도 많다. 실제로 딸들의 약진에 이제는 아들들의 위기가 찾아온 게 아니냐는 걱정이 여기저기에서 제기되고 있다. 그러나 현재 상황은 아들들이 뒤처지고 있는 게 아니라 딸들의 향상 속도가 빠르다는 쪽으로 해석하는 게 맞다. 뭐, 어느 쪽이든 딸을 둔 아빠에게는 반가운 소식이다.

단성학교? 남녀공학?

이 특별한 논쟁에 대해 본격적으로 살펴보기 전에 짚고 넘어가야 할 첫 번째 사실이 있다. 이곳이야말로 성에 관한 사이비과학의 헛소리가 제대로 떨어진 폭탄투하지점이다. 아들과 딸의 두뇌 차이가 어떻네, 딸들의 청력이 아들들보다 훨씬 민감하네, 아들과 딸의 눈이 완전히 다르게 설계되어 있네, 딸들의 두뇌가 훨씬 일찍 발달하네, 이딴 온갖 잡소리가 흘러나오는 지점이기도 하다. 이렇게 성에 관한 사이비과학은 단성학교 유지의 명분을 위해, 특히 남학교를 위해 목소리를 높여왔다.

그러나 당신은 이 책을 읽으면서 사이비과학의 주장에 약간의 의문을 품게 되었을 것이다. 운이 좋다면, 많이 갖게 됐을 것이다.

그렇다면 단성학교에 관한 연구는 어떤 결론에 이르렀을까? 딸들에게 여학교가 좋다는 걸까, 나쁘다는 걸까? 인터넷을 뒤져보면 단성교육이 여학생에게나 남학생에게나 최선이라고 조금의 의심도 없이 주장하는 온갖 연구 결과를 찾아볼 수 있을 것이다. 그러나 성에 관한 사이비과학에 대해 살펴보았듯이, 요란한 과대 과장 광고 뒤에 숨은 것을 보려면, 더 깊이 파고 들어가야 한다.

처음 이 분야에 관한 논문의 바다를 탐험한 것은 다분히 개인적인 이유 때문이었다. 두 아들을 키우는 아빠로서 내 자식들에게 남학교가 맞을지 남녀공학이 맞을지에 대한 과학적인 근거를 찾아보고 싶었다. 당신이 딸을 위한 최선이 무엇인지 알고 싶어 하는 것처럼, 나도 내 아들을 위한 최선을 알고 싶었다.

이 분야의 관련 논문을 수도 없이 본 뒤 내가 내린 결론은 딸을 키우는 당신이나 아들만을 키우는 나나 처지가 똑같다는 사실이다. 물론 일상적인 양육에서 아들과 딸이 똑같다는 의견에 동의하지 않을 분들이 많을 것이다. 그러므로 내가 이런 결론에 도달하게 된 이유를 밝히는 게 순서라고 생각한다.

☆ 딸들이 단성학교에 다닐 때 성취도가 더 높음을 보여주는 연구가 많았다.
☆ 성취도 차이가 아주 작거나 또는 실질적인 차이가 거의 없음을 보여주는 연구도 있었다.
☆ 단성학교 대 남녀공학의 구도만으로 결과를 검토하기에는 다른 요소가 미치는 영향이 훨씬 크다는 게 문제였다. 예를 들어 연구 대상으로 삼은 단성학교의 상당수가 사립학교였고, 남녀공학은 공립학교였다.
☆ 이러한 요소들을 고려한다면, 단성학교가 유리하다는 결론은 의미가 퇴색할 수밖에 없다.
☆ 딸들의 경우, 단성교육 환경에서 수학이나 과학 같은 딸들에게 비전통적인 과목에 대한 참여도가 더 높아진다는 연구 결과가 지속적으로 보인다.

딸을 위해 단성학교와 남녀공학 가운데 어느 쪽을 선택할 것인가 결정하기에는 전체적인 그림이 애매하다. 어떤 연구는 단성학교에서 딸들의 성취도가 더 높아진다는 결론을 내렸지만, 여기에는 사회계층, 부모의 양육환경, 사립 또는 공립의 여부 등 다른 변수가 매우 복잡하게 얽혀 있었다. 이 때문에 어느 한쪽이 최선이라고 결론을 내리기 힘들다.

그렇다면 이러한 연구 결과를 어떻게 이해해야 할까?

내 생각으로는, 그리고 전 세계의 수많은 학교 및 교육자들과 함께 일했던 경험으로 미루어 볼 때, 단성학교나 남녀공학이냐의 여부보다는 개별 학교의 '질'이 훨씬 더 중요하다. 즉, 훌륭한 교장선생님 한 분이, 남학생끼리 공부하는가의 여부보다 훨씬 중요할 수 있다는 것이다. 물론 딸들이 여학교에서 약간의 이득을 본다는 증거가 존재하기는 한다. 그러나 모든 딸들이 모든 여학교에서 성취도가 높아진다는 결론으로 단정 지을 만큼의 결과는 아니다. 나라면 내 딸을 여학교보다는 훌륭한 운영진을 갖춘 남녀공학에 보내겠다.

미취학 아동기

일찍부터 잔뜩 긴장해 아이에게 지적인 자극을 마구 쏟아 붓는 부모가 있다. 그러나 그렇게 요란을 떨 필요는 없다. 물론 이 시기는 두뇌계발의 측면에서 보면 중요한 때이기는 하다. 뭐, 비슷한 이야기를 수도 없이 들어봤을 것이다. 대부분 사실이다. 이 시기는 정말로 중요하다. 그러나 지적인 자극을 줄 수 있는 극성스러운 프로그램을 필요로 한다는 뜻은 절대로 아니다. 이 시기 아이들에게 정말로 필요한 건 따뜻하고 지속적인 보살핌이다.

그것으로 충분하다.

그리고 따뜻하고 지속적인 보살핌이 일상에 자리 잡았다고 가정하자. 당신이 지금 이 순간 이런 책을 읽고 있는 아빠라면, 당연히 따뜻하고 지속적인 보살핌을 주고 있을 것이다. 그 토대 위에서 아이에게 가장 필요한 건 재미있게 노는 것이다. 아이의 삶에서 가장 환상적인 시기인 만큼 당신도, 아이도 최대한 많이 즐길 때다.

그러니 어린이집이나 유치원을 선택해야 한다면, 읽기나 쓰기, 산수 등을 가르치며 보내는 기관은 고르지 않는 게 좋다. 양육기관은 학교에 가기 전 준비운동을 하는 곳이 아니다. 준비운동이 필요하다면 차라리 줄넘기를 시켜라. 교사들이 친절하고 다정하며, 시설이 쾌적하고 재미있게 노는 걸 중시하는 그런 기관을 선택하라.

초등입학기

초등입학기는 사실 아빠보다는 엄마가 훨씬 힘들어하는 시기지만, 우리 아빠들도 신경이 쓰일 수밖에 없다. 행복한 나날이지만, 아이가 본격적으로 생의 한복판을 향해 걸어가기 시작하는 때라는 점에서 약간의 서글픔이 느껴지기도 한다. 그러나 밝은 면을 보자. 아이는 오전 9시부터 오후 3시까지 집을 비운다. 부모에게는 평화와 고요가 찾아오는 시기라고도 볼 수 있다.

최근 들어 부모들은 입학과 동시에 몇 달 동안의 계획표와 시간표를 짜 실행에 옮길 준비를 한다. 그러나 이는 지나친 감이 없지 않다. 때때로 부모들은 입학 첫날부터 아이를 6개월 이라크 파병 보내듯 한다. 그러나 아이들은 생각보다 강인하다. 입학 첫날 아이들이 품는 불안감의 상당 부분은 부모의 근심걱정 탓이다.

그러므로 입학을 눈앞에 둔 부모들에게 다음과 같이 제안하는 바이다.

☆ 학교가 얼마나 멋진 곳인지 미리 이야기해주자. 말귀를 알아듣기 시작하면 곧바로 학교에 대한 이야기를 들려줘, 빨리 커서 학교에 가고 싶은 마음이 들 정도로 학교에 대한 좋은 인상을 심어주자.
☆ 주말이면 아이와 함께 인근 학교를 찾아가 놀자. 학교의 모

든 것들과 친해질 기회를 마련해주자.

☆ 입학 전에 미리 학교를 방문해보는 것도 좋다. 여러 달에 걸쳐 모든 학교를 순회방문을 할 필요는 없다. 그저 아이가 입학할 가능성이 있는 학교 한두 군데를 찾아가보는 게 좋겠다.

☆ 입학식이 가까워지면 아이와 함께 나가 책가방과 문방구 등을 직접 고르게 해주자. 이런 의식은 기대감을 쌓아주는 데 도움이 된다.

☆ 입학식 당일은 낙관적이면서도 경쾌한 분위기를 유지하되, 지나치게 들뜨지는 말자. 흥분이 될 수밖에 없지만, 불안감에 떨어서는 안 된다.

☆ 부모 스스로 불안할지라도 내색하지 말자.

☆ 지각할까 봐 허둥대지 않도록 시간을 두고 미리 출발하는 게 좋다.

☆ 학교에 도착하면 선생님을 만날 때까지 아이의 자리를 잡아주고 아이가 안심한 것을 확인한 뒤 교실을 떠나라. 그렇다고 몇 시간이고 주위를 맴돌지는 말자. 아이 스스로 상황에 대처할 수 있도록 격려하자.

☆ 아이가 울음을 터뜨려도 예의를 갖추어 교사에게 아이를 맡겨라. 대부분의 1학년 교사들은 어린 아이들의 동요를 잠재우는 데 능숙하다. 부모가 곁에 오래 머물러 있을수록 상황

은 나빠질 가능성이 높다.

만약 아이에게 진짜 문제가 있다면, 담임교사가 문제를 해결할 만한 자질을 갖추었는지 알아봐야 할 것이다. 그러나 부모가 자리를 떠나면 아이가 어느 정도 불안해하고 동요하는 게 정상이다. 그러한 상황에서도 부모가 침착함을 잃지 않는다면, 아이도 학교가 그리 두려워할 곳이 아니라는 메시지를 이해하게 될 것이고 더 잘 대응해나갈 수 있을 것이다.

초등 저학년기(만 5세~10세)

이 시기 가장 중요하게 신경 써야 할 일은 배우기를 좋아하게끔 만드는 것이다. 이 세상의 변화가 하도 빠르다보니, 끊임없이 배우는 게 당연한 삶의 일부가 되어버렸다. 그러므로 아이가 일찍부터 배우는 일에 익숙해진다면, 75퍼센트는 성취한 것과 다름없다. 앞서 이야기했듯이, 딸들은 학교생활을 잘하고 있고, 아들들보다 향상속도도 더 빠르다. 여러 가지 측면에서 딸들이 더 학교친화적이고, 아들들이 직면한 문제(예를 들면 가만히 앉아 있기, 수업 중 떠들지 않기, 선생님 말에 집중하기 등) 때문에 힘들어하지 않는다.

오히려 학교에서 딸들이 마주할 가장 큰 문제는 인간관계에서 나타나는 취약점일 것이다. 이 문제는 바로 다음 장에서 자세히 살펴보기로 하고, 여기에선 이 시기 부모들이 '절대로 하지 말아야 할 일'들에 대해 알아보자.

☆ 불평하고 투덜대지 말자. 교사들은 자꾸 찾아와 불만을 늘어놓는 학부모를 싫어한다. 정말로 걱정이 되는 문제가 있을 때 교사를 찾아가라. 사실 교사들도 그쪽을 선호한다. 그러나 별 사소한 일들까지 다 끄집어내 교사를 공격하고 불만을 토로해서 애먹이지 말자.

☆ 학습에 대해 지나치게 걱정하지 말자. 학습은 재미있는 일이 되어야지, 하기 싫은데 억지로 하는 일이 되어서는 안 된다. 그러므로 학습에 대한 흥미를 이끌어내고, 아이에게 직접 질문을 던져 배운 것을 스스로 설명해보도록 시켜보자. 어떤 일이 있어도 억지로 떠먹이는 지경에 이르러서는 안 된다. 그러면 아이는 결국 학습 자체를 매우 괴로운 일, 절대로 하기 싫은 일로 여기게 될 것이다.

☆ 아이 대신 사소한 문제까지 해결해주지 말자. 아이는 스스로 문제를 해결하는 방법을 배워야 한다. 어렸을 때 실천해보도록 배려해주는 게 제대로 가르치는 방법이다.

☆ 아이가 어려움에 처했을 때 무조건 개입해 도움을 주면 안된다. 아이가 자기 행동으로 인해 어떤 결과가 생기는지 경

험하도록 하는 것이 바로 부모가 할 일이다.

☆ 아이 앞에서 학교나 교사와 맞서지 마라. 당연한 소리 같지만, 때때로 사람들은 분명한 것들을 잊는 경우가 많다.

기억하라. 이 나이는 자신감과 성취감을 쌓는 시기다. 가장 쉬운 방법은 아이 스스로 자신의 문제를 해결하게 놔두기다. 그리고 어떤 문제든 아이가 직접 대응해나갈 수 있을 거라는 부모의 믿음을 보여주기다. 부모는 아이가 필요로 할 때 곁을 든든히 지켜주고 지지와 격려를 보내는 사람이다. 절대 일을 도맡아 처리해주는 사람이 아니다. 또 학교생활이 재미있다는 생각을 심어주는 게 중요하다.

십대 시절(만 11세~19세)

방임하기도 힘들고 다루기도 어려운 때다. 부모 자식 사이에 통제권을 둘러싼 전쟁이 벌어질 수도 있다. 학교가 전쟁터로 떠오르는 순간도 있을 것이다. 이때 딸자식을 둔 아빠에게 그나마 다행인 점이 있다. 이 시기 아들들보다는 딸들이 훨씬 자신의 생각을 잘 털어놓는다는 사실이다. 물론 딸의 생각과 부모의 생각이 언제나 일치하지는 않겠지만, 그래도 아이가 무슨 생각으로 살아가는지 정도는 알 수 있다. 그것만으로도 다행으로 여겨라.

☆ 이제 아이는 자신의 일에 대해 스스로 결정을 내리고 싶어 할 것이다.
☆ 십대 청소년 자녀를 둔 부모라면 아이에게 공부할 때와 하고 싶은 일을 할 여유를 주는 때 사이의 미세한 균형을 잘 잡아야 할 것이다.
☆ 아이의 방은 가능한 학습친화적으로 꾸며주는 게 좋다. 좋은 책상과 조명을 갖추고 온화한 공간으로 만들어준다.
☆ 좋은 소식이 있다면 그래도 아들들보다는 딸들이 공부를 더 열심히 한다는 것 그리고 자기 할 일을 미루지는 않는다는 것이다.
☆ 약속한 날짜에 숙제를 다 마치지 못해도 부모가 학교에 찾아가 시간을 더 달라고 요청해서는 안 된다. 아빠가 딸을 대신해 고행을 자처한다고 해서 아이에게 득 될 것은 없다. 아이 일은 스스로 하게 놔두자.

아이가 학업에 관심을 보이지 않고 도망치고만 싶어 하는 불행한 상황이라도 부모가 나서서 해결해줄 수 있는 일은 많지 않다. 부모가 등을 떠밀수록 아이는 더 도망치려 할 것이다. 만약 최악의 사태로 '자퇴'를 선택한다고 해도, 빈둥거리며 시간을 자유롭게 보낼 수는 없다는 걸 깨우쳐주는 일 외에 딱히 부모가 할 일은 없다.

그러나 학교를 그만두었다고 해서 영원히 학교를 떠난 것은 아니라는 점을 확실히 인식시키자. 교육제도로 재진입할 수 있는 방법은 많다. 아이는 지금 당장 학교를 그만두고 마트에서 아르바이트를 하는 게 낫겠다고 생각할지 모른다. 하지만 6개월이나 1년 뒤에는 마트 일을 따분해할 수도 있다. 이 시기 많은 딸들이 그리고 많은 아들들이 힘든 고갯길을 걸어 행복을 찾아간다.

수월한 시기 (만 20세 이후)

대부분의 부모에게 한결 수월해지는 시기다. 폭풍이 잠잠해지면서 비로소 부모 자신의 삶을 꾸려나갈 수 있게 되는 때다. 이제 부모의 역할은 조언과 충고를 던져주는 상담가로 바뀌어야 한다. 의견을 제시하되, 이 또한 하나의 의견일 뿐이므로 자신의 일은 스스로 해결해나가야 한다는 사실을 아이에게 주지시켜야 한다.

요약- 딸들이 학교생활을 더 잘한다, 만세!

★ 보통 딸들은 학교생활을 잘한다.

★ 딸들이 남녀공학보다 단성학교에서 더 높은 성취도를 보여준다고 증명하는 많은 연구 결과가 있다. 하지만 정반대의 결과를 보여주는 연구도 있다.

★ 훌륭한 운영진, 긍정적인 학교문화 등 여러 가지 요인을 검토해 최선의 학교를 선택하는 게 좋다. 그게 단성학교라면? 뭐, 좋다. 그게 남녀공학이라면? 그것 역시 좋다.

1
불량소녀에 대처하는
아빠의 자세

최근 '불량소녀'는 대중문화의 일부분이 되어버렸다. 여기서 '불량'이라 함은 '관계적 폭력 또는 공격성'으로 정의할 수 있다. 동시에 과학자들이 '싸가지 없음'을 점잖게 일컫는 말이기도 하다. 만약 당신에게 딸이 있다면 '관계적 폭력'이라는 말을 많이 들을 것이다. 그러므로 불량소녀 현상이 과연 어디에서 비롯된 것인지, 잠시 생각해볼 필요가 있다.

'불량소녀'는 언제 만들어졌나.

'관계적 공격성'은 1990년대에 한 스웨덴 학자가 여자 아이들도 남자 아이들만큼 공격적인지 연구하던 중 처음 발견하고 사용한 용어다. 이 연구는 이후 많은 학자들의 관심을 받았고, 어느새 전문용어로 자리 잡았다. 만약 딸이 있다면 이를 알아둬야 한다. 심리학이란 원래 뭔가를 고안해 유행시키고 멋지게 포장한 다음, 수많은 사람들이 관련 연구를 거듭하고 책을 쓰고 순회강연을 하도록 만드는 데 선수이기 때문이다.

그렇다고 1990년대 전까지는 불량스러운 여자 아이들이 없었다는 게 아니다. 분명 그 전에도 존재했었다. 여자 아이들은 언제나 불량했다. 물론 모든 여자 아이들이 다 그렇다는 말은 아니다. 다만 과학자들이 증명하기 전부터 이 땅에는 불량함이 존재했다.

안타깝게도 심리학은 꽤 합리적이고 분별에 맞는 것을 가져다가 도무지 이해할 수도, 인정할 수도 없는 범위까지 늘려버리는 속성이 있다. 그러므로 이 문제에 관해 이야기할 때는 약간의 자제력이 필요하다. 불량소녀는 새로이 출현한 전염병이 아니다. 그저 늘 존재했던 보통 문제다. 불량소녀 현상에 관해 철학적·정치적·이론적으로 깊이 이해하자며 난리법석을 피우려는 게 아니다. 다만 양육이라는, 지금 마주한 목적에 부합하는 의문을 품을 뿐이다.

그러므로 이 문제를 둘러싼 온갖 복잡한 논쟁보다는 실용적인 문제에만 천착할 생각이다. 물론 '불량소녀'라는 용어는 지극히 정상적인 여성성을 통제하고 진단하려는 방법에 불과할 수도 있다. 하지만 이 모든 논란이 지나치게 정치적이기 때문에, 그 정도까지 깊이 파고 들어갈 생각은 없다. 그저 부모로서, 불량소녀 현상이 우리에게 어떤 영향을 미치는지, 또 이 문제를 어떻게 해결할 것인지에 집중할 것이다.

'관계적 폭력'이란 무엇인가?

좀 전에도 말했듯이 '관계적 폭력'은 한 마디로 '싸가지 없음'이다. 간단하고 단순하다. 한마디로 '못돼먹은 여자애'다. 물론 관계에서 드러나는 폭력성은 다음과 같이 여러 가지 형태로 나타난다.

☆ 욕설과 비방
☆ 파벌과 동맹을 형성해 다른 여자애들을 따돌리기
☆ 비밀리에 정보를 전달하고 공유하기
☆ 추잡한 내용의 문자 메시지 보내기
☆ 소셜 네트워킹 사이트에 고약한 글 올리기
☆ 악의에 찬 소문 퍼뜨리기
☆ 적대적으로 상대방 괴롭히기
☆ 친구인 척하고 뒤에서 비웃기
☆ 싸가지 없고 악의적인 짓에 빠지기

관계적 폭력의 형태는 몹시도 다양하지만, 이 모두를 하나로 연결하는 공통점이 있다. 바로 의도 자체가 비열하다는 것이다. 더욱이 가해행위와 그것이 미치는 영향 모두에서 서열이 큰 역할을 하는 것으로 보인다. 다시 말해 서열이 높을수록 더 비열해지며, 같은 말이나 행동을 해도 서열이 높은 여자 아이가 했을 때 영향력이 더 강력하다. 쉽게 말해 무리 안에서 누가 더 인기가 있는가의 여부와 관계가 있다. 그래서 나보다 더 인기 있는 여자 아이가 비열하고 심술궂으면, 나보다 덜 인기 있는 여자 아이가 그럴 때보다 훨씬 괴로운 일을 당할 수 있다.

비열함이라는 요소는 때때로 아이들의 놀이에서도 드러난다. 물론 비열함 또한 삶의 일부분이다. 그러므로 아이들의 세계에서 비열함을 영원히 추방하는 방법은 찾기 힘들 것이다. 어린 시절은 비열하게 구는 법을 가장 먼저 배우는 시기이자, 그 장단점을 알게 되는 시기다. 일상적이고도 정상적인 사회적 관계 속에서 '관계적 폭력'이 출몰하는 것은 비열하게 굴면 어느 정도 이득을 볼 수 있다는 사실을 암시하기도 한다. 이득이 없는 일이 왜 존재하겠는가?

그렇다면 비열하게 굴었을 때 생기는 이득은 무엇일까?

약간의 비열함은 남보다 앞서나가는 데 도움이 되는 듯 보인다. 사회적 지배력을 갖추고 있으면서 동시에 자신을 통제할 수 있고, 완벽하고 노골적으로 '싸가지 없지' 않다면, 누구보다 먼저 접시 위에 놓인 음식을 집어갈 수 있을 것이다. 물론 일부 연구 결과를 살펴보면 아동기 '싸가지 없음'은 성인이 된 이후 불안감, 우울증, 알코올 중독, 약물 중독, 비난에 대한 두려움, 자해 등 부정적인 결과를 낳는 원인과 관계가 있다. 그러므로 비열함이 늘 이로운 것은 아닌 게 분명하다. 결국 뭐든 적당한 게 좋다는 말일까? 심지어 비열하고 심술 맞은 성격도 적당하면 좋은 걸까?

내 딸이 불량소녀들에게 당하고 있다면?

내 딸이 괴롭힘을 당하고 있다는 사실을 알게 되면, 아빠들은 당장 달려가 가해자의 엉덩이를 걷어차주고 싶을 것이다. 뭐, 진짜로 어린 여자 아이의 엉덩이를 걷어찰 어른은 없겠지만. 어쨌든 아무리 조그만 여자애라도 엉덩이를 걷어차주고 싶은 마음만은 굴뚝같을 것이다.

다시 말하지만, 차마 그럴 수는 없어도, 어쩔 수 없이 그러고 싶을 것이다.

내 딸이 동네 불량소녀들의 '밥'이 되었다니! 정말로 어쩌면 좋단 말인가?

아이들의 나이가 어리다면 담임선생님이 조용히 타이르는 것만으로 상황이 종료될 수도 있다. 그렇지만 상황이 개선되지 않는다면 부모 입장에서는 담임교사를 제치고 직접 교장과 대화를 나누고 싶을지도 모르겠다. 문제가 그 정도로 심각하다면, 다음의 상황들을 고려해볼 필요가 있다.

☆ 현재 아이가 당하는 괴롭힘뿐만 아니라 그 이후, 즉 아이가 고자질했다는 게 드러날 경우, 학교 측은 추가로 발생할 수 있는 괴롭힘을 어떻게 막아줄 수 있는가?
☆ 가해 학생들의 교정을 위해 학교 측은 어떤 조치를 취할 것인가?
☆ 확실한 문제 해결을 위한 관리와 감독은 어떻게 이루어지는가?
☆ 상황조사 또는 중재 결과에 대해 학교 측은 학부모와 어떤 방식으로 의사소통을 할 것인가? 학교 측은 분명히 가해 학생의 정보를 비롯한 일부 문제에 대해 비밀유지를 원할 것이다. 그러나 피해 학생의 부모는 최소한 결과에 대한 대략적인 통보를 들을 권리가 있다.

방금 말한 사항에 대해 확답을 들을 수 없다면, 계속 소란을 떨어야 할 것이다. 그러나 적극적인 부모와 불평을 일삼는 부모 사이의 선을 지켜야 한다. 학교는 불평쟁이 부모를 달가워하지 않는다. 그러므로 학교에 찾아가기 전에 자신의 마음이 진정어린 걱정과 우려를 담고 있는지 확실히 점검할 필요가 있다.

꽤나 복잡한 문제인 만큼, 조사 과정에서 내 아이의 불량행위가 드러날 수도 있다. 늘 그렇지는 않겠지만, 그럴 가능성도 염두에 두어야 한다는 말이다.

슬프게도 우리 딸들은 어느 정도는 비열함과 함께 살아가는 법을 깨우친다. 인간 본성의 빛나는 면모는 결코 아니지만, '자연스러운' 일이기 때문이다. 부모가 모든 일에 방패막이가 되어 줄 수는 없으므로, 아이에게 약간의 생존기술 및 전략을 가르쳐줄 필요가 있다.

:: 강인함을 가르쳐라

친구가 욕설을 해도 절대 상처받지 않는다고 당당히 말할 수 있는 아이는 실제로 욕설을 들어본 일이 별로 없을 것이다. 욕을 먹고 상처를 받지 않을 사람은 없다. 모든 사람들이 자신을 한 목소리로 비난하는 상황이 벌어진다면, 아마 살갗을 통째로 벗기는 것만큼 고통스러우리라. 그러나 때로는 마음을 단단하게 먹고, 강인하게 상황을 이겨내는 법을 가르쳐주는 게 딸을 도와주는 길이기도 한다. 종종 삶 자체가 비열하기 때문에, 부모가 해줄 수 있는 일은 여기까지일 수도 있다.

:: 호신술을 배우게 하라

딸이 놀림을 당할 때마다 상대방과 일일이 드잡이하기를 바라지는 않을 것이다. 하지만 제 덩치의 두 배나 되는 상대방의 손목을 비틀고 쓰러뜨리는 방법을 안다면 도움이 될 것이다. 모든 딸들은(아들들도) 기본적으로 자기방어법을 알아야 한다. 실용적인 측면에서도 필요하지만, 곤란한 상황을 스스로 해결할 수 있다는 자신감만 갖고 있어도 좋다. 괴롭힘을 일삼는 아이들도 상대방을 봐가며 행동한다. 그러므로 내 딸이 자신감으로 무장하고 있다면, 그만큼 괴롭힘을 당할 공산도 줄 것이다.

:: 집을 안전한 안식처로 만들어주자

집을 온갖 시끄러운 일들로부터 멀리 떨어진 아늑한 곳으로 만들어주자. 이때 휴대전화와 인터넷을 조심해야 한다. 대부분의 통신사는 일부 전화번호를 차단해주는 서비스를 갖고 있다. 또 대부분의 소셜 네트워킹 사이트 또한 메시지 수신과 발신을 관리할 수 있는 기능을 갖추고 있다. 부모가 먼저 그러한 기술에 익숙해져야 한다.

:: 지속적으로 대화를 나누자

무엇보다 딸에게 무슨 일이 벌어지고 있는지를 알아야 한다.

딸들의 세계는 원래 동맹과 충성의 맹세가 발 빠르게 변화하는 곳이기 때문에, 가끔은 혼란스럽다. 그러므로 딸과 지속적인 대화를 나누는 게 중요하다.

때로는 도망치는 게 최선일 때도 있다

한나는 이제 겨우 열두 살이지만, 삶은 때때로 엿 같다는 걸 배우고 있는 중이다. 한나는 흔하디 흔한 이유 때문에 전학 간 학교에서 힘겨운 나날을 보내고 있었다. 새로 온 전학생이라는 것과, 다른 여자애들처럼 부모가 그렇게 잘 살지 못한다는 것이 이유가 되었다. 한나의 부모는 좋은 사람들이었지만, 방학 동안 프랑스로 휴가를 떠날 정도로 여유가 있지는 않았다. 그래서 한나는 급우들에게 경멸 어린 시선을 받았고, 따돌림을 당했다. 또 기회가 생길 때마다 모욕을 당하고 비난을 들어야 했다.

나는 한나를 직접 본 적은 없다. 한나가 정신과 의사를 포함해 그 누구에게도 학교에서 일어난 일들을 알리길 원하지 않았기 때문이다. 결국 한나의 부모는 한나 몰래 나를 찾아왔다.

"괜히 아이에게 또 다른 압박감을 주고 싶지 않았습니다."

한나의 아빠가 조심스럽게 말했다. 충분히 이해할 수 있었다.

한나의 부모가 정말로 참을 수 없었던 건 한나의 엄마가 우연히 발견한 "죽고 싶다"라는 쪽지였다. 딸자식이 그런 쪽지를 썼다는데, 가만히 있을 부모는 없을 것이다. 다시 말하지만 충분히 이해할 수 있다.

그러나 학교는 실질적인 도움이 되지 않았다. 사립학교였고 수업료도 비쌌지만, 그런 문제를 해결하는 데는 뭐랄까, 거의 무능했다.

"학교 측에서 계속 가해 학생들과 만나는 것 같았지만, 상황은 달라지지 않았어요. 물론 저도 아이들의 이야기를 들었고 가해행위를 막는 게 어렵다는 건 알고 있습니다만……."

한나의 엄마가 말했다.

"학교 측에서 어떻게 해주기를 원하십니까?"

내가 물었다.

"그 녀석들 엉덩이를 걷어차주었으면 좋겠습니다."

한나의 아빠가 말했다. 그의 말에서 농담의 기운은 조금도 묻어나지 않았다. 다시 말하지만 충분히 이해하고도 남았다.

"이해합니다. 하지만 차마 그럴 수는 없으니까, 그것 말고 또 어떻게 해주었으면 좋겠습니까?"

한나의 아빠는 고개를 절레절레 흔들었다.

"솔직히 학교가 뭘 할 수나 있는지도 의문입니다. 그냥 별 이유도 없이 전교생이 제 딸에게 앙심을 품고 있는 것 같아요."

학교 측과 가진 여러 차례 만남과 대화에 대해 대략적인 설명을 듣고 난 뒤, 나는 아이 아빠의 말을 수긍하게 되었다.

"좋습니다. 그렇다면 이제 어떻게 하면 좋을까요?"

나는 그들에게 물었다.

"모르겠어요. 할 수 있는 게 아무것도 없는 것 같아요."

아이 엄마가 말했다. 그러자 아이 아빠가 팔짱을 낀 채로 얼굴을 찌푸렸다.

"왜 그러시죠?"

내가 묻자 그는 아내를 한 번 더 쳐다보았다.

"왜 그러시는 거죠?"

나는 다시 한 번 물었다.

"이 학교를 떠나 공립학교로 옮겨야 할 것 같습니다."

"그런데 어머님은 반대하시나보죠?"

나는 한나의 엄마에게 물었다.

"우리 애를 그 학교에 보내려고 얼마나 열심히 일했는지 몰라요. 교육과정이 아주 우수한 훌륭한 학교거든요."

나는 어깨를 으쓱하며 말했다.

"교과 과정만 생각하면 뭐, 좋은 학교이기는 하지요. 하지만 그런 교육을 받기 위해 아이가 어떤 희생을 치러야 하는지 생각해볼 필요가 있습니다."

아이 아빠의 생각은 엄마와 완전히 달랐다.

"그 학교는 정말 끔찍한 곳이에요. 시험 성적이 좋게 나올지는 몰라도, 그 사람들이 우리 딸에게 하는 걸 보면 그런 곳에서 뭘 제대로 배울 수 있을까 싶습니다."

나는 아무 말도 하지 않고 가만히 앉아 있었다. 물론 내 나름대로의 생각이 있었지만, 상대방이 내 의견을 물어볼 때까지 기다리는 게 내 오랜 정책이었다.

"선생님은 어떻게 생각하세요?"

마침내 한나의 엄마가 물었다.

드디어 내 차례였다.

"글쎄요. 무엇보다 지금부터 제가 하는 이야기는 어디까지나 제 생각일 뿐, 과학적인 근거가 없다는 것부터 분명히 하고 넘어가겠습니다. 그냥 저라는 사람의 의견일 뿐입니다. 또 이 세상에 단 하나의 정답은 없다는 것도 아셔야 합니다. 최선의 해결책이 뭐다, 이렇게 단정할 수 있는 사람은 없어요. 미래를 볼 수 있는 사람은 없으니까요. 그냥 행동하고 그 다음 결과를 맞이하는 거지요."

부부는 고개를 끄덕였다.

"알겠습니다. 그럼 선생님 생각은 어떻습니까?"

아이 아빠가 물었다.

"때로는 아이스크림을 먹는 게 최선이라고 생각합니다."

내 말에 아이 아빠가 얼굴을 찌푸렸다.

"예?"

몇 년 전 나는 아들 둘과 함께 퍼즐월드라는 곳에서 거대한 미로 탈출하기에 도전했다. 처음에는 재미있었지만, 40분이 넘도록 더위 속을 헤매다보니, 아이들도 어느새 흥미를 잃기 시작했다. 물론 나도 마찬가지였다. 그때 탈출구를 만났다. 중도포기자들을 위한 출구였다. 아내는 탈락자가 되고 싶지 않다며 계속 도전하기를 원했다. 결국 우리는 아이들에게 결정권을 맡기기로 했다. 앞으로 40분을 더 뜨겁고 절망적인 미로 속을 헤매다가 마침내 도착점에 이른다면 크나큰 성취감을 맛볼 수 있을 것이고, 지금 이 탈출구로 나가면 시원하고 달콤한 탈락자의 아이스크림을 맛볼 수 있을 거라고 말해주었다.

한나 아빠가 씩 웃으며 물었다.

"그래서 아이들은 어느 쪽을 택했죠?"

"탈락자의 아이스크림이 참고 견딘 자의 영광보다 더 멋지다고 생각했죠."

"그러니까 선생님 말씀은 저희도 한나의 학교를 바꾸는 게 좋다는 거죠?"

한나의 엄마가 물었다.

"뭔가를 이루기 위해 땀과 노력을 쏟아 붓는 게, 빨리 탈출해 아이스크림을 먹는 것보다 좋을지 어쩔지는 스스로 물어봐야 한다고 생각합니다."

"하지만 문제를 만날 때마다 회피하고 도망치라는 어긋난 교훈을 심어주는 셈이 된다면요?"

한나의 엄마가 물었다.

"아마 그럴 겁니다."

내가 말했다.

"그러면 아이에게 잘못된 메시지를 전해주는 셈이 되잖아요."

나는 어깨를 으쓱해보였다.

"때로는 도망치는 게 가장 현명한 방법이 되기도 합니다. 지금 당장 한나에게 최선의 길이 뭔지는 말씀드릴 수는 없습니다. 다만 제 아들들은 그때 아이스크림을 정말로 맛있게 먹었고, 이후 힘든 일이 생길 때마다 쉽게 포기하는 아이로 자라지는 않았다고 말씀드릴 수 있습니다. 아이들도 때와 경우에 따라 결정을 하는 것 같더군요."

결국 한나의 부모는 한나의 의견을 물어본 뒤 아이의 뜻대로 지역 공립학교로 전학했다. 최근 들려온 소식에 따르면, 한나는 훨씬 행복하게 지내고 있다고 한다. 어떤 상황이라도 행복한 아이가 불행한 아이보다 더 많은 것을 배울 수 있다.

늘 도망치라는 가르침을 주고 싶지는 않겠지만, 때로는 도망치는 게 가장 현명한 길인 경우도 있다.

내 딸이 불량소녀 무리의 '짱'이라고?

별로 내키진 않겠지만, 한번쯤은 생각해볼 필요가 있다. 내 딸이 날카로운 이빨을 드러낸 불량의 바다에 깊이 발을 담글 수도 있기 때문이다.

일단 딸과 대화를 나누어 아이의 삶에서 무슨 일이 벌어지고 있는지를 살피는 게 중요하다. 많이 알수록 많이 알게 된다. 그럴싸한 격언처럼 들리겠지만, 방금 내가 지어낸 말이다. 그러나 진실이 담긴 훌륭한 말이라고 자부한다. 딸의 인생에서 어떤 밀물과 썰물이 드나드는지 안다면, 어떤 일에 관심을 쏟아야 할지도 저절로 알게 된다. 아이가 친구 이야기를 꺼낸다면, 귀를 기울여라. 그리고 기회가 생길 때마다 아이가 세상에 나가 실천하길 바라는 가치관들을 가르쳐주자.

만약 학교에서 학부모를 호출한다면, 아이의 비행을 보고받더라도 무조건적으로 방어 자세를 취하며 모든 것을 부인하지는 말자. 덮어놓고 부정하기 전에 일단 침착하게 생각부터 해보자. 부모가 사태를 진지하게 받아들이고 문제 해결을 위해 노력할 것이란 태도를 보여줘야 학교도 아이를 위해 좋은 대안을 내놓을 수 있다. 그러므로 학교와 맞서지 말고 협조하는 게 좋다.

아이와는 어떻게 해야 좋을까? 아이가 가해 학생이라면, 일단 피해자에게 사과하고 적절한 처벌을 감내해야 한다. 사태가 가라앉으면 시간을 두고 왜 그 행위가 나쁜지, 왜 비열하게 구는 게 잘못인지, 어떻게 해야 옳은지 가르쳐주어야 한다. 빤한 소리 같지만, 때로 부모들은 이 빤한 사실들을 간과할 때가 많다.

요약- 불량소녀에 대처하는 아빠의 자세

★ 딸들은 욕설과 비방, 악의를 담은 소문 퍼뜨리기, 문자 메시지로 괴롭히기, 신체적으로 괴롭히기 등 온갖 비열한 행위에 꽤 소질이 있다.

★ 만약 내 딸이 괴롭힘을 당한다면, 직접 나서서 아이와 대화를 나누고 도와줄 수 있는 계획을 마련해야 한다.

★ 아이를 돕기 위해 늘 대화를 나누고, 호신술을 배우게 하는 등 강인함을 기를 수 있도록 해주고, 집을 안전한 피난처로 만들어주자.

★ 만약 내 딸이 괴롭힘을 가하는 쪽이라면, 문제를 심각하게 받아들이고 부모가 직접 나서서 아이에게 책임을 묻는다. 이때 학교 측과 맞서기보다는 협조하는 게 좋다.

딸과 세상을 논하자

섹스는 잘 팔린다. 이만한 효도상품이 없다. 그렇지 않았으면 자동차 배기가스 시스템부터 아침식사용 시리얼에 이르기까지 모든 제품의 광고에 반라의 여성들이 등장하지 않았을 것이다. 뚱뚱하고 늙수그레한 남자가 잘 팔린다면, 여기저기 배가 볼록 튀어나온 늙다리 남자 사진으로 도배가 됐을 것이다. 하지만 대다수 소비자들은 시리얼 광고에 뚱뚱한 중년 남자가 등장해 수영복을 입고 시리얼을 먹고 있으면 아마 눈을 돌릴 것이다. 하지만 금발의 미녀가 비키니를 입고 시리얼을 먹고 있다면? 당연하게 생각할 것이다. 그러나 대중문화가 우리 딸들을 계속 나약한 모습으로 포장하는 현실은 옳지 않다.

일주일 전 밤늦은 시간에 텔레비전에서 방영하는 〈오멘〉을 보았다. 〈오멘〉이 뭔지 모르는 사람이 있을까? 현대 공포영화의 고전이라고 할 수 있는 〈오멘〉을? 하지만 모르는 독자들을 위해 잠깐 줄거리를 요약하고 넘어가자. 악마의 아들 데미안은 미국인 외교관 부부에게 입양된다. 사실 이 외교관 부부의 친아들은 이탈리아의 한 병원에서 악마를 숭배하는 수녀의 손에 살해당했다. 이후 소름끼치는 죽음이 연쇄적으로 발생한 뒤, 우여곡절 끝에 어린 데미안이 미국인 가정에 입양이 된 것이다.

이 영화를 못 봤다면 보기를 권한다.

아무튼 영화는 어느새 생일파티 장면으로 넘어가고 있었다. 어린 데미안의 유모가 지붕 위로 올라가 목에 밧줄을 걸고 아래로 뛰어내리는 장면이었다. 유모는 어린 꼬마의 생일잔치를 망칠 것도 모르고 마치 누구의 손에 등을 떠밀리듯 아래로 뛰어내렸다. 그것도 꼬마 손님들과 부모들이 모두 보는 가운데. 경악에 찬 침묵이 잠시 이어진 뒤, 전형적인 할리우드 영화 식으로 한 여자가 입에 손을 대고 비명을 질러댄다.

허, 이것 참!

내가 여자라면 영화 속 여자들이 끊임없이 비명이나 질러대는 모습에 정말로 화가 날 것 같다. 영화에서나 텔레비전에서나 여자들은 늘 비명만 질러댄다. 완전히 말이 안 된다. 실제 세계에서 여자들의 모습은 그렇지 않다. 그러나 영화 속 여자들은 늘 비명만 지르고 겁에 질리고 걸핏하면 발목을 삔다.

물론 대중문화 속에도 훌륭한 본보기가 존재한다. 〈에일리언〉의 리플리나 〈엑스파일〉의 스컬리 요원, 〈심슨가족〉의 리사 또 우피 골드버그 같은 인물이 있다. 그러나 이런 훌륭한 모델에 견주어 말도 안 되는 쓰레기가 너무도 많다. 우리 딸들이 보고 자라는 MTV의 리얼리티 쇼를 보자. 철딱서니 없고 머리가 텅 빈 여자애들이 나와 어떤 애가 엉덩이 큰 어떤 애에 대해 뭐라고 말했네, 어쨌네 하면서 마치 엄청나게 중요한 일인 것처럼 싸우고 징징댄다.

실제로 패리스 힐튼을 멋진 여성으로 생각하는 애들도 많다.

대중문화가 전달하는 메시지의 상당 부분은 일단 무조건 예쁘고 봐야 한다는 것. 그리고 곤란한 일이 생기면 남자가 꼭 필요하다는 것이다. 그리고 무엇보다 큰일이 생기면 무조건 비명, 비명, 비명부터 지르고 볼 것!

에휴!

그러므로 딸자식을 둔 아빠라면, 여성에 대해 말도 안 되는 이미지를 심어주는 대중문화로부터 딸을 지키고 면역력을 키워줄 방법에 대해 고민해야 한다. 단지 막는 것만으로는 안 된다. 아이는 텔레비전이나 인터넷을 사용할 것이고, 집에서 사용을 금지하더라도 밖에 나가면 늘 그런 메시지를 전달받는다.

그렇다면 어떻게 하는 게 좋을까?

맞서 싸워라. 되도록 일찍.

세상은 좋은 것들은 다 없애버리고 싶어만 하는 나쁜 사람들로 가득한 곳임을 가르쳐주자

다시 좀비 이야기를 하려는 게 아니다. 다만 마케팅 회사 사람들에 대해 이야기하려고 한다. 이들은 광고만 만드는 게 아니다. 어떤 프로그램을 선택할 것인가, 어떤 영화를 만들 것인가, 어떤 뮤직비디오를 만들 것인가에 대해서도 결정권을 갖고 있다. 애초에 잘 팔릴 것 같지 않으면 아예 거들떠보지도 않는다. 실제로 세계 곳곳의 메이저급 방송사들은 프로그램 사이에 광고를 내보내는 게 아니라, 광고 사이에 프로그램을 내보낸다. 그러므로 문명이 멸망하게 된다면, 모든 게 마케팅의 잘못이라고 말해도 그렇게 틀린 말은 아닐 것이다.

만약 마케팅이 혐의를 벗는다면, 그다음 원인은 좀비가 될 것이다.

한 가지 예를 들어보겠다. 내 아들 녀석은 유소년축구팀 소속이다. 이 팀은 매주 맥도널드에서 후원하는 '오늘의 우수선수'를 표창한다. 당연하게도 이 표창장에는 맥도널드 치즈버거 무료교환권이 포함된다. 그래서 아들이 축구경기를 끝낸 날이면 우리는 자연스럽게 무료교환권을 들고 맥도널드로 향한다. 거기서 공짜로 치즈버거를 하나 받은 김에, 나머지 식구들의 점심까지 해결하는데, 총비용이 25달러에 육박한다. 돈을 내러 가면 계산대 앞의 아르바이트 학생이 치즈버거 무료이용권이 필요하면 줄 수 있다고 제안한다. 처음엔 그 학생에게나 나에게나 이득이라고 생각했다. 학생은 몰래 공짜 치즈버거를 챙겨주면서 자신을 부리는 거대 다국적기업을 한 방 먹일 수 있을 테고, 나는 공짜 치즈버거를 또 손에 넣을 수 있을 테니까. 그러나 매장을 나선 지 30초 뒤, 불현듯 사태를 파악했다. 사실은 맥도널드가 이긴 것이다. 그들은 나를 꼬여내 2달러짜리 치즈버거 무료이용권이 없었다면 결코 쓰지 않았을 25달러를 쓰게 만들었다. 또 무료이용권을 다시 챙겨주는 생색을 내면서 또 다시 25달러를 쓰게 유인했다.

자, 깨달음을 얻는 나는 어떻게 했을까?

나는 아들에게 영리하기 짝이 없는 맥도널드 마케팅 직원들이 어떻게 아빠를 속여 큰돈을 쓰게 하고도 내가 이득을 본 것처럼 느끼게 만들었는지 그리고 왜 결국 속아 넘어간 건 아빠인 건지 그 이유를 설명해주었다. 그 뒤로 우리는 '오늘의 우수선수' 표창장을 받으면 다음과 같은 대화를 나누고 치즈버거 무료이용권을 쓰레기통에 버린다.

나 :   이 무료이용권을 왜 준 걸까?

아들 : 우릴 꼬여서 돈을 쓰게 만들려고요.

나 :   그럼, 돈을 쓰면 될까?

아들 : 아뇨.

나 :   왜?

아들 : 우린 바보가 아니니까요?

나 :   바로 그거야, 아들. 우린 바보가 아니니까.

당신들도 기회가 생길 때마다 딸과 이런 대화를 나눠야 한다. 예를 들어, 당신이 10세짜리 딸과 영화를 보고 있다. 화면에는 곤경에 처한 여자 주인공이 울룩불룩한 근육질의 남자 주인공에게 구출 받는 장면이 나오고 있다.

아빠 : 왜 영화에서는 항상 여자 주인공이 남자 주인공에게 구출을 받을까?

딸 :   모르겠어요.

아빠 : 영화를 누가 만들었을 것 같니? 남자? 여자?

딸 :   남자?

아빠 : 그래, 맞아. 그럼 영화를 만든 남자들은 왜 여자 주인공이 스스로 위기를 헤쳐 나가지 못하는 것처럼 만들었을까?

딸 : 여자들이 자기들처럼 잘하지 못한다고 말하고 싶어서?

아빠 : 그렇다면 여자들이 남자들과 똑같은 일을 하기가 쉬워질까, 어려워질까?

딸 : 어려워지겠죠?

아빠 : 그래. 그럼 남자들이 실제로도 여자들보다 더 강할까?

딸 : 아뇨.

아빠 : 넌 집에 불이 나면 가만히 웅크리고 앉아서 남자가 구하러 올 때까지 비명만 질러댈래, 아니면 스스로 밖으로 뛰쳐나올래?

딸 : 스스로 뛰쳐나올래요.

아빠 : 그래, 우리 딸. 똑똑하기도 하지.

언뜻 보면 페미니즘 개론처럼 들릴 것이다. 실제로 그렇기도 하다. 사실 대부분의 남자들은 딸자식을 두기 전에는 페미니스트들의 말에 귀를 기울이지도, 생각해보지도 않는다. 그러다가 딸이 생기고 나면 그제야 대중문화가 얼마나 딸들에게 나쁜 영향을 미치는지 예민하게 느끼기 시작한다. 요즘은 '우먼파워'니 '포스트 페미니즘'이니 하는 다른 종류의 운동도 등장하지만, 기본 요점은 같다. 즉, 딸들에게 자신을 속박하는 그 어떤 메시지에도 굴하지 말고 의연하게 제 갈 길을 가라고 가르치자는 것이다.

우리는 딸들에게 두 다리 반듯하게 펴고 똑바로 서는 법을 가르쳐주어야 한다. 또 공짜 치즈버거 쿠폰에 속지 않게 가르쳐야 한다. 세상에 공짜 치즈버거 같은 것은 존재하지 않는다.

만약 딸이 있다면 페미니즘이 더는 기후변화나 재활용 문제처럼 막연한 좋은 생각처럼 보이지만은 않을 것이다. 쓰레기 같은 대중문화가 내 딸에게 얼마나 안 좋은 영향을 끼치고 있는가가 피부에 와 닿을 것이다. 순식간에 개인적이고 다급한 문제가 되어버리고 만다.

요약 – 딸과 세상을 논하자

★ 도처에 쓰레기가 넘쳐난다.

★ 내 딸을 완벽하게 지켜줄 수는 없지만, 대중문화가 지닌 쓰레기 같은 속성을 가르쳐줄 수는 있다.

★ 페미니즘 개론의 기본을 가르쳐라.

딸의 인터넷 사용과
휴대전화 구입

　가전제품 상점을 돌아다니며 최신형 컴퓨터나 고화질 평면 텔레비전을 구경하는 걸 싫어하는 아빠를 본 적이 없다. 전부 다 IT의 광신도는 아니겠지만, 대부분의 남자는 그런 '장난감'을 좋아한다. 물론 어딘가에는 50인치 LED 텔레비전을 보고도 별 느낌이 없는 아빠가 한 명쯤은 있겠지만, 나는 지금껏 그 사람을 한 번도 만나본 적이 없다. 비슷하게 1테라바이트 용량의 외장하드를 보고 약간이라도 감격하지 않는 아빠도 본 적이 없다. 뭐, 솔직히 1테라바이트가 뭔지 몰라도 멋진 물건이라는 것쯤은 알고 있다. 이렇게 최첨단 기술에 매혹당하는 우리 아빠들의 속성은 딸들의 온라인 세상을 이해하고자 할 때 특히 요긴하게 써먹을 수 있다.

그리고 우리는 정말로 딸들의 온라인 세상을 큰 관심을 갖고 지켜봐야 한다.

다소 이상하게 들릴지도 모르지만, 우리 아이들은 정말로 온라인에 자기 세상을 갖고 있다. 그러므로 아이가 어떤 웹사이트를 들락거리는지, 온라인에서 자신에 대해 그리고 그 세계에 대해 어떻게 말하고 있는지, 누구와 이야기를 나누고 있는지 모두 관심을 갖고 지켜봐야 한다.

인터넷은 대단한 바다임에 틀림없다. 하지만 이 바다는 재미있고 신선하면서도 동시에 언제 갑자기 깊은 물속으로 끌어당겨 우리 딸들을 집어삼킬지 모르는 무시무시한 곳이기도 하다.

가정에서 인터넷 사용을 금지하기만 하면 해결될 단순한 문제가 아니다. 사실 대부분의 학교는 과제로 인터넷 사용을 요구하고 있다. 또 집에서 금지한다고 해도 얼마든지 다른 곳에서 인터넷을 이용할 수 있다. 친구 집에 갈 수도, 피시방에 갈 수도 있다. 월드와이드웹은 괜히 월드와이드웹이 아니다. 정말로 전 세계적으로 광범위하게 촘촘히 뻗어 있기 때문에 그렇게 부르는 것이다. 그러므로 우리는 환상적인 도구인 인터넷을 효율적으로 사용하면서, 동시에 아이들을 해악으로부터 지켜줄 균형 잡힌 대안을 마련해야 한다. 그래서 부모가 필요한 법이다.

부모가 할 수 있는 일들

먼저 안전한 인터넷 사용을 위해 부모가 숙지할 주의사항부터 살펴보자. 다른 일들과 마찬가지로 인터넷 사용에 관한 규제도 십대 이전의 딸들에게는 비교적 쉽게 할 수 있지만, 십대 청소년 딸과는 힘겨운 씨름을 벌여야 할지도 모른다.

:: 컴퓨터는 공개된 장소에 설치하라

요즘은 꽤 당연한 상식이 되어버렸다. 부모가 볼 수 있는 곳에 컴퓨터가 있어야 아이가 뭘 하고 있는지 볼 수 있다. 혹시 무선네트워크 때문에 문제가 된다면 과감하게 구식 유선 체제로 돌아가라. 아이들이 자기 방에서 홀로 인터넷을 하도록 허락하는 것은 그다지 좋은 생각이 아니다.

:: 딸이 어떤 서비스를 이용하는지 알아야 한다.

가장 간단한 방법은 딸에게 직접 보여달라고 요청하는 것이다. 아이와 함께 인터넷을 둘러보면서 주로 어디를 들어가는지, 무엇을 하는지, 어떤 취향을 가졌는지 직접 확인해보는 게 좋다.

:: 유해 콘텐츠를 걸러주는 소프트웨어를 사용하라

이미 시중에는 다양한 소프트웨어가 출시되어 있다. 직접 구입할 수 있는 소프트웨어부터, 유해 콘텐츠를 걸러주는 웹사이트까지 다양하다. 그러나 아이는 언제 어디서라도 인터넷에 접근할 수 있다. 가정을 벗어난 곳에서는 대부분 유해 콘텐츠가 걸러지지 않는다는 점을 감안해야 한다. 그러므로 부모가 사용할 수 있는 가장 좋은 방법은 아이 스스로 유해 콘텐츠의 해악을 깨달을 수 있도록 교육하는 것이다.

:: 지나치게 좋은 말만 늘어놓으면 오히려 사기일 확률이 높다는 것을 가르쳐주자

온라인 과장 광고에 속는 사람들은 생각보다 많다. 얼마 전 맥도널드로부터 설문조사에 응하면 50달러를 지급한다는 내용의 이메일을 받았다. 과대광고라는 걸 잘 알고 있었지만, 따분했던 참에 이메일에 링크된 사이트로 들어갔다. 이 햄버거가 좋으냐, 저 햄버거가 좋으냐는 시시콜콜한 질문에 대답을 하고 마침내 설문조사가 끝나자 신용카드 정보와 생년월일, 주소, 운전면허번호 등을 입력하면 내 계좌로 50달러를 송금하겠다는 내용이 떴다.

나는 빈 칸에 실컷 욕을 쓰고 사이트를 떠났다.

:: 자신을 믿으라고 반복하는 사람은 신뢰할 수 없음을 가르쳐주자

내 딸이 가끔씩 피비라는 이름의 아홉 살 또래 여자 친구와 채

팅을 할 수도 있다. 그런데 이 피비라는 인물은 실명이 브라이언인 49세 성범죄자일 수도 있다.

:: 어떤 일이 있어도 개인정보 유출은 안 된다고 가르쳐주자

가장 중요한 메시지다. 놀라울 정도로 많은 아이들이 '피비' 같이 낯선 사람에게 자신의 정보를 술술 털어놓는다. 어느 학교를 다니는지, 어느 동네에 사는지 등 온갖 정보를 몽땅 갖다 바친다. 개인정보를 지키는 게 왜 중요한 일인지 세심하게 이해시켜야 한다. 정말로, 반드시!

:: 컴퓨터 사용에 관한 가정 내 규칙을 정하라

어떤 일이든 부모는 합리적인 한계를 정해주고 그에 맞춰 자녀를 교육할 의무가 있다. 온라인 세계를 안전하게 항해하는 법도 여기에 속한다.

어린이들의 가상세계

가상세계에 대해 잘 모른다면, 우선 친해질 필요가 있다. 어떻게 보면 가상세계를 둘러싼 현상은 서글프다. 그러나 동시에 멋지기도 하다. 이 세상에 서글프면서도 멋지고 이해까지 되는 존재가 얼마나 될까? 서글프다는 것은 사람들이 실제 세상보다 온

라인 세상으로 가 실재하지도 않는 것들에 시간과 노력을 쏟아 붓는다는 사실이고, 멋지다는 것은 가상세계의 상당 부분이 실제로 멋지다는 사실이다.

세계에서 가장 규모가 큰 성인용 가상세계는 '세컨드 라이프(Second Life)'다. 말 그대로 제2의 삶을 가능케 하는 공간이다. 현실과는 완전히 다른 세계를 살아갈 수 있는 3차원 공간으로, 이곳에서는 날아다닐 수도 있다. 현재 1백만 명 이상이 세컨드 라이프에 가입했다. 그 중 상당수가 그곳에서 재산과 부동산을 소유하고 물건을 사고팔며 불화를 겪고 사랑에 빠지는 등 실제 세계와 똑같은 모습으로 살아가고 있다. 다만 모두가 가상일 뿐이다. 엽기적인 시간낭비라고 치부해버리고 싶겠지만, 정말로 그렇게 생각한다면 대단한 착각이다. 대기업과 몇몇 대학마저 이곳에 사이버 지점을 운영하고 있다. 사실 세컨드 라이프의 그리드라는 곳에서는 사업체와 교육기관, 가상공간에서 업무를 추진하고 싶은 사람들이 실질적인 사업을 추진하고 있다. 실제로 제록스와 IBM 같은 대기업도 세컨드 라이프에서 국제회의를 여는 등 굳이 실제 회의에 참석하기 위해 세계 곳곳에서 비행기를 타고 와야 할 필요성을 없애고 있다.

이와 같은 가상세계를 이용하는 것은 비단 다국적기업만이 아니다. 우리 자녀들도 이곳에 모여들고 있다. 아예 어린이들을 대상으로 하는 가상세계도 있다. 현재는 '클럽펭귄(미국 디즈니 네트워킹 게임 사이트-편집자)'이 가장 큰 아동 가상현실 사이트일 것이다. 만화로 된 이 가상세계에서 우리 아이들은 펭귄 아바타를 만들어 자신만의 이글루를 꾸밀 수 있으며, 게임도 하고 가상 애완동물도 기를 수 있다. 단순한 아이들 놀이에 지나지 않는다고 생각하겠지만, 2007년 월트디즈니사는 이 클럽펭귄을 자그마치 7억 달러에 인수했다.

이 양복쟁이들은 당연히 클럽펭귄이 큰돈을 벌어들일 거라고 계산했기 때문에 거액을 들여 이 사이트를 샀을 것이다. 현재 클럽펭귄은 기본 서비스 이상을 이용하고 싶은 회원에게 가입비를 받고, 아바타를 꾸밀 수 있는 가상 아이템을 판매해 수익을 창출하고 있다. 부모 입장에서 클럽펭귄이 좋은 이유는 어린이들이 이용하기에 꽤 안전한 장소이기 때문이다. 클럽펭귄에서는 아이들이 자칫 유출시킬 수 있는 개인정보의 종류를 엄격하게 제한하고 있다.

이런 사이트는 온라인 세계를 안전하게 사용하는 법을 배울 수 있는 좋은 출발지점이 된다.

소셜 네트워킹 사이트

내 딸이 페이스북이나 트위터에 자기 계정을 만드는 것은 이제 막을 수 없다. 소셜 네트워킹은 인터넷의 위대한 승리자들 중 하나다. 페이스북만 해도 자그마치 2억 5천만 명의 가입자를 거느리고 있으며, 그 가치는 총 27억에서 50억 달러에 육박한다. 페이스북을 이용하고 싶다면 회원가입을 하고, 사진을 비롯한 자신의 정보를 올릴 수 있는 개인 페이지를 받으면 된다. 다른 회원이 나를 '친구'로 등록하면 내가 올린 내용을 상대방이 볼 수 있고, 서로 메시지도 주고받을 수 있다.

대단하지 않은가? 타인과 교제할 수 있는 훌륭한 방법이다. 특히 매일 만나기가 힘든 사람들이나 해외에 나가 사는 가족들, 심지어 완전히 낯선 타인과도 온라인상에서는 '친구'가 될 수 있다. 그러나 문제점도 있다. 아이들은 자신이 페이스북 페이지에 올린 사진이나 글을 친구 신청만 하면 딕이나 톰이나 '피비'도 얼마든지 볼 수 있다는 사실을 미처 생각하지 못한다.

그러므로 페이지에 어떤 내용을 올릴지, 그 결과 어떤 일이 생길 수 있는지 미리 생각해보도록 가르쳐야 한다. 예를 들면 미래에 구직을 할 때, 어떤 구인자가 내 페이지를 얼마든지 볼 수 있다는 걸 알려야 한다. 내 딸이 친구들과 파티를 벌이며 흥청망청 논 사진을 별 생각 없이 인터넷에 올렸는데, 그 사진 한 장 때문에 먼 훗날 근사한 직장을 잃을 수도 있다는 것을 주지시켜야 한다.

아, 잠깐만요. 그럼 가짜 아이디로 페이스북에 접속해 아이의 페이지에서 '친구'를 신청한 뒤 아이가 어떻게 하는지 몰래 지켜보기라도 해야 한단 말인가요?

물론이다. 그럴 수도 있다.

하지만 그건 스파이 짓이고 도덕적으로도 옳지 않은 일 같은데……. 하지만 아이가 온라인 세계에서 어떻게 행동하는지 살펴볼 수 있는 방법이기는 하고……. 어떻게 하면 좋죠?

나는 대답할 수 없다.

대답할 수 없다니, 옳지 않다는 말인가요, 아니면 은밀히 전략을 사주하고 있다는 혐의를 받고 싶지는 않단 말인가요?

역시 대답할 수 없다.

휴대전화

휴대전화하면 잘 나가는 여피족이나 사용하는 것, 그리고 벽돌만큼 큼직한 것이라고 생각했던 시절이 있었다. 그러나 요즘 휴대전화는 작아진 만큼 놀라우며, 어디에나 존재한다. 그렇다 보니 어쩔 수 없이 아이에게 휴대전화를 사줄까 말까 하는 고민이 생긴다. 그리고 항상 이 문제는 아이 쪽에서 먼저 이야기를 꺼낸다. 아이들은 23.4초마다 줄기차게 졸라대면 결국 부모가 항복하고 휴대전화를 사줄 거라고 생각한다.

모든 삶의 문제가 그러하듯이, 이 문제 또한 절대적인 정답은 없다. 아이에게 언제 휴대전화를 사줘도 좋은지를 결정해주는 과학적인 근거도 없다. 그러므로 그 시기는 보통 부모가 최선이라고 생각하는 때로 결정되는 경우가 많다. 나도 이 문제에 대한 내 나름의 의견을 갖고 있다.

☆ 보통 휴대전화를 사주는 가장 큰 이유는 아이 혼자서 밖에 나가 있을 때 계속 연락을 하기 위해서다. 그런 이유라면 만 12세나 13세 아동에게 휴대전화가 왜 필요한지 이해가 되지 않는다.

☆ 아이가 스포츠나 과외활동에 참가하느라 데리러 가는 시간 등을 조율하는 문제로 연락할 일이 많아지면 그보다 어린 나이에도 휴대전화를 소지할 필요가 있다.

☆ 그냥 아이가 친구들과 문자메시지를 주고받기 위해 휴대전화를 갖고 싶어 하는 거라면 조금 더 기다리게 하자. 솔직히 단지 그런 이유라면 89세 노인이 휴대전화를 갖고 있는 것도 어리석은 일이라고 생각한다.

☆ 아이에게 휴대전화를 사줄 때는 그 이유를 신중하게 생각하자. 단지 아이와 쉽게 연락하기 위해서 사준다면, 아이가 이 휴대전화로 부모가 없는 곳에서 쉽게 인터넷에 접속할 수도 있다는 사실도 염두에 두어야 한다. 또 아이와 연락하는 기

능을 제외하고 또 다른 기능을 굳이 찾아본다면, 아이가 잘못했을 때 압수당할 권리가 될 수 있다는 점이다. 이 부분에 대해서는 뒤에서 더 자세히 살펴보기로 한다.

요약 – 딸의 인터넷 사용과 휴대전화 구입

★ 컴퓨터는 공개된 장소에 두자.

★ 아이가 주로 이용하는 사이트와 서비스가 뭔지 알아야 한다.

★ 유해콘텐츠를 걸러주는 소프트웨어를 사용하라.

★ 지나치게 그럴싸한 말은 믿지 않는 게 좋다는 사실을 아이에게 가르쳐주자.

★ 컴퓨터 사용에 관한 가족 규칙을 만들어라.

★ 부모 스스로 정보통신기술과 인터넷 사용 관리감독에 관해 열심히 배워두는 게 좋다.

4장

사춘기 딸을 대하는 아빠의 자세

♡ 딸의 사춘기: 생각만큼 그렇게 끔찍하지는 않다
♡ 청소년기: 우리 딸은 '잠시' 미칠 수도 있다
♡ 십대 딸로부터 살아남기
♡ 딸의 친구가 될 생각은 하지 마라
♡ 착한 여성은 없다

딸의 사춘기
: 생각만큼 그렇게 끔찍하지는 않다

사실 제목을 이렇게 붙인 것은 독자들을 현혹시켜 어떻게든 읽게 만들려는 싸구려 술수일 뿐이다. 사춘기는 정말이지 끔찍하고 무시무시하다. 딸을 키우는 아빠들에게 딸의 사춘기는 다리 힘이 허락하는 한 가장 빨리, 가장 멀리 도망치고 싶어질 정도로 무서운 존재다. 엄마와 함께 키우고 있다면 상당 부분 교묘한 핑계를 대고 빠져나갈 수 있다. 사실 딸 입장에서도 아빠보다는 엄마와 이야기를 나누는 게 더 편할 것이다. 그러나 아빠 홀로 딸을 키우고 있다면, 사춘기 문제를 외면할 수 없다.

그러므로 이번 장은 고통스럽지만, 어쩔 수 없이 해야 하는 일들을 알아보고자 한다. 사실 우리 남자들은 대체로 '여자들만의 일'에 대해 자세히 알고 싶은 마음이 별로 없다. 어떤 부분은 여전히 미스터리로 남아 있기도 하다. 그러나 딸을 키우고 있다면 여자들만의 일이라고 해서 대충 알고 넘어가도 되는 사치가 허락되지 않는다. 아빠로서 상세한 사항들을, 심지어 그 상세한 사항에 따라붙는 관련정보까지도 훤히 꿰고 있어야 한다. 그러니 아빠들이여, 마음 단단히 먹길. 이제 점액이니 분비물이니 호르몬이니 하는 말이 잔뜩 등장하는 여자들만의 세계로 들어갈 것이다.

여자들만의 일들에 대해 시시콜콜 알아두어야 하는 이유는 딸과 대화를 나눌 때 요긴하게 써먹을 수 있기 때문이기도 하다. 대부분의 아빠들은 딸과 이야기를 나눌 때 현실보다는 오히려 기술적인 세부사항에 집중하는 것을 더 수월하게 생각할 것이다.

이 장에서는 소프트웨어보다는 하드웨어에 집중할 것이다. 즉, 사춘기의 세부사항, 여자들만의 일에 관한 해부학적이고도 생물학적인 이야기다. 심리 등 나머지 영역은 다음 장에서 살펴본다.

아빠는 실제로 사춘기 속도를 늦출 수 있다

집에 아빠가 함께 살기만 해도 딸들의 사춘기가 늦게 시작될 수 있다. 이런 사실은 아버지라는 존재를 무척 경이롭게 만든다. 헛소리 같지만 사실이다. 아버지와 한 집에 같이 사는 딸들의 사춘기는 아버지가 부재중인 딸들의 그것보다 늦게 시작된다. 이 사실을 증명한 연구가 상당수 있다. 물론 상황과 맥락이 조금 더 복잡하기는 하다. 단지 아빠가 존재하기만 한다고 되는 게 아니라, 엄마와 아빠 두 사람의 관계도 중요한 역할을 하기 때문이다. 다시 말해 아빠가 집 안에 함께 살고, 엄마 아빠의 사이가 좋을수록 딸의 사춘기는 늦게 시작된다.

한 마디로 아빠의 존재 그리고 아빠가 엄마와 맺는 사랑이 깃든 관계가 딸들의 유년기를 지속시키는 데 커다란 영향을 끼친다.

그러나 사춘기는 스스로 속도를 내고 있다

당신이 만약 19세기에 딸을 키웠다면, 아마 그 딸은 만 17세 정도에 초경을 치렀을 것이다. 1960년대 존 F. 케네디가 민주당 대통령 후보로 선출되었을 때, 또 엘비스 프레슬리가 독일에서 3년 동안의 군복무를 마치고 고향으로 돌아왔을 때 평균적인 사춘기 시작 연령은 만 12~13세로 떨어졌다. 엘비스 프레슬리가 세상을 떠난 지금의 사춘기 시작 연령은 딸들의 경우 만 10세, 아들들은 만 11.5세까지 내려갔다. 평균적으로 요즘 딸들은 만 12세 무렵에 초경을 시작한다. 다른 변화는 조금 더 일찍 시작될 수 있다.

왜 그럴까? 일단 좋아진 영양 상태가 큰 역할을 했다. 더불어 현재는 아동기 비만 문제가 새로운 사회 문제로 부상하고 있다.

그러나 왜 그런지는 당신이 급하게 알아야 할 일이 아니다. 당장 발등에 떨어진 불은 '왜'가 아니라 '언제'이다. 그 '언제'에서 확실히 말할 수 있는 건 요즘 사춘기는 훨씬 빨리 시작된다는 사실이다.

사춘기의 기적

자, 잠깐 숨을 고르고 사춘기 동안 내 딸에게 무슨 일이 벌어지는지 생각해보자. 아마 놀랍도록 경이로울 것이다. 딸의 '생체시계'와 체내 호르몬 체계 등의 복잡한 과정을 거쳐 딸의 신체는 언제 아기를 가질 준비를 시작하는 게 좋을지 결정한다. 만 8세와 만 13세 사이 어느 지점에 두뇌의 뇌하수체가 FSH(난포자극호르몬)을 분비한다. 이 호르몬은 난소에 도착해 에스트로겐의 생산을 자극한다.

FSH가 호르몬이라는 건 알고 있지만, FSH라는 말을 들으면 캐딜락을 탄 건방진 녀석들이 유리가 흔들릴 정도로 음악을 크게 틀고 스파게티처럼 복잡하게 얽힌 혈관 속을 달려가는 모습이 연상된다. FSH가 바람에 긴 머리카락을 나부끼고 깔깔 웃어대며 난소까지 달려가는 모습은 이 세상에서 가장 위대한 생물학적 여행이 아닐까.

거침없이 달려온 FSH는 난소에 닿자마자 에스트로겐 생성에 박차를 가한다. 그러면 그 시점부터 돌이킬 수 없는 강을 건너게 된다. 즉 딸의 신체가 아기를 만들 준비를 시작하면서 유년기는 회오리치는 호르몬의 구름 너머로 영영 사라져버리는 것이다. 이 모든 일의 최종목표는 몇 년 뒤에나 일어날 종의 번식이다.

사춘기의 몇 가지 단계

사춘기를 맞이한 딸이 보여주는 가장 빠른 신호는 가슴의 발달이다. 물론 만 8세처럼 이른 나이에 시작될 수도 있지만, 평균적으로 만 10세 무렵에 유두 주위가 부풀어 오르거나 '몽우리'가 생기면서 가슴 발달이 시작된다. 그만큼 딸들에게는 불안한 시기가 빨리 시작된다는 뜻이다. 딸들은 자신의 모습이 남들에게 어떻게 보일지, 혹시 놀림을 받지는 않을지 걱정할 것이다. 특히 또래보다 사춘기가 일찍 오면 불안감과 걱정은 더 커질 것이다. 그만큼 아빠가 나서서 딸에게 사춘기의 모든 것을 이야기해줄 필요가 있다. 어떻게 이야기를 하면 좋을지는 잠시 뒤 살펴보기로 하자. 지금은 일단 사춘기의 징후가 아이 입장에서는 거북하게 느껴질 수도 있고, 그만큼 자신의 모습을 의식하게 된다는 뜻임을 알고 넘어가자.

가슴 발달 이후에는 치골과 겨드랑이에 털이 나기 시작한다. 일반적으로 음모는 대략 만 9세와 만 15세 사이에 나기 시작하고 겨드랑이의 털은 음모가 처음 생기고 대략 2년 뒤에 난다. 이제 딸들이 다리털 면도를 시작하는 때가 다가온다.

호르몬이 요동을 치면서 나타나는 또 다른 변화로 몸무게 증가와 여드름이 있다. 이 시기 여성의 몸무게가 증가하는 이유는 아기를 낳기 위한 준비 때문이다. 주로 가슴과 엉덩이, 허벅지 쪽의 무게가 늘어난다. 아들들과 마찬가지로 딸들도 사춘기 내내 빠른 속도로 성장하기 때문에, 대부분 만 15세와 만 19세 사이에 완전한 성인의 신장에 도달한다. 또 피부도 지성 상태가 되면서 호르몬 변화에 따라 여드름이 생긴다.

이쯤하면 당신들이 무슨 생각을 떠올릴지 알겠다.

뭐라고요? 내가 뭘 생각하는데요?

'그것'을 생각하고 있다는 거, 다 알고 있다.

무슨 말이죠?

왜 그 마법과도 같은 일 있지 않은가.

아, 그거.

마법과도 같은 일

생리 말이다.

생리라고 말했다. 말해보니 별 거 없지 않나?

드디어 딸을 키우는 아빠들이 안절부절못하고 불편해지는 지점에 도착했다. 사실 여성들의 세계 대부분이 남자들에게는 미스

터리다. 기본은 이해할 수 있을 것 같지만, 상당수의 남자들은 꼭 필요한 것 이외에는 자세히 알고 싶어 하지 않는다. 그러나 당신은 아닐 것이다. 당신은 분명히 알고 싶어 할 것이다. 딸을 키우는 아빠니까. 그러니 지금부터 '배관시스템'에 대해 알아보기로 한다.

정말로 이 문제를 배관시스템으로 생각하면 한결 마음이 편안해진다. 세부사항은 되도록 기술적으로 설명할 생각이다. 우리 남자들은 그런 걸 편안하게 생각하니까.

대략적인 평균치로 보면 가슴 발달이 시작되고 대략 2년 뒤인 만 12세 무렵에 생리가 시작된다. 그러나 어디까지나 평균치라는 것을 잊지 말자. 더 일찍 시작할 수도 있고, 더 늦어질 수도 있다. 그러나 어떤 경우든 상황이 요구한다면 아빠가 나서서 딸에게 대략적인 설명을 자신 있게 해줄 필요가 있다.

생리주기는 뚜렷하게 월경기, 난포기, 황체기의 세 단계로 나뉜다. 난포기에서 황체기로 넘어가는 시점에 난자가 배출되는데, 이것이 배란이다. 생리주기는 사람마다 다르지만 평균 28일이고, 생리가 시작되는 첫날을 제1일로 센다.

생리에도 세 가지 단계가 존재한다는 걸 알면, 대부분의 남자들은 놀란다. 실제 생리기간 외에는 아무 일도 하지 않으리라 짐작했던 것이다. 그러나 전혀 그렇지 않다. 사실 여성의 생식기관은 매우 경이로운 역학구조를 지니고 끊임없이 제 할 일을 하고 있다. 이제 제1일부터 시작해 어떤 일들이 벌어지는지 살펴보자.

1. 출혈이 시작되는 날이 제1일이다. 이 출혈은 약 2일에서 7일 정도 지속된다. 출혈이 멈추지 않고 지속되는 이유는 단백질분해효소인 플라스민이 응고를 막기 때문이다(정말로 기본은 배관시스템과 다를 바가 없다). 월경기에는 복부나 허리, 허벅지 위쪽 등에 통증이 있기도 한다. 또 탐폰이나 생리대가 필요하다.
2. 이후 첫 며칠 동안 FSH(난포자극호르몬)가 분비되면서 난포의 성장을 촉진한다. 이때 몇 가지 다른 호르몬이 영향을 주면서 경쟁구도가 형성된다. 난포는 오직 하나의 성숙한 난자를 배출할 수 있다.
3. 난포가 발달하면서 에스트라디올과 에스트로겐을 모두 분비해 자궁내막이 점점 두꺼워진다. 또 에스트로겐은 자궁경부에서 자궁경부점액을 생산하게끔 자극하기도 한다. 자궁경부점액은 정자가 난자와 수정되기 위해 자궁 속 여행을 할 때 꼭 필요하다.
4. 난포가 발달하는 동안 에스트라디올의 양이 점점 증가해 LH(황체형성호르몬)의 분비를 촉진시킨다. 대략 생리주기 제12일 무렵이다. LH는 난자가 난관으로 배출되도록 준비하

는 최종 단계를 책임진다.
5. 난자는 난소를 떠나 난관채라고 부르는 작은 술 조직의 도움을 받아 난관으로 들어간다.
6. 하루가 지나도록 난자가 수정이 되지 않으면(모든 아빠들이 기원하는 대로) 난자는 분해된다. 휴우.
7. 이제 황체기다. 난자가 배출되고 난 뒤 황체라고 부르는 난소의 일부분이 계속 자라며 수많은 호르몬을 생산하는데, 그 가운데 중요한 호르몬이 바로 프로게스테론이다. 프로게스테론은 비행기의 지상정비원과 같아서 수정된 난자가 자궁에 안전하게 착상할 수 있도록 '발판'을 마련하는 역할을 한다. 프로게스테론은 FSH와 LH의 생성을 억제해 새로운 난자가 형성되는 것을 막지만, 배출된 난자가 수정되지 않으면 결국 황체는 퇴화하게 된다.
8. 황체가 퇴화하고 프로게스테론이 줄어들면서 자궁벽이 부서지면 적은 양의 출혈이 시작되고 월경기 제1일이 다시 시작된다.

지금까지의 설명이 복잡하고 정신없게 들렸는가? 그래서 간단한 도표로 만들어보았다. 어디까지나 평균적으로 각 단계에서 어떤 일들이 벌어지는지 살펴볼 수 있을 것이다.

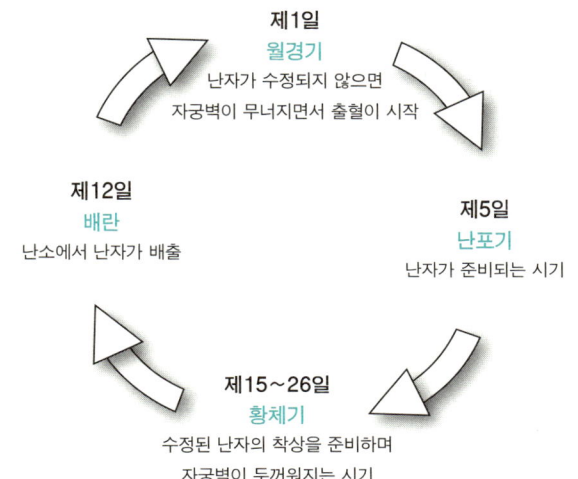

필요한 물품

생리대와 탐폰이 있다. 탐폰은 처음부터 쓰기에는 부담스럽다. 이 때문에 보통 생리대로 시작한다. 생리대는 두꺼운 소독용 붕대처럼 생겼다. 날개가 달린 것도 있어서 속옷에 붙이면 생리기간 동안 혈액을 흡수한다. 생리양에 따라 두어 시간에 한 번씩 갈아줘야 한다. 사실 생리대는 '그날'을 관리하기 위한 가장 쉽고 자연스러우며 걱정이 적은 방법이다.

탐폰은 부드러운 솜으로 만들어졌으며, 생리혈을 흡수하기 위해 질 안에 삽입한다. 실이 달린 솜방망이 또는 솜으로 만든 작은 마우스처럼 생겼다. 딸들은 보통 탐폰에 대해 온갖 종류의 질문을 던지기 때문에, 미리 인터넷을 통해 정보를 찾아놓으면 좋을 것이다. 찾아보면 탐폰 사용법과 유익한 조언들을 제공하는 웹사이트가 많다. 인터넷에 '여성용품'을 검색하면 그밖에 여러 가지 요긴한 정보를 얻을 수 있을 것이다.

생리전증후군(PMS)

당신이 누구든지, 이곳에서는 발걸음도 사뿐사뿐 조심스러워야 할 것이다. 온갖 악몽이 깔려 있는 지뢰밭이기 때문이다. 가끔 "생리전증후군 아냐?"라고 말했다가 '모든걸생리탓으로돌려짜증나죽겠는증후군'의 역공을 받을 수도 있다. 특히 우리는 이것과 대적해서는 절대로 이길 수가 없기 때문에 일단 과연 생리전증후군이 무엇인지부터 아는 게 중요하다.

보통 생리전증후군은 생리가 시작되기 2주 전쯤 발생해, 생리가 시작되기 직전이나 시작되자마자 사라진다. 생리전증후군은 다음과 같은 증상을 동반한다.

☆ 복부팽만감
☆ 복통
☆ 유방 통증

☆ 스트레스/불안감

☆ 근육통

☆ 불면

☆ 두통

☆ 피로

☆ 여드름

☆ 감정의 기복

☆ 짜증

☆ 사악한 여자 악마로 돌변

현재로선 생리전증후군의 정확한 원인은 알려져 있지 않다. 생리주기의 황체기에 발생하는 것으로 보이지만, 생리전증후군으로 고생하는 여성들의 성호르몬 수치는 정상범위 안에 있다. 그러므로 아직은 모든 게 신비 속에 있다. 가장 그럴듯한 추측 한 가지는 호르몬이 두뇌 화학물질에 영향을 미칠 수도 있다는 것이다. 하지만 누가 알겠는가? 또 그 원인이 뭔들 얼마나 중요하겠는가? 우리가 알아야 할 거라곤 오직 이 기간을 무사히 견디고 살아남는 방법뿐이다. 어쩌면 부처의 말처럼 그저 "삶은 고행이다."라고 되뇌는 것 말고는 딱히 방법이 없어 보이기도 하다. 그런데 어째 그 고행은 집안 여자들이 황체기를 겪는 동안 점점 심해지는 것처럼만 보이는지. 그러니 미리 예측하고 준비하고 견뎌내라. 정말로 힘들면 전문가의 도움을 받는 것도 좋다.

딸과 사춘기 이야기를 나누는 법

사춘기 동안 우리 딸들에게는 참으로 많은 일이 벌어진다. 그러므로 가능한 한 일찍 사춘기에 관한 대화를 나누기 시작하는 게 좋다.

지금 당장 당신들의 머릿속에 무슨 말이 떠오르는지 충분히 짐작할 수 있다.

예, 예. 말로는 참 쉽죠. 당신이야 아들만 둘 있고, 또 아는 것도 많으니까. 하지만 난 딸과 이야기를 나누어야 한단 말입니다.

솔직히 아들만 둘 있는 게 얼마나 다행인지, 하루에 열두 번도 더 감사의 기도를 드리고 있다고 고백해야겠다. 사춘기 문제와 마주했을 때, 딸을 키우는 아빠들이 훨씬 힘들다는 건 누가 봐도 분명하다. 특히 사춘기에 관해 아이와 직접 이야기를 나눠야 한다면 더더욱 힘들 것이다. 그러므로 곤경에 처한 당신이 진심으로 안쓰럽다. 하지만 뭐, 당신의 곤경이지 않나? 당신의 아이에게 아빠라곤 딱 한 명뿐인데, 그 아빠가 바로 당신인데, 뭘 어쩌겠는가? 그러니 그만 징징대고 일어나라.

가장 좋은 방법은 '성적인' 거북함은 모두 잊어버리고 기술적인 문제에만 집중하는 것이다. 사실 사춘기 문제는 배관시스템의 문제와 다를 바가 없다. 그러니 성적이고 심리적인 것은 놔두고 신체적이고 기술적인 면에만 집중한다면 훨씬 쉽게 대화를 이끌어나갈 수 있을 것이다.

딸과 나눌 수 있는 대화의 한 가지 예를 소개한다.

아빠 : 와, 우리 딸이 벌써 열두 살이 다 되어가네?
딸 : 네.
아빠 : 사춘기가 뭔지, 또 커가면서 네 몸이 어떻게 변해 가는지 궁금한 게 참 많을 거야. 그렇지?
딸 : 아빠! ……아니에요.
아빠 : 그래? 하지만 궁금한 게 생기면 아빠한테 물어봐. 그런 걸 알려주고 이해할 수 있게 돕는 게 이 아빠가 할 일이잖아.
딸 : 아빠!
아빠 : 아니, 뭐 그렇다는 이야기지.

3주 후.

아빠 : 네 방에 갖다놓은 책 읽어 봤니?

딸 : 네.

아빠 : 어땠어?

딸 : 괜찮았어요.

아빠 : 뭐, 궁금한 건 없었니?

딸 : 모르겠어요.

아빠 : 우선은 네게 찾아올 변화를 이해하는 게 중요해. 무엇보다 그런 것들에 관해 이 아빠한테 물어봐도 괜찮다는 걸 기억하렴. 처음에는 혼란스러울지도 몰라. 생리가 언제 시작되고 어쩌고 하는 것들 말이야. 그러니까 언제라도 이 아빠에게 말해도 좋다는 걸 잊지 마. 아빠는 그런 거 다 알고 있거든. 심지어 에스트로겐이니 플라스민이니 하는 것도 다 안다니까?

딸 : 그게 뭔데요?

아빠 : 에스트로겐은 여자의 몸에서 나오는 화학물질인데 생리주기의 첫 단계를 준비할 수 있게 돕는 역할을 해. 플라스민도 일종의 화학물질인데 생리의 지속기간을 조절해주는 효소란다.

딸 : 어떻게 그렇게 하는데요?

아빠 : 뭐가? 에스트로겐이? 아니면 플라스민이?

딸 : 플라 어쩌고 하는 거요.

이렇게 대화를 시작하고 이어나갈 수 있다.

대화를 나누는 방법이야 수백 가지가 넘겠지만, 기술적인 면을 중심으로 풀어나가면 거북한 느낌도 줄어들고 더 '기능적'이 될 수 있다. 또 기술적인 면을 잘 알고 있으면 말이 막히지도 않을 것이다.

가장 중요한 것은 일단 이야기를 해야 한다는 것이다. 대화라는 건 마음먹고 한 번 한 뒤 잊어버려도 되는 그런 일이 아니다. 아이가 먼저 시작하거나, 아빠가 먼저 꺼내거나, 필요할 때마다 때때로 나누어야 할 실천이다.

보충수업

아무리 지식과 도표, 소품 등으로 무장을 해도 아이는 여전히 여자들만의 일에 대해 여자들끼리 대화를 나눌 필요가 있다. 그럴 경우 보충수업을 위해 찾아갈 수 있는 곳들이 있다.

☆ 친절한 여성 의사
☆ 여성 친척과 할머니
☆ 여성이 쓴 여성을 위한 책(예:《사춘기: 물어보고 싶지는 않지만 알아야 할 모든 것》등)
☆ 친구의 엄마

☆ 나이가 많은 여자 사촌
☆ 가족계획 클리닉

요약- 딸의 사춘기
: 생각만큼 그렇게 끔찍하지는 않다

★ 딸들의 사춘기가 시작되는 시기는 평균 만 10세 무렵이다.

★ 사춘기하면 일단 거북하고 힘들게만 느껴지지만, 기술적인 세부사항에 익숙해지면 이야기를 나누기가 수월해진다.

★ 매우 정교한 배관시스템과 비슷하다는 사실을 잊지 말자.

★ 사춘기에 관한 대화는 한 번 하고 잊어버려도 되는 그런 일이 아니다. 따라서 어려운 문제가 생길 때마다 수시로 딸과 대화를 나누도록 한다.

★ 사춘기에 관한 전반적인 정보를 알아두어야 한다.

청소년기
: 우리 딸은 '잠시' 미칠 수도 있다

며칠 전 한 친구가 어느덧 열 살이 된 딸에게 아빠표 농담이 더는 통하지 않는다는 걸 깨달았다고 한탄했다. 통하기는커녕 역효과만 낳는다고 한다. 예전에는 아빠표 농담으로 딸을 구슬려 즐겁게 해야 할 일을 시킬 수 있었지만, 이제는 오히려 딸의 화만 돋운다는 것이다.

"이건 질적인 변화야."

친구가 한숨을 내쉬었다.

"아이가 머리가 더 굵어져서 그런 것만은 아닌 것 같아. 완전히 새로운 통제장치가 필요하다니까. 이젠 제가 하고 싶은 대로만 하려고 해. 이러다가 한 2, 3년만 있으면 무슨 일이 생길지, 벌써부터 겁이 나. 그러니 나도 모르게 전보다 더 강하게 아이를 다뤄야 하는 게 아닌가 생각하게 된다니까."

 모든 아빠들의 농담은 언젠가 장렬히 전사하기 마련이다. 아이가 태어나고 첫 몇 년은 모든 아빠들의 농담이 '빵빵 터지는', 이른바 황금기다. 시시껄렁한 농담이나 말도 안 되는 개그를 던져도 아이는 항상 웃어주었다. 때로는 웃느라 말 그대로 바닥을 데굴데굴 구르기도 했다. 그런 모습을 보고 흐뭇해하지 않을 아빠가 어디 있을까?

 그러나 관객이 변해버린다. 관객이 성숙해지면 한때 웃겼던 것들이 단숨에 썰렁해진다. 갑자기 우리는 잘 나가는 개그맨이 아니라, 아무도 웃길 수 없는 대머리 배불뚝이 중늙은이가 되어버린다. 아무도 우릴 웃긴다고 생각하지 않는다. 아이들이 거실 바닥을 데굴데굴 굴러다니던 때가 엊그제 같은데, 현실은 남루하고 비참하기만 하다.

 당연히 이 단계에 이르면 아빠들은 낙담하기 마련이다. 이제 그만 무대에서 내려와야 한다고 생각하며 한숨을 쉰다. 계속 무대에 서길 고집했다간 관객의 야유만 쏟아질 것이다. 과연 언제 무대를 떠나 헛간으로 숨어들어야 할지, 스스로에게 물어보기 시작한다.

누가 아빠의 농담을 죽였을까?

아빠표 농담을 죽인 것은 바로 생물학이다. 이른바 생식선자극호르몬방출호르몬(GnRH)이라고 부르는 물질과 관계가 있다. 이 호르몬은 복잡하기 짝이 없는 생체시계가 사춘기 준비로 분주해질 때가 왔다고 판단하면, 두뇌 깊은 곳에서 분비된다. 이 호르몬이 나오기 시작하면 '아빠표 농담'은 더 이상 통하지 않는다. 때로는 청소년기의 난리법석 자체가 짜증을 불러일으켜 아빠의 유머에서 생명력을 빼앗아 가버리기도 한다. 이때 시작되는 사춘기와 청소년기는 성장 과정의 심리적·행동학적 일부분이다.

생물학과 심리학이 복잡하게 얽히는 동안 아빠의 농담은 시들어간다. 이제 딸의 기분을 만족시키지도 못하고, 유쾌하게 구슬리거나 어르지도 못한다. 이제 딸은 자신의 삶이 저만치서 기다린다는 걸 깨닫는다. 이 때문에 다른 데 정신을 팔지도, 속아 넘어가지도 않는다.

한때 농담 한 마디로 좌중을 웃겼던 당신은 딸을 만족시킬 수 없다는 걸 깨닫게 된다. 당신의 딸은 그 이상을 원하고 있지만, 사실은 뭘 원하는지 정확히 모를 수도 있다. 다만 뭔가가 부족하다는 막연한 느낌만 품을 뿐이다.

이제 딸은 신체뿐만 아니라 두뇌의 변화도 겪는다. 그와 동시에 딸의 자아 자체가 변화한다. 어른이 되기 위해 딸은 신체뿐만 아니라 심리도 변화를 경험하게 되는 것이다. 자신이 어린 꼬마가 아니라는 사실에 주목하게 되고, 이제 규칙이 바뀌었음을 깨닫는다.

그리고 우리도 그 사실을 깨달아야 한다.

이제 예전 방식으로는 딸을 웃길 수 없다. 뿐만 아니라 오히려 화만 자초한다는 것을 돌연 깨닫는다. 성인의 세계로 진입하는 문 앞에 선 딸은 어린 시절처럼 관리와 통제를 받는 삶에 만족하지 못한다. 집을 떠나 독립하고 싶어 할 정도는 아니어도, 어린 꼬마들의 세계가 촌스럽고 시시하게 느껴지는 단계에 진입한다.

성숙은 직선형으로 진행되지 않는다.

자녀의 생김새가 점점 어른에 가까워질수록, 부모는 자녀의 행동도 성숙하길 기대한다. 그러나 이는 착각이고 오해다.

성숙은 일직선으로 곧게 뻗은 정비례 그래프 형태로 진행되지 않는다. 오히려 안데스산맥처럼 오르내림을 반복한다. 아찔하게 높은 봉우리가 있는가 하면, 깎아지른 듯한 절벽도 있고, 거의 수직에 가까운 하강으로 수천 미터 아래의 계곡에 추락하기도 한다. 단단한 평지처럼 보이는 곳에서 언제 구렁텅이를 만날지 모르므로, 이 지점은 정말 한 발짝 한 발짝 나아가야 한다.

십대 청소년의 두뇌

가끔은 아동기 동안 꽤 기능적이었던 자녀의 두뇌가 청소년기에 이르면 대체 어디로 가버린 건지 궁금해질 때가 있다. 질서정연한 체계를 갖추고, 합리적·논리적으로 굴러가는 듯 보였던 두뇌가 어느 날 갑자기 정신이 나간 것처럼 보인다.

두뇌발달에는 생후 첫 3년이 절대적으로 중요하다는 말을 들어봤을 것이다. 그러나 지난 몇 년 사이 연구를 통해 십대 청소년기 두뇌에서도 대단히 의미심장한 발달과 변화가 이루어진다는 사실이 밝혀졌다. 사춘기의 복잡한 생물학은 온몸을 호르몬으로 뒤덮어 신체적 발달과 성숙을 촉진시키는데, 이때 두뇌에도 꽤 중요한 변화가 일어난다.

:: 회백질과 백질이 중요하다

'회백질'이니 '백질'이니 하는 말들을 들어본 적이 있을 것이다. 모두 두뇌세포 또는 뉴런의 각기 다른 부분을 가리키는 용어다. 두뇌스캔으로 보면, 두뇌세포의 주요 부분은 회색을 띠고, 뉴런에서 뻗어 나온 부분을 감싼 지방질의 단열재는 흰색으로 보인다.

그래서 회백질과 백질이다. 이렇게 따분한 이름이 붙은 건 두뇌가 흥미로운 존재인 만큼 신경을 써야 할 더 중요한 것들이 많아 멋진 이름을 붙일 여유가 없었기 때문은 아닐까? 그러나 두뇌

연구 어쩌고 하면 금세 혹하는 우리 같이 평범한 사람들을 위해 조금만 더 신경을 써서 멋진 이름을 붙여주지 않은 점은 아쉽다.

이름은 따분하지만, 이 회백질은 남자보다 여자가 1, 2년 정도 먼저 양적으로 최고치에 달한다. 이는 왜 십대 초반의 여자 아이들이 또래 남자 아이들을 철없고 바보 같다고 생각하는지를 설명해줄지도 모른다. 그러나 앞서 말했듯이, 남성과 여성의 두뇌에서 어떤 차이가 관찰되었다고 해서 이를 근거로 과도하게 추론하는 것은 금물이다. 남녀의 개인차가 상당히 클 뿐만 아니라, 두뇌 용량의 차이가 실생활에서 어떤 행동의 차이를 낳는지에 대해서도 밝혀진 바가 많지 않기 때문이다.

또 한 가지 흥미로운 점은 백질이 아동기와 청소년기 내내 증가세를 보인다는 사실이다. 백질은 뉴런의 가지들을 지방층으로 에워싸는 단열재의 역할을 한다. 마치 전선을 감싸는 절연체와 같이 신경충동 전달의 속도를 향상시켜준다.

그러나 최근 밝혀진 바에 따르면, 이 백질은 신경충동 전달의 속도를 향상시킬 뿐만 아니라 충동의 타이밍을 조절해주기도 한다.

그러므로 나이가 들수록 신경충동의 속도와 타이밍이 점점 효율적이 되는 것처럼 보이게 된다. 즉 나이가 들어가면서 현명해지지는 못할지라도 효율적으로 일할 수 있는 체계가 발달하는 것만은 확실하다.

:: 완전 중요한 전두엽

우리 같이 평범한 사람들에게 두뇌는 커다랗고 쭈글쭈글한 회색 덩어리로만 보일 것이다. 그러나 신경과학자들에게는 아찔할 정도로 매혹적이고 개별적이면서 동시에 서로 연결된 조직의 집합체이며, 복잡하고 어지럽지만 완벽하게 이해되는 방식으로 조합을 이루어 서로 협력해 우리의 현재 모습을 형성해주는 존재다. 누구에게나 두뇌는 소중하고 중요하지만, 가장 중요한 부분을 하나 꼽으라면 바로 전두엽이다. 이 부위는 두뇌의 앞부분에 위치해 전두엽이다. 뭐, 지금까지 지켜본 신경과학자들의 작명 실력으로 미루어보면 다른 이름들보다는 그래도 나은 편이다. 어쨌든 이 부분은 위험한 상황인지 아닌지를 평가하고 미래를 예측하며 계획을 세우는 등 고차원적인 기능을 맡고 있다.

전두엽 중에서도 특히 중요한 역할을 담당하는 부분이 있는데, 그 이름은 전전두피질이다. 얼마나 중요했으면 상상력을 발휘할 여지 없이 그냥 '이성의 자리(seat of reason)'라고 부르기도 한다. 전전두피질은 중요한 임무를 많이 맡고 있는데, 그 중 하나가 위험의 평가다.

두뇌의 다른 부분이 어떤 일을 해야 한다고 말했을 때, 최종 승인을 이 전전두피질이 맡고 있다고 볼 수 있다. 뿐만 아니라 두뇌의 어떤 부분이 긴장했을 때 침착하라고 다독이는 것도 전전두피질이 하는 일이다.

이 조그만 주름투성이 꼬마는 자의식이나 타인의 견해를 이해하는 일과 같은 사회적 기능을 수행하기도 한다.

전두엽에서 두뇌세포가 발달하는 것은 딸들의 경우 만 11세 무렵, 아들들의 경우 만 12.1세 무렵에 최고조에 달한다. 딸을 키우는 아빠라면 안도의 한숨을 쉬었을지도 모르겠다. 딸들이 앞서가고 있다니 기분 나쁠 건 없다. 만 11세에 전두엽 성장이 최고조에 달한다면, 적어도 우리 딸들은 어떤 일이 위험한지 아닌지 현명할 결정을 내릴 준비가 됐다는 뜻이 아니겠는가?

그러나 안타깝게도 그렇지가 않다.

왜 그런지 이해하려면 우선 십대 청소년의 두뇌가 짧은 시기 동안 어떻게 늘어나고 줄어드는지를 알아야 한다. 그리고 줄어드는 게 왜 좋은 일에 속하는지를 이해하자.

:: 십대 청소년 두뇌의 팽창과 수축의 경이로움

앞서 살펴보았듯이 인체는 정말이지 경이롭다. 두뇌를 살펴보면 곱절로 경이롭다. 생후 첫 3년이 두뇌발달의 '결정적 시기'라는 말은 들어봤을 것이다. 그러나 십대 청소년기의 두뇌 발달이 얼마나 중요한지에 대해서는 별로 들어보지 못했을 것이다.

생후 첫 3년 동안 두뇌 발달에 폭풍이 일어나듯이, 청소년기 동안에도 또 한 차례 폭풍이 일어난다. 그래서 여성의 경우 만 11세 무렵에 회백질 발달이 최고조에 달하는 것이다.

문제는 회백질의 발달도 너무 과하면 좋지 않다는 것이다. 한 가지 구체적인 예를 들어보자. 아이들에게 특정 표정과 그 표정을 설명하는 단어를 연결시켜보라고 요구했을 때(예를 들면 행복한 표정, 슬픈 표정, 화난 표정 등) 사춘기 시작점에서 퇴보현상이 발견된다. 그에 견주어 아동과 십대 후반의 청소년들은 표정과 감정을 설명하는 단어를 잘 연결시켰다.

왜 이런 일이 일어나는 걸까?

지금 이 순간 말할 수 있는 최선의 가설은 "지나치면 좋지 않다."는 것이다. 뉴런은 대단한 존재이기는 하지만, 사춘기 시작점에 뉴런이 폭발적으로 증가하면서 뇌 체계 전체에 혼란을 불러와 실행을 잘해내지 못할 수도 있다. 그러나 십대 후반에 이르면 과도한 연결지점을 가지치기 하듯이 쳐내고 회백질도 점차 줄어든다. 다시 말해 어떤 연결지점은 유지하고 어떤 연결지점은 폐기시켜 십대 두뇌의 뒷골목으로 쓸쓸히 퇴장시킴으로써 실행 정도가 개선되는 것이다.

:: 십대에 위험을 무릅쓰는 것은 괜히 그러는 것이다

누구나 자신의 청소년기를 돌이켜보면 오싹할 정도로 어리석게 굴었던 기억이 한두 가지는 떠오를 것이다. 당신만 그런 게 아니다. 나도 십대 시절을 생각하면 얼굴에 핏기가 가실 정도로 아찔했던 기억이 있다. 한 번은 친구와 함께 현수하강(암벽이나 빙벽 등반에서 로프를 몸에 걸고 하강하는 것-옮긴이)을 하러 간 적이 있다. 둘 다 로프의 매듭을 묶는 데 서툴렀고, 조심하기에는 게을렀다. 우리는 대충 삼중으로 매듭을 묶고 30미터 아래 절벽을 내려갔다. 당시에는 꽤 합당한 행동이라고 믿었다. 대충 묶어 놓은 그 매듭이 나보다 훨씬 더 똑똑한 사람들이 인정한 현수하강 공식매듭이었다고 믿고 싶었던 것이다.

"눈을 보면 알아요."

늘 집 밖으로 몰래 빠져나가는 15세 소녀 애쉴리와 이야기를 나눠달라는 부탁을 받았다. 이 아이는 도시에서 가장 험한 동네와 인접한 외곽 지역에 살고 있었다. 애쉴리는 자정이 넘은 시간에 침실 창문을 통해 아래층으로 내려가는 놀라운 기술을 터득했고, 인적이 드문 시골길을 몇 킬로미터나 걸어가 친구들과 어울리곤 했다. 실제로 애쉴리를 만나기 일주일 전 그 동네 도로가에서 살해당한 채 버려진 한 소녀의 시체가 발견되기도 했다. 범인은 사이코패스인 전 남자 친구였다.

"지난 주 살해당한 여자 아이 이야기 들었니?"

내가 물었다.

"네."

"걱정 안 돼?"

애쉴리는 나를 향해 이마를 찌푸렸다. 역사상 가장 어리석은 질문을 들은 사람이나 지을 법한 표정이었다.

"아뇨."

"왜?"

"내 자신은 내가 지킬 수 있으니까요."

대화의 분위기는 심각했지만, 나도 모르게 웃음을 터뜨리고 말았다. 아이는 교묘하게 내 질문을 피해갈 수 있을 만큼 세상물정에 밝았다.

"뭐라고?"

"내 자신은 내가 지킬 수 있다고요."

"어떻게?"

"나쁜 사람과 그렇지 않은 사람을 구별할 수 있으니까요."

"정말?"

"네."

"어떻게?"

"눈이요."

아이는 대단한 비밀을 공유하는 것처럼 은밀한 목소리로 말했다.

"눈?"

"네."

"눈이 어떤데?"

"몰라요. 그냥 보면 알아요."

"눈을 보면 안다고?"

아이가 고개를 끄덕였다.

"그동안 살인자들을 몇 명이나 만나봤니?"

"한 명도 못 만났어요."

"아니, 실제 살인자를 한 번도 만난 적이 없단 말이니?"

"네."

"나는 얼마나 많이 만났는지 아니?"

"몇 명이나 봤는데요?"

"아주 많이. 청소년들과 이야기를 나눌 때가 아니면 살해범, 강간범, 마약사범하고 이야기를 나누거든. 다 나쁜 놈들이지."

"정말요?"

드디어 아이는 내 이야기에 관심을 보이기 시작했다.

"정말이지. 그 중에는 네 말대로 딱 보면 한눈에 살해범인지 알게 생긴 사람들도 있어. 미치광이 같은 눈빛하며, 감옥에서 새긴 문신까지. 하지만 정반대인 사람들도 있어. 정말 착한 사람처럼 보이지. 예의바르고 정중하고 유머감각까지 뛰어나단다."

"정말요?"

"정말이고말고. 그렇게 다정하고 예의바르고 정중하고 매력적인 남자들이 살인자인지 아닌지 알 수 있는 유일한 방법이 뭔지 아니?"

"뭔데요?"

"기록을 읽는 거지."

"뭐라고 써 있는데요?"

나는 한숨을 내쉬었다.

"내 말은 나쁜 사람인지 아닌지 한눈에 구별할 수는 없다는 거야. 정말로 착하게 보이는 나쁜 사람들도 많으니까. 그리고 중요한 게 뭔지 아니?"

"뭔데요?"

"너 같은 여자애들이 그런 나쁜 놈들의 완벽한 사냥감이라는 거야. 놈은 매력적이고 예의바른데다 자동차로 집까지 데려다 주겠다고 하지. 진짜 문제가 생겼다는 걸 깨달았을 즈음에는 이미 너무 늦어버려."

우리는 잠시 침묵 속에 그대로 앉아 있었다. 아이가 내 말을 받아들였는지 궁금했다. 마침내 아이가 입을 열었다.

"하지만 그런 건 중요하지 않아요."

"왜지?"

"학교에서 호신술을 배웠으니까요."

우리가 나눈 대화 중 가장 오싹한 사실은 아이가 실제로 그렇게 믿고 있었다는 것이다.

그렇다면 왜 십대 청소년은 이토록 무모한 것일까?

생각이 없어서, 철딱서니가 없어서라고 생각하면 편할 것이다. 그러나 실제로는 그렇지 않다. 십대의 두뇌는 정상 상태에서 살짝 벗어나는 방식으로 발달한다는 꽤 명백한 증거가 있다. 말 그대로 약간 미친 상태에서 결정을 내리는 듯 보이는 것이다. 십대 청소년이 스스로 무모하고도 위험한 행동에 뛰어드는 것을 잘 알면서도 그런 행동을 한다는 증거도 있다. 즉 위험을 감지하면서도 '감정'과 '친구'에게 더 휘둘리는 것이다.

사춘기가 시작되면 두뇌 깊은 곳에 위치한 자극보상센터에 변화가 일어난다. 이 변화 탓에 십대는 스릴을 추구하는 쪽으로 떠밀린다. 안타깝게도 전전두피질은 이런 일들을 막는 대신 이미 해결한 것으로 분류한다. 엔진은 계속 돌아가고 있는데 운전사는 없는 상황이 벌어지는 것이다. 혼자서 생각할 시간이 주어지면 꽤 분별력 있는 결정을 내릴 수도 있지만, 친구들과 함께 있으면 조금의 '쾌감'만으로도 모든 게 무용지물이 되어버린다.

미친 해리엇 이모

청소년기의 무모함이 이해가 안 되거든 미친 해리엇 이모를 떠올려보자. 당신의 일가친척들이 미친 해리엇 이모를 누가 모시고 사느냐의 문제로 가족회의를 열었다. 사실 해리엇 이모는 '살짝 나사가 풀린' 사람들을 위한 보호시설에서 행복한 나날을 보내고 있었다. 그러나 이 시설이 불법 회계 스캔들에 휘말리면서 문을 닫게 된 것이다. 당신은 가족회의에 참석하지 않았고, 가족들은 당신의 부재를 틈타 해리엇 이모를 당신이 모시는 것으로 결론 내렸다.

이런, 쯧쯧쯧.

어쩔 수 없이 해리엇 이모는 당신의 집으로 이사를 왔다. 물론 지하실에 간이침대 하나 들여놓았을 뿐이지만.

자, 상상의 나래를 조금 더 펼쳐보자. 어느 날 저녁, 당신은 텔레비전을 보다가 옆에 앉은 미친 해리엇 이모에게 커피 한 잔 하겠느냐고 물었다. 그러자 이모가 별안간 벌떡 일어나 울음을 터뜨리면서 당신에게 "이 천하에 돼먹지 못한 개자식!"이라는 심한 욕을 퍼붓더니 그대로 지하실로 뛰어 내려가는 게 아닌가!

당신은 화가 날 것 같은가?

아마 아닐 것이다. 당신은 이 일을 심각하거나 진지하게 받아들이지는 않을 것이다.

왜? 이모는 미쳤으니까.

자, 그럼 왜 방을 치우지 않았느냐고 한 번 물었을 뿐인데, 당신의 열네 살짜리 딸이 울음을 터뜨리면서 "아빠 싫어!"라고 비명을 질렀다면? 이런 일에 왜 당신은 상처를 받아야 하는가? 청소년기는 발달의 한 단계라기보다는 일종의 정신질환과 가깝다는 게 내 견해다. 머릿속이 정상이 아니라는 말이다. 믿기 힘든가? 그러나 이 문제에 대해 과학도 내 편을 들고 있다.

잠깐만, 여기서 내가 진짜 정신질환을 앓고 있는 십대 청소년 가족의 고통과 좌절, 상처를 아무것도 아닌 일로 치부하고 있는 게 아님을 분명히 짚고 넘어가야겠다. 전혀 그렇지 않다. 나는 진짜 정신질환을 앓는 청소년 자녀로 인해 힘겹게 살고 있는 수많은 가족들과 함께 해왔다. 이 때문에 누구보다 그분들의 고통을 잘 이해하고 있다.

지금 내가 하고 싶은 이야기는-거리낌 없이 솔직하게-청소년 딸이 미친 짓을 하거나 미친 것 같은 말을 내뱉었다고 해서 심각하게 받아들이지는 말라는 이야기다. 모두가 딸의 잘못이 아니므로. 물론 일부는 딸의 잘못이기도 하다. 하지만 일부는 아직 완전하게 연결되지 않은 세포조직 때문이다. 아직 미숙한 것이다. 그러므로 딸이 "아빠가 싫어!"라고 말했다고 해서 이를 진심으로 받아들인다면 당신은 바보다. 사실 그건 딸의 진심이 아니다. 물론 딸이 20대 중반에 그렇게 말했다면 이야기가 달라진다. 그러나 격동의 십대 시절이라면, 미친 해리엇 이모의 폭언에 버금가는 행동을 하더라도 이해가 된다.

한 가지 희소식이 있다면, 시간과 약간의 인내심이 있으면 당신의 미친 해리엇 이모도 완전하게 회복된다는 사실이다.

중요한 질문

두뇌는 정말 흥미로운 존재다. 특히 십대 청소년이 왜 그렇게 구는지 몇 가지 단서를 알려준다. 뇌는 갈수록 어른의 생김새를 완성해가지만, 진짜 어른이 되는 것은 아니다. 오히려 반대다. 그러므로 다음과 같이 중요한 한 가지 질문을 던지게 된다. 호르몬이 요동치는 사춘기 신경과학의 혼란 속에서 딸과 아빠가 모두 살아남으려면 어떻게 하면 좋을까?

다행히 나는 이 질문의 답을 안다. 그러니 이제 그만 다음 장으로 넘어가자.

요약– 청소년기: 우리 딸은 '잠시' 미칠 수도 있다

★ 청소년기를 거치는 동안 딸의 두뇌는 중요한 재배치 과정을 겪는다.

★ 아이는 때때로 성숙해보이지만, 가끔은 아주 어린 꼬마처럼 행동하기도 한다.

★ 이 시기 딸들은 위험한지 아닌지 정확한 판단을 내리지 못할 수도 있다. 그러나 본인은 모험을 걸 만큼 충분히 분별력을 갖추었다고 믿을 것이다.

★ 무엇보다 미친 해리엇 이모를 기억하라.

십대 딸로부터 살아남기

곧바로 본론으로 들어가자. 당신은 십대 딸을 어떻게 견디고 있는가?

그냥 버텨라

청소년 양육에 관한 강의를 마치고 짐을 챙기고 있는데, 한 남자가 다가왔다. 그는 경찰처럼 보였다. 어떻게 아는지는 설명할 수 없지만, 나는 언제나 경찰들을 한눈에 알아보는 편이다. 그는 지방경찰서의 경사였고, 전생에 무슨 죄를 지었는지(?) 딸만 둘 있었다. 만 11세인 동생은 괜찮았지만 만 15세인 큰딸은 요즘 그를 '완전히 돌아버리게' 만들고 있었다.

"선생님이 말씀하신 미친 해리엇 이모 이야기가 정말 맞아요. 제 딸도 완전히 미친 사람 같거든요. 하룻밤 사이에 악마가 되어버린 것 같아요. 어렸을 적엔 정말 사랑스러웠는데, 지금은 완전히 미쳤어요. 제가 할 수 있는 일이라곤 입을 떡 벌리고 그 애가 나갈 때까지 기다리는 거예요."

"가끔은 정말 다루기 힘들 때가 있지요."

"애가 잘못된 건 아닐까 하는 생각이 들 정도에요. 더는 정상인처럼 생각하지 못하는 것 같다니까요. 어떨 때는 일곱 살짜리처럼 굴다가, 어떨 때는 자기가 37세쯤 된 줄 알아요. 그러다 제 맘대로 안 되면, 또는 '그 날'이 되면 완전히 돌아버린다니까요."

"그럼 아버님은 어떻게 하십니까?"

"솔직히 그냥 입 다물고 가만히 있지요. 물론 어딜 가도 되고 언제 돌아와야 하고 따위의 규칙은 있습니다. 하지만 웬만하면 건드리지 않으려고 조심합니다."

"이해할 수 있습니다. 하지만 아까 강연에서 말씀드린 내용을 잊으시면 안 됩니다. 딸들은 별별 이유로 아빠가 필요한 법이니까요."

남자는 천천히 고개를 끄덕였다.

"예, 저도 압니다. 하지만……."

"그래도 버티셔야 합니다."

"정말 우습죠. 제가 경찰 노릇하면서 만나는 흉악범들보다 오히려 제 딸의 신경질이 절 죽일 확률이 훨씬 높은 것 같거든요."

우리는 함께 웃음을 터뜨렸다. 하지만 남자의 말이 100퍼센트 농담만은 아니었다는 사실을 그도, 나도 알고 있었다.

반가운 소식이 있다면, 십대 딸에게서 살아남는 것이 생각보다는 쉽다는 사실이다. 앞서 설명했던 복잡한 생물학에 비하면 한결 쉽다. 더 반가운 소식이 있다면, 딸에게 최선의 출발점을 선사할 수 있는 좋은 아빠가 되는 것도 그리 어렵지 않다는 사실이다. 복잡한 일이기는 하지만, 늘 그런 것은 아니다.

사실 자동차 운전과 비슷하다. 자동차에 관한 온갖 기술적 세부사항을 알지 못해도 자동차를 움직일 수는 있지 않은가. 아이들도 마찬가지다. 지금껏 설명한 내용은 사실 청소년기 생물학과 신경과학을 수박 겉핥기식으로 간략하게 살펴본 것이다. 그러나 알아듣기 힘든 온갖 약자와 전문용어로 가득한 복잡한 과학세계를 모두 다 이해할 필요는 없다. 중요한 것은 자동차의 구조가 아니라 운전하는 방법이다. 솔직히 나는 교류발전기가 뭔지 모른다. 어떻게 생겼는지도 모른다. 그러나 이 세상에서 가장 꼬불꼬불한 길도 후진해서 지나갈 수 있다. 원하는 곳에 가기 위해 자동차 기술의 모든 것을 다 알 필요는 없다. 뭐, 가끔씩 후진도 해야 하고

구불구불한 도로를 지나가기도 해야 하지만 말이다.

그런 정신만 갖고 있으면 된다. 물론 과학적 근거는 없다. 오직 내 생각일 뿐이다. 그 이상도 그 이하도 아니다.

달아나지 마라

사춘기는 대부분의 아빠들에게 어디 멀리 있는 오두막으로 조용히 숨어들어, 가구나 만들며 살고 싶은 욕구가 들게 하는 마력을 가진 단어다. 예전에는 가구 제작 따위에 관심조차 없지만, 갑자기 이 세상에서 가장 하고 싶은 일이 되어버린다. 딸아이가 더 이상 어리지 않다는 불편한 자각을 하게 될 즈음이면 이미 상황은 충분히 안타까워져 있기 마련이지만, 상당 부분이 심리적인 문제다. 더는 아빠표 농담도 통하지 않는다. 딸아이는 시종일관 신경질을 부리거나 화를 낸다. 가끔은 별일도 아닌 걸로 징징거리거나 울음을 터뜨려 아빠를 당혹스럽게 만든다. 딸아이는 스스로 원하는 모습의 여성이 되고 싶어 하면서 자기 앞날을 계획하려고 든다. 문제는 아이가 이제 겨우 12세라는 것이다.

도망가. 당신의 마음속에서 악마의 목소리가 속삭인다. 오두막으로 도망가. 문을 잠가버려. 그리고 상황이 정상으로 돌아올 때까지 가구나 만들고 있으란 말이야.

앞서 경찰관 아빠에게도 말했듯이, 당신의 마음이 이해된다. 하지만 어떤 일이 있어도 마음속 달콤한 속삭임에 넘어가면 안 된다.

아이가 점점 아빠를 밀어내는 것처럼 보일 것이다. 딸의 삶이 아빠의 삶과 점점 달라지는 것처럼 보일 것이다. 하지만 딸은 그 어느 때보다 아빠를 절실하게 필요로 하고 있다. 자유를 갈구하지만, 동시에 자유로울 수만은 없다는 것을 딸들이 자각할 필요가 있다. 아이는 강철보다 더 단단하고 굳건한 어떤 체제에 속한다는 사실을 인식할 필요가 있다. 즉, 스스로 아빠 삶의 일부분임을 알 필요가 있다. 언제나.

딸아이가 아빠를 밀어내고 싶어 하는 것처럼 굴더라도 절대로 속아 넘어가지 말지어다. 아빠는 침착하고도 단호한 마음가짐으로 오르락내리락을 반복하는 십대 청소년기의 순환선에 그냥 함께 올라타주면 된다.

즉, 곁을 지켜줘라.

가끔은 큰 소리를 내면서, 또 가끔은 침묵을 지키면서 아이의 옆에 있어줘라. 중요한 것은 옆에 있는 것이다.

딸의 인생에 관심을 가지고 있음을 알려라

딸의 삶에 관심을 갖는 것은 중요하다. 그러나 관심을 갖고 있다는 사실을 딸에게 알리는 것은 그 갑절로 중요하다. 나는 어린 시절 아버지가 자신의 삶에 무관심했었다고 고백하는 성인 여성을 수도 없이 만나보았다. 그때마다 깜짝 놀라고 또 서글퍼진다. 그녀들은 어린 시절 아빠가 어느 장소로 데려다주고 데리러오고를 반복하기는 했지만, 정말로 딸의 삶에 관심을 갖고 있었는지는 확신하지 못하겠다고 말한다.

나도 두 아들의 아빠가 되어보니, 이 세상 모든 아빠들이 자식의 삶에 관심을 갖고 있는 게 지극히 당연하게 느껴진다. 그러나 그런 관심을 자식에게 '보여주는' 일에는 서투른 것 같다.

안타까운 건 이러한 오해가 부녀관계에서 특히 두드러진다는 사실이다. 딸들이 외계인처럼 느껴질 때가 너무 많아서, 또는 딸들이 너무도 쉽게 상처를 받는 것 같아서 아빠들은 종종 "입 다물고 있으면 반은 따라간다."는 말을 몸소 실천한다. 당연히 이런 아빠들도 딸의 삶에 관심을 갖고 있다. 다만 딸의 삶 곳곳이 지뢰밭인 것만 같아서, 괜히 잘못 건드렸다가는 대폭발이 일어날까 봐 수동적인 모습을 보일 뿐이다.

그런 아빠가 되어서는 안 된다. 딸의 기분 변화나 변덕에도 관심을 있음을 표현해야 한다. 아이 기분을 상하게 할까 봐 걱정할 필요는 없다. 아이 기분을 상하게 하는 것은 어느 정도 불가피한 현실이다. 이미 당신은 그 길에 들어섰다. 그러므로 딸의 반응을 지나치게 심각하게 받아들이지 말라.

어떻게 할지 구체적인 방법이 고민이라면 역사상 가장 요긴한 질문을 준비해두면 된다. 다만 두 가지를 명심하라. 세일즈맨처럼 질문을 던지지 말 것. 진지하고 엄숙할 것. 이제 말해줄 그 질문은 무한한 가능성을 던져주는 비장의 카드다.

"오늘 하루 어떻게 지냈니?"

딸을 사랑하고 있음을 매일 보여줘라

사춘기가 시작되면 딸과의 스킨십도 슬슬 거북해진다. 4장에서 이야기했듯이 어쩔 수가 없는 일이다. 특히 텔레비전만 틀면 아동성추행에 관한 뉴스가 흘러나오는 요즘 세상에는 더 그렇다. 앞에서 이야기한 아빠를 기억하는가? 그도 딸에게 언제까지 스킨십을 해도 좋은지 고민했다. 아직도 딸을 안아줘도 괜찮은 건지, 딸을 무릎에 앉히고 껴안고 뒹굴어도 되는지 알고 싶어 했다.

이 세상은 여러 면에서 점점 서글픈 곳이 되어가고 있다. 성적 학대, 성추행에 관한 이야기를 너무 많이 들어서인지 가끔은 원래의 진실이 기억나지 않을 정도다. 즉, 아이들은 늘 사랑받고 싶어 하고, 사랑을 필요로 한다는 사실 말이다.

여기서 가장 중요한 점은 아이들이 사랑과 추행의 차이를 잘 알고 있다는 사실이다. 두 가지 사이에서 혼란을 느끼지 않는다. 나는 20여 년에 걸쳐 성범죄자들 그리고 그 피해자들을 상대하는 일을 했다. 그 과정에서 아이들은 그냥 안아주는 것과 음험한 짓

사이의 차이를 분명하게 안다는 사실을 알게 되었다.

그렇다면 딸을 안아주고 뽀뽀를 해주기에는 너무 나이가 들어 버렸다고 할 만한 시기는 과연 언제일까?

앞서도 말했지만 그런 시기는 존재하지 않는다.

청소년기에 들어선 아이가 자기만의 공간을 원하는 것은 어쩔 수 없다. 이런 기간은 짧으면 몇 분, 길면 몇 달 동안 이어질 수도 있다. 그러므로 아빠는 아이가 납득할 수 있는 정도의 애정 표현이 어디까지인지 파악할 수 있도록 아이가 보내는 신호에 민감해야 한다.

아이가 혼자만의 공간에 들어가 있다면 아빠도 잠시 자리를 비켜야 한다. 그렇다고 완전히 아이 곁을 떠나라는 말은 아니다. 그런 순간에도 아빠의 사랑을 보여줄 수 있는 방법은 아주 많다.

☆ 딸에게 말을 걸어라.
☆ 베개나 좋아하는 의자에 쪽지를 남겨라.
☆ 재밌는 그림을 그려서 딸의 책가방에 넣어줘라.
☆ 소파 옆에 앉아 함께 텔레비전을 봐라.
☆ 트위터나 페이스북을 이용해 '전자식' 포옹을 전송하라. 우스꽝스러운 동영상을 만들어 유튜브에 올릴 수도 있다.
☆ 베개에 참치통조림을 하나 올려놓아라. 왜 그랬냐고 물으면

어떤 문화권에서는 아빠가 딸에게 애정을 표현하는 방식으로 물고기를 선물하더라고 말해줘라.

가장 중요한 것은 아이에게 사랑받는 느낌을 주는 것이다. 시간과 에너지, 마음만 있으면 딸에게 사랑을 표현할 수 있는 재밌고도 흥미로운 방법이 셀 수 없이 많다. 그렇다고 직업 삼아 미친 듯이 매달릴 필요는 없다. 그저 노력하는 게 중요하다.

단단한 바위가 되자

십대가 되면 누구나 조금씩은 '돌아버린다.' 한 엄마가 자신도 사춘기에는 분노가 집채만 한 파도처럼 몰아쳤지만, 아무리 생각해도 특별한 이유가 있었던 건 아니라고 했다. 누가 자신에게 무슨 짓을 한 것도 아니었는데, 밑도 끝도 없이 화가 치밀어 올라 세상에 대고 화풀이를 하고 싶었다는 것이다.

아빠들에게는 도무지 이해하기 힘든 상황이다. 아빠들은 꽤 논리적인 동물이다. 그래서 '네가 뭔가에 화가 났다면 틀림없이 이유가 있을 것이고, 그러므로 해결할 방법도 있을 것'이라고 생각한다. 특별한 이유도 없이 화가 난다는 게 이해가 되지 않는 것이다. 그러니 딸들의 '버럭질'을 이해 못하는 것도 무리가 아니다.

그러나 안타깝게도 십대 딸의 정서를 살펴보면 굳이 이유가 있어서 그런 건 아니다. 심지어 본인도 이해를 못한다. 다만 스스로 이해하는 것처럼 느낄 뿐이다.

그러니 아빠들은 혼란스러울 수밖에 없다. 그래서 전혀 이해할 수 없는 일들을 이해하려고 드는 실수를 저지르고 만다. 그냥 아빠들은 스스로 단단한 바위가 되는 것으로 족하다.

바위의 특징이 무엇인가? 무척 단단하고 또 오래간다. 바위는 불평불만을 토로하지 않는다. 바위가 지구온난화나 유가상승에 항의하는 모습을 본 적이 있는가? 내가 관찰해온 바로는 우리 모두가 열 받는 문제에 대해 바위는 찍소리도 하지 않는다. 그럼에도 바위는 자신이 누구인지, 왜 존재하는지를 잘 알고 있고, 모든 일은 언젠가 지나가기 마련이라는 지혜도 품고 있다. 어떻게 바위가 되라는 말이냐고 반문한다면, 나는 당신에게 다음의 세 가지를 추천한다.

☆ 인내심
☆ 확신
☆ 유머감각

당신들의 딸이 필요로 하는 것들이다. 아빠라고 해서 아이의 기분을 늘 이해할 필요는 없다. 아이가 왜 저렇게 난리를 피우는

지 원인과 해결책을 다 알고 있을 필요가 없다. 그저 무한한 인내심, 모든 건 세월이 해결해줄 거라는 확신 그리고 유머감각으로 무장하고 있으면 된다.

한계를 정하고 이를 고수하라

아이들은 원래 뭐든 자기 좋을 대로 하고 싶어 하는 경향이 있다. 이건 아이들의 잘못도, 실수도 아니다. 그냥 세상의 이치가 그렇다. 오늘 아침에도 아들 녀석이 빵 껍질 반쪽을 마저 먹으라는 엄마의 잔소리에 그것을 몰래 접시 밑에 밀어 넣고는 깜찍하게도 다 먹었다고 하는 걸 목격했다. 물론 나는 밀고하지 않았다. 솔직히 아이의 행동이 이해가 되었기 때문이다. 딱딱한 빵 껍질을 먹고 싶어 하는 사람이 몇이나 되겠는가?

문제는 아이들이 십대가 되면, 우리가 준비하고 있는 것보다 훨씬 더 많은 자유를 원하는 데 있다. 다시 한 번 말하지만 자유를 원하는 건 아이들의 잘못이 아니다. 지극히 자연스러운 일이다. 그러나 당신이 딸에게 자유를 줄 때는 수많은 문제가 발생할 가능성이 존재한다. 우리의 딸들이 자유를 추구하면서 얼마나 꾀를 많이 쓰고 교묘해지는지 늘 조심스럽게 살펴봐야 한다. 아이들은 자유를 추구할 때 다음과 같은 전략을 무기로 사용한다.

☆ 지속적인 공격으로 지치게 하기

☆ 요구가 거절당하면 가출 등을 무기로 협박하기

☆ "아빠 싫어!"라고 말하며, 원하는 대로 해주면 다시 아빠를 좋아해줄 것처럼 말하기

☆ 토라지기

☆ 엄마와의 싸움에서 아빠 이용하기

☆ 죄책감 유도하기

☆ 가고 싶은 곳을 못 가게 하면 상심한 척 연기하기

☆ 친구들과 패거리를 형성해 아빠에게 맞서기

☆ 진심으로 원하지도 않으면서 엄청난 일을 하겠다고 협박하기(예를 들면 문신 새기기). 그것을 무기로 진짜 원하는 바를 이루기(예를 들면 친구 집에 놀러가기).

이와 같은 전략에 대한 대처법은 한 가지다. 바로 한계를 분명히 정하고 지키는 것이다. 구체적인 방법은 다음 장에서 더 자세히 설명할 것이다. 모든 문제와 마찬가지로, 아이들도 나이가 들어가면서 철이 들고 변화한다. 그러나 각 단계마다 한계를 분명히 정하고 이를 고수해야 한다.

미친 해리엇 이모를 기억하라

당신의 딸은 점점 어른에 가까워지는 것처럼 보이겠지만, 진짜 어른은 아니다. 온갖 변화를 겪고 있는 아이의 두뇌가 어른과 같은 분석 및 추론 능력을 갖췄을 거라고 기대한다면, 결국 실망감만 맛보고 말 것이다. 아이는 지금 그 어느 때보다 감정적으로 굴고 있다는 사실을 잊지 말자. 그러나 언젠가는 두뇌가 성공적으로 재배치를 마칠 것이다. 아이의 현재 모습을 진지하게 받아들이되, 너무 지나치게 받아들이지는 말라.

요약 - 십대 딸로부터 살아남기

★ 달아나지 마라.

★ 딸의 삶에 관심을 갖고 있음을 알려라.

★ 매일 사랑을 보여줘라.

★ 든든한 바위가 되어라.

★ 한계를 정하고 지켜라.

★ 미친 해리엇 이모를 기억하라.

딸의 친구가 될 생각은 하지 마라

이 시기 아빠들의 가장 큰 적은 바로 두려움이다. 부모라면 누구나 자식을 지켜야 한다는 보호의식으로 무장하기 마련이다. 하지만 딸을 키우는 아빠들은 유독 이런 감정을 강하게 느낀다. 딸이 깨지기 쉬운 유리나 연약한 꽃 같다는 생각을 떨쳐내기 힘들다.

전 세계적으로 여군과 여경의 비율이 증가하는 추세지만, 아빠들은 여성이 스스로를 지킬 수 있다는 사실을 받아들이기 힘들어 한다. 언젠가 한 여자 경찰관이 종이봉투 하나로 사람을 죽일 수 있는 기술을 선보이는 걸 본 적이 있다. 과연 그런 기술을 어디에서 쓸 수 있을까 의문이 들었지만-뭐, 사무실에서 갑자기 적대적인 상황이 펼쳐질 수도 있겠지만-일단 여성들도 얼마든지 자신을 보호할 수 있다는 분명한 증거로 보였다.

그러나 여성들이 얼마든지 스스로를 지킬 수 있다는 생각을 믿고 받아들여도 또 다른 두려움이 생겨난다. 딸은 이제 곧 아빠를 운전석 바깥으로 몰아낼 것이다! 딸을 향한 아빠의 영향력은 곧 두박질을 칠 것이다. 두려움에 굴복한 아빠가 딸의 곁에서 멀어질수록 딸은 필요 이상의 넘치는 자유를 손에 넣게 될 것이다. 그러니 모순되게도 아빠가 멀어질수록 딸이 곤란한 일을 당할 가능성이 높아진다. 부녀 사이에 오갈 수 있는 전형적인 대화를 살펴보자.

딸 : 오늘 밤 나갔다 올 거예요.
아빠 : 뭐?
딸 : 오늘 밤 외출한다고요.
아빠 : 어디로?
딸 : 친구들하고 만나기로 했어요.
아빠 : 친구들? 누구?
딸 : 아빠는 모르는 애들이에요.
아빠 : 그래서 어디에 갈 생각인데?
딸 : 학교 남자애들하고 파티를 하기로 했어요.

아빠 : 어떤 남자애들?

딸 : 아빠는 모르는 애들이에요.

아빠 : 이름이 뭐야? 어디 사는 애들이야?

딸 : 어디 사는지는 몰라요. 줄리가 가는 길에 데리러 온댔어요.

아빠 : 그 남자애들이 누구고 어디에서 파티가 열리는지 모르면 오늘 밤 외출도 안 된다.

딸 : 아빠!

아빠 : 안 돼. 그 애들이 누구고, 파티는 어디에서 하는지 아빠가 알아야 해.

딸 : 줄리한테 물어볼 수도 없어요. 그런 걸 물어보면 어린애라고 놀릴 거예요.

아빠 : 그럼 좀 어떠냐?

딸 : 아빠! 유치하게 왜 그래요!

아빠 : 유치한 게 아니다. 알고 싶을 뿐이야.

딸 : 그런 건 못 물어봐요. 그리고 아빠가 날 막을 수도 없어요.

아빠 : 막을 수 있어.

딸 : 어떻게요?

아빠 : (불편한 침묵)

딸 : 갈 거예요. 아빠는 절 막지 못할 거예요.

아빠 : 그럼 11시까지 돌아와라.

딸 : 지금 농담해요? 11시라고요? 금요일 밤인데요?

아빠 : 좋아, 그럼 12시다. 그 이상은 안 돼.

딸 : 노력해볼게요.

아빠 : (다소 기가 죽은 목소리로) 시간 꼭 맞춰서 와라.

이런 대화는 아마 석기시대부터 존재했을 것이다. 딸들은 아빠가 자신의 안위를 걱정하고 있다는 걸 잘 안다. 그래서 "아빠가 허락하지 않아도 난 무조건 갈 거예요!" 식의 관용구를 사용한다. 아빠가 집으로의 무사귀환에 필사적으로 매달릴 것을 알기 때문에, 귀가시간을 자신이 조절할 수 있다는 걸 알고 있다. 아이들이 협상테이블에서 사용하는 원칙은 이것이다. "내가 정한 규칙을 따르지 않으면 규칙은 아예 없다."

딸이 진정으로 원하는 것

규칙이 없는 세계를 상상해보라. 우리 모두가 꿈꾸는 좀비들이 돌아다니는 묵시록 이후 세계를 말하는 게 아니다. 규칙이 전혀 없는 일상생활을 말하는 것이다. 동물원이나 다름없지 않겠는가? 이렇게 규칙은 이 세상을 더 나은 곳으로 만들어준다. 따라서 다들 다양한 규칙들과 씨름하는 것이다. 적어도 규칙 덕분에 이 세상은 조금 더 살기 수월한 곳이 되었다.

물론 어리석은 규칙도 존재한다. 내가 사는 도시에는 도시 안 어디에서도 우회전이 안 되는 완전히 정신 나간 규칙이 생길 뻔했다. 그러나 이런 어이없는 것을 제외하고 대부분의 규칙은 세상을 훨씬 살 만한 곳으로 만들어준다. 만약 규칙이 없거나 각자 따르고 싶은 규칙만 골라 따른다면 길을 건너는 단순한 행위마저 순식간에 죽음을 맞을 수 있는 위험한 일로 돌변하고 말 것이다. 커피 한 잔을 살 때도 짜증스럽고 부당한 일이 넘쳐흐르게 될 것이다.

딸이 규칙에 반기를 들 때마다 반드시 상기시켜야 한다. 딸은 규칙을 싫어하는 것처럼 굴지만, 어쩌면 규칙을 증오하고 있을지도 모르지만, 규칙이 없는 상태를 훨씬 더 싫어하게 될 것이라고. 규칙이 있어서 딸은 하고 싶은 일을 못할 수도 있지만, 규칙이 있기 때문에 하고 싶지 않은 일을 하지 않을 수도 있다. 규칙은 하고는 싶지만 해서는 안 되는 일을 딸이 하지 않도록 그 이유를 제시한다는 점에서 또한 중요하다.

그러니 규칙은 좋은 것이다. 그러므로 딸이 당신을 협박하거나 졸라댄다고 해서 규칙을 포기해서는 안 된다. 가족이 다 함께 동의한 합리적이고도 좋은 규칙의 존재를 확실하게 알려주는 것이야말로 당신이 딸을 위해 할 수 있는 가장 중요한 일이다. 이런 규칙이 존재할 때, 딸은 당장은 얼굴을 찌푸릴지 몰라도 궁극적으로는 고마워할 것이다.

가족 규칙

몇 가지 간단한 규칙을 정하고 이를 철석같이 지키는 것, 그게 바로 가족 규칙의 핵심이다. 규칙을 종이에 적어두어야 할 정도라면 규칙이 너무 많은 것이다. 규칙을 문서로 작성해야 하는 순간 이미 변호사들이 차지한 영역에 진입하는 셈이고, 그건 도가 지나친 것이다.

내 생각에는 세 개에서 다섯 개 사이의 규칙이 가장 좋다. 또 다음과 같이 꽤 일반적인 규칙을 정해두는 것도 좋다.

☆ 서로를 존중할 것
☆ 동의한 시간 안에 동의한 일을 할 것
☆ 서로의 개인적인 공간과 소유물을 존중할 것

외출에 관한 규칙을 정할 수도 있다.

☆ 가기로 한 곳에 갈 것
☆ 동의한 시간에 귀가할 것

☆ 계획이 바뀌면 가장 먼저 집에 전화를 걸어 허락을 받을 것

깔끔하고 간단하게 만드는 게 비결이다. 복잡할수록 규칙에 대한 해석의 여지만 늘어난다. 조항과 하위항목이 늘어날수록 논란만 커진다. '요건만 간단히'가 원칙이다. 규칙과 해석의 여지를 적게 만들라.

또 하나 중요한 점은 규칙을 정할 때 반드시 협상을 해야 한다는 것이다. 논의도 없이 규칙을 한 무더기 만들기만 한다면, 딸들은 당연히 그 규칙을 어기고 싶어 할 것이다. 어떤 부모는 자녀와 협상을 벌인다는 생각 자체를 꺼린다. 하지만 대부분의 아이들은 부모가 정해주는 규칙을 꽤 합리적이라고 생각한다. 14세 여자 아이들도 "원하는 만큼 실컷 놀다가 늦게 돌아와도 좋다."는 규칙이 불합리하고 비현실적이라는 것을 안다.

또 한 가지 중요한 점은 아이들이 점점 나이가 들수록 규칙도 조정을 해야 한다는 것이다. 만 12세 딸에게는 합리적이었을지 몰라도, 만 17세 딸에게는 완전히 어이없는 규칙일 수 있다. 목표점은 늘 바뀌는 법이므로, 가족 규칙 또한 현실을 반영해야 한다.

"그래서 뭐 어쩔 건데요?"

어느 시점에 가면 딸들은 꼭 이런 질문을 던진다. 큰 소리로 말

할 수도 있고 머릿속으로 생각만 하고 넘어갈 수도 있다. 어느 쪽이든 딸은 한번쯤 이렇게 물어볼 것이다. 아들이고 딸이고 간에 모든 아이들이 그렇다. 이 질문은 아이들의 삶에 중요한 변화가 일어나고 있음을 가리키는 지표이자, 가족생활에서 가장 복잡한 시기가 시작되었다는 신호다. 이 혼란과 동요가 누구의 책임인지는 혼란스럽다. 언뜻 보면 누구에게도 책임이 없는 것처럼 보인다. 사실 누구에게도 책임이 없다. 양쪽에서 서로 항의를 하고 불만을 터뜨리겠지만, 부모는 어느 순간부터 자녀에 대한 통제력을 상실했다는 사실을 깨닫게 된다. 그렇지만 딸은 여전히 제 인생을 책임질 준비가 되어 있지 않다.

만약 다음에 열거하는 항목에 대해 십대 딸을 실질적으로 통제할 수 있다고 믿는다면, 당신은 심각한 수준의 저항에 부딪치고 있을 것이다.

☆ 공부
☆ 흡연
☆ 음주
☆ 교제하는 친구
☆ 성관계
☆ 남자 친구

☆ 상황에 따라서는 여자 친구
☆ 아이가 듣는 음악
☆ 입는 옷
☆ 가는 곳

아빠는 위에 열거한 모든 항목에 영향을 미칠 수 있다. 어떤 항목은 특히 더 그렇다. 그러나 그 어떤 항목도 통제할 수는 없다. 딸을 통제할 수 있는 시기는 이미 오래전에 지나갔다. 여기서 아빠들이 집중해야 할 단어는 '영향'이다. 그것만이 우리 앞에 남아 있는 유일한 선택이기 때문이다.

바로 이 대목에서 부모들은 자녀와 씨름한다. 그러다 가끔은 상황이 걷잡을 수 없게 어긋나기도 한다. 부모가 자녀의 통제를 목표로 삼는다면 십중팔구 실패한다. 어찌어찌해서 겨우 통제를 한다 해도 아이에게 도움이 되지 않는다. 아이는 통제당할 필요가 없다. 그저 영향을 받으면 된다.

그렇다고 해서 딸의 삶에 대해 아빠가 무조건 수동적인 태도를 보이라는 말은 아니다. 이 또한 착각이다. 딸은 아빠가 자신의 삶에 적극적으로 개입하기를 원한다. 다만 통제할 수 있다고 생각하지는 말라는 뜻이다. 뭐, 가능하지도 않지만.

딸의 친구가 되지 마라

가슴 깊이 새겨둬야 할 중요한 말이다. 아빠는 절대로 딸의 친구가 되어서는 안 된다. 딸에게 아빠는 단 한 명뿐이다. 친구는 언제든 새로 사귈 수 있지만, 아빠는 그렇지 않다. 내 경험으로 미루어보면, 이는 사실 엄마들에게 더 어려운 과제다. 흔히 엄마들은 딸과 친구처럼 지내며 우정을 쌓으면 딸이 자신의 삶에 대해 더 많은 이야기를 들려줄 거라고 생각한다. 그러나 이는 착각이다.

자식과 친구 사이가 되면 자식에게 가장 중요한 '비빌 언덕'인 부모가 없어진다. 친구는 하자는 대로 따라주는 존재지만, 부모는 꺼내기 어려운 말도 할 수 있는 존재다. 딸이 무모한 일을 하려고 할 때 부모는 그만두라고 말할 수 있지만, 친구는 옆에서 낄낄거린다.

부모는 절대로 친구가 될 수도 없다. 자식과 친구가 되려고 하는 부모는 학교에서 가장 인기 있는 아이와 친구가 되고 싶어 안달이 난 얼간이나 다름없다. 인기 좋은 아이는 얼간이와 친구가 된 척하면서 원하는 것을 얻어갈 뿐, 등 뒤에서는 놀림이나 일삼을 것이다.

자식과 친구가 되려고 노력하는 게 옳은 일처럼 느껴지기도 할 것이다. 무엇보다 '친밀감' 때문에 직접적인 충돌과 갈등을 피할 수 있을 것만 같다. 그러니 그러한 노력이 가치 있는 일일 것 같은 착각이 든다. 그러나 이는 착각에 지나지 않는다. 현실은 그렇지 않다. 딸은 오직 제 친구들과 친구가 될 뿐, 당신과는 이상한 관계를 맺고 말 것이다.

그러니 기억하라. 당신은 딸의 친구가 아니다. 당신은 딸의 아빠다.

좋다, 좋아. 하지만 뭘 어떻게 하란 말인가?

일반적인 시각으로 보면 당연히 제기되는 질문이다. 이제 양육을 어떻게 할 것인가에 대한 실제적인 내용을 살펴보기로 하자. 우리는 딸을 통제할 수 없지만, 딸의 삶에 큰 영향을 미칠 수는 있다. 기대를 충족시키면 보상을 받을 수 있고, 기대에 못 미치면 대가를 치르는 규칙을 만들면 된다. 이는 세상이 돌아가는 방식이므로, 우리 딸들도 이에 따라야 한다. 정부도 국민을 통제할 수는 없지만, 국민이 어떤 선택을 하고 어떻게 행동할 것인가를 정하도록 만드는 수많은 제도와 장치를 두고 있지 않은가.

그러니 상황을 만들어주면 된다. 결정은 딸의 몫이다. 애매하게 들릴지는 모르지만, 중요한 차이다. 당신은 딸을 통제할 수는 없지만 아이가 처한 상황을 상당 부분 통제할 수 있다.

이를 위한 세 단계가 있다.

:: 규칙을 분명히 정하고 지켜라

앞에서도 한 말이다. 중요하므로 두고두고 기억하자. 그렇게 보이지 않지만, 사실 딸은 규칙을 필요로 한다. 그러므로 정해주어야 한다. 그래서 가족 규칙이 필요한 것이다. 이때 규칙은 간단해야 하며 상식을 기본으로 만들어야 한다. 또 가족 모두의 협상을 거쳐 동의를 얻은 것이어야 한다.

:: 철저하게 따르라

서로 동의한 바를 따르지 않는다면 무정부 상태가 된다. 어떻게 하겠다고 말했으면 반드시 그에 따라야 한다.

:: 위 두 단계가 확실히 지켜질 때까지 반복하고 또 반복한다

사실 처음 두 단계면 충분하지만, 단계가 달랑 두 개 뿐이라고 하면 없어 보일까 봐 세 번째 단계를 만들었다. 하지만 틀린 말은 아니다. 딸이 아빠의 메시지를 이해할 때까지 위 두 단계를 반복하고 또 반복하라.

물론 부모의 골치를 지끈거리게 만드는 진짜 문제는 따로 있다. 서로 정한 규칙에 대해 딸이 도전한다면 어떻게 할 것인가? 다시 말해 딸을 어떻게 '처벌'할 것인가?

처벌이라니. 지금은 시대에 뒤처진 말이 되어버렸지만, 금기 단어는 아니다. 20년 넘도록 '말 안 듣는' 아이들과 일을 해오면서 나는 경험상 당근과 채찍 정책이 적절한 균형을 이루는 게 효과적이라는 것을 알게 되었다(당근과 채찍이라는 말만 꺼내도 요즘 사람들은 움찔한다. 그냥 비유법일 뿐이니 너무 두려워하지 않길 바란다).

내 말은 아이들에게 말을 잘 들을 이유(보상)가 필요하듯이 말을 안 들으면 안 되는 이유(처벌)도 필요하다는 것이다. 이는 평범하고 오래된 상식이며, 동시에 이 세상이 굴러가는 방식이다. 아무리 착한 일을 해도 보상이 없더라고 주장하는 분들도 있겠지만, 솔직히 나쁜 일을 하면 재깍 처벌을 받지 않는가? 속도위반으로 붙잡히면 어떻게 되는가? 세금을 납부하지 않으면? 또는 정치인의 집 앞에 말똥 한 트럭을 쏟아부으면? 잘못된 선택에 대한 반성을 하시오, 따위의 말은 들려오지 않는다. 대신 벌금형을 선고받거나, 더 나쁜 경우에는 감옥에 간다.

형벌은 효과가 없어도 처벌은 효과가 있다. 형벌은 혹독하고 지배적이며 언제나 나쁜 결말과 연결된다. 그러나 처벌은 행동에 대한 결과를 연결시켜 생각할 수 있도록 도와준다. 해서는 안 되는 일을 하면 어떠한 이득도 돌아오지 않는다는 것을 깨달아야 한다. 나는 아이들이 허락되지 않는 걸 알고도 그 행동을 했을 때 어떠한 이득도 생기지 않는다는 것을 배웠으면 좋겠다.

물론 폭력적이거나 부당한 규칙이 있다면 그것을 깨뜨려주기를 바란다. 그러나 부모가 직접 만든 규칙은 도덕적이거나 사회적인 부당함과 관련되어 있지 않다. 그러므로 규칙을 따르는 게 아이들에게도 최대한의 이득을 안겨줄 것이다. 그렇다면 과연 어떤 방법이 있을까?

효과만점 사다리 기법

불현듯 영감을 얻어 만든 아이들의 행동관리기법이 있다. 전 세계 곳곳의 가정에서 시도해보고 검증받은 방법이다. 지시대로 사용해본 사람들 대부분이 아이들의 문제 행동을 바로잡을 수 있었다.

방금 '대부분'이라고 말한 것은 일부 아이들이 이 기법을 싫어하기 때문이다. 그런데 그들이 싫어하는 이유는 효과가 너무 좋아서다. 그 증거로 2년 전 10세 여자 아이로부터 증오가 가득 담긴 편지를 받은 사실을 들고 싶다. 아이의 부모는 내가 제안한 사다리 기법을 사용했는데, 그게 효과가 너무 좋았던 것이다. 아이는 그 상황이 마음에 들지 않았고, 결국 내게 자신의 마음을 담아 편지를 보낸 것이다.

열 살짜리에게 증오의 편지를 받다니, 얼마나 효과가 좋았으면! 이 기법을 사용하기 전에 갖춰야 할 유일한 조건은 아이에게 시간에 대한 개념이 있어야 한다는 점이다. 즉, 정해진 시간보다 이르게 자면 그만큼 자신의 시간이 줄어든다는 것을 이해할 정도로 개념이 서야 한다. 조금 더 큰 아이들에게는 취침시간 대신 귀가시간을 앞당기거나 컴퓨터 사용시간, 용돈, 전화 사용시간 등을 줄이는 방식으로 대체할 수도 있다.

자, 이제 사다리 기법의 구체적인 사용법을 알아보자.

1. 오른쪽에 보이는 것처럼 종이 위에 간단한 사다리를 그린다. 사다리 맨 위칸에 딸의 평소 취침시간을 적는다. 한 칸 아래로 내려갈수록 30분씩 줄어들며, 마지막 칸에 학교에서 돌아오는 시간까지 쓴다.
2. 사다리를 아이가 잘 볼 수 있게 냉장고 위에 붙여놓는다.
3. 사다리 맨 위칸에 냉장고용 자석을 붙인다. 이 자석은 아이의 취침시간을 표시하는 '깃발'의 역할을 한다. 아이가 여럿이면 각자 고유한 '깃발'을 정해준다.
4. 매일 사다리 맨 위칸부터 시작한다.
5. 아이가 바르지 못한 행동을 할 때마다 깃발을 한 칸씩 아래

:: 8.00pm
:: 7.30pm
:: 7.00pm
:: 6.30pm
:: 6.00pm
:: 5.30pm
:: 5.00pm
:: 4.30pm
:: 4.00pm
:: 3.30pm

로 내린다. 주어진 시간(보통 하나, 둘, 셋 세기) 동안 행동을 멈추지 않으면 깃발을 한 칸 아래로 내린다.

6. 하기로 한 일을 약속한 시간 안에 해내지 못하면 깃발을 한 칸 내린다.

7. 말을 들을 때까지 깃발을 계속 내린다. 깃발이 현재 시간에 도달하면 아이는 곧바로 자러 가야 한다. 예를 들어 깃발이 오후 세 시 반까지 내려간 경우, 그 시간이 되면 아이는 자러 가야 한다.

8. 이제 가장 중요한 대목이다. '노력보상' 행동을 하면 깃발을 다시 위로 올릴 수 있다.

9. 깃발이 아래로 내려갈 일을 전혀 하지 않은 날 또는 잘한 주에는 특별한 상으로 보상한다. 일주일 중 며칠을 깃발이 움직이지 않고 보내면 보상을 해줄 것인지 미리 합의를 봐야 한다. 반드시 어느 정도 난이도가 있으면서도 달성 가능한 목표를 세워야 한다. 처음에는 일주일에 이틀 정도로 정하고 시작했다가, 아이의 행동이 나아질수록 점차 늘리는 식이 좋다.

:: '노력보상' 행동

노력보상은 사다리에서 꽤 중요한 역할을 한다. 부정적인 악순환에서 벗어나 긍정적인 선순환으로 돌아가기 위한 견인차이기 때문이다. 노력보상은 긍정적인 행동을 하도록 아이를 격려하기 위한 장치다. 노력보상 행동으로 할 수 있는 일들은 다음과 같다.

☆ 마당 쓸기
☆ 식기세척기 비우기
☆ 빨래 널기
☆ 자기 방 정리하기
☆ 진공청소기 돌리기
☆ 화장실 청소하기
☆ 세차하기

이때 어떤 일을 할 것인가는 아이가 직접 골라야 한다. 그래야 억지로 하는 역효과를 피할 수 있다. 노력보상 행동과 수준을 적은 카드를 작은 상자에 넣고 아이에게 한 장 뽑게 하는 것도 좋다.
노력보상 행동을 어느 수준으로 할지 정확히 정하는 게 좋다. 그래야 주어진 일을 제대로 마쳤는가를 둘러싼 아이와 부모 사이의 마찰을 피할 수 있다. 이때 카드를 구체적으로 적어두면 좋다. 예를 들어 식기세척기 비우기를 노력보상 행동으로 선택했는데 싱크대 위에 물기가 남아 있다면 이렇게 말하면 된다.
"잘했어. 그런데 5단계를 깜박 잊었구나. 마저 다 하면 아빠한테 와서 알려줘. 그럼 같이 깃발을 한 칸 올리자."

> **:: 식기세척기 비우기**
>
> 1. 식기세척기에 든 그릇들을 꺼낸다.
> 2. 물기가 말랐는지 확인한다.
> 3. 그릇을 제 위치에 가져다 놓는다.
> 4. 식기세척기 문을 닫는다.
> 5. 싱크대 위의 물기를 닦는다.

 일의 난이도가 높을수록 노력보상의 크기도 커진다. 예를 들어 자기 방 청소하기는 사다리 두 칸을 올려주고, 마당 쓸기는 한 칸을 올려주는 식으로 정해두면 된다. 이때 아이의 연령을 고려하는 게 중요하다. 또 아이가 노력보상 행동을 모두 다 마치면 칭찬을 통해 다시 긍정적인 행동으로 돌아오길 잘했다고 느끼게 해준다.

:: 큰 아이들을 위한 사다리 사용법

 큰 아이들에게도 사다리 기법을 사용할 수 있다. 하지만 13세, 14세 정도 된 아이들에게 취침시간을 앞당기는 식으로 벌을 준다면 우스꽝스럽게 느껴질 수 있다. 그러므로 큰 아이들에게는 다음과 같은 다른 것으로 대체할 필요가 있다.

☆ 귀가시간

☆ 컴퓨터 사용시간

☆ 전화 사용시간

☆ 용돈

☆ 옷(옷을 하나씩 압수해 입을 수 있는 옷을 줄이는 방법)

:: 사다리 기법이 효과를 보는 이유

그 이유는 많다. 간단해 보이지만 분명해서 이해하기가 쉽다. 또 아이에게 책임지게 만드는 방법이다. 아이가 소리를 질러대고 울음을 터뜨려도 굳이 달래고 어를 필요가 없다. 그냥 조용해질 때까지 깃발을 계속 아래로 내리면 된다. 감정을 다스릴 수 있도록 가르쳐주는 방식이다.

:: 균형이 중요하다

십대 딸과 실랑이를 벌일 때는 균형이 중요하다. 아이는 자유를 달라고 부르짖겠지만, 사실은 완전한 자유를 원하는 게 아니다. 특히 스스로에게 이롭지 못한 자유라면 더더욱 원하지 않는다. 그렇다고 자유를 전혀 주지 않는 독재자 부모가 되고 싶지는 않을 것이다. 아이 삶의 모든 면을 부모가 좌지우지한다면, 결국 아이만 망치게 된다.

딸들은 자신만의 공간을 필요로 한다. 또 자신의 삶을 일일이 통제받거나 관리받고 싶어 하지도 않는다. 그렇다고 무정부 상태를 원하는 건 절대로 아니다. 그러므로 부모가 먼저 합리적인 중용의 자세를 견지해야 한다.

카라 이야기 (머리말에 등장했던 아이다. 기억하는가?)

그날 카라가 드라마에나 나올 법한 모습으로 내 사무실을 뛰쳐나간 뒤, 나는 카라의 엄마 아빠와 조금 더 이야기를 나누었다. 사실 카라는 약간 무례하고 공격적인 태도를 보이기는 했어도 13세 여자 아이의 전형적인 모습을 보여주었을 뿐이다. 그정도 무례함을 도가 지나쳤다고 할 수는 없다. 십대 청소년이라고 다 끔찍한 것은 아니지만, 카라 정도면 보통이다. 그래서 나는 카라의 부모에게 다음과 같은 조언을 해주었다.

☆ 무엇보다 카라의 두뇌가 변화를 겪는 중이란 사실에 주목해야 한다. 내 딸이 도끼살인마가 될 싹수를 보인다고 벌벌 떨게 아니라, '미친 해리엇 이모' 이야기가 가르쳐주는 바를 이해하는 게 중요하다. 그 모든 게 두뇌발달과 관계가 있다. 그렇게 마음을 먹고 있으면 다소 어긋나는 모습을 목격하더라도 조금은 이해하기가 수월해

질 것이다.

☆ 서로 어떤 식으로 대화를 나눌 것인가, 말투는 어떻게 할 것인가, 어떤 이야기를 나눌 것인가 등에 대해 미리 간단한 규칙을 정해놓을 필요가 있다.

☆ 카라가 미리 정한 규칙을 어겼을 경우 어떤 '처벌'을 받을 것인가에 대해서도 미리 정해야 한다. 사다리 기법을 쓸 수도 있고 컴퓨터 사용시간을 제한하는 방식을 사용할 수도 있다.

☆ 카라의 행동이 개선될수록, 부모를 향해 바른 말투를 사용할수록 특권을 늘려준다.

☆ 특히 아빠가 카라와 함께 보내는 시간을 조금 더 늘려야 한다. 이제 아이의 기분을 상하게 할까 봐 가능한 딸과의 접촉을 피하던 과거는 멀리 던져버려야 한다.

2주 후 카라의 부모에게 전화를 걸어본 결과, 상황이 완벽하게 개선되지는 못했지만(장담컨대 그런 일은 결코 일어나지 않는다) 많이 좋아졌다는 이야기를 들었다. 카라의 통제 불능에 대한 엄마 아빠의 걱정도 많이 줄어들었고, 규칙을 지킬 것인가의 여부도 카라가 직접 결정하고 있었다. 이렇게 체계가 잡히고 긴장이 줄어들자 문제가 해결되기 시작했다.

"지난주는 정말 즐겁게 보냈지 뭡니까."

카라의 아빠가 말했다.

"기적은 일어날 수 있는 법이거든요."

내가 말했다.

솔직히 말해 기적이라기보다는 생활 속의 물리학에 더 가깝다. 즉, 작용과 반작용의 법칙을 잊지 말길.

요약- 딸의 친구가 될 생각은 하지 마라

★ 사실 아이는 규칙과 한계, 체계를 원한다.

★ 가족 규칙은 중요하다. 간략하고 분명하게 만들어라.

★ 아이의 친구가 아닌 부모가 되라.

★ 효과만점 사다리 기법을 활용하라.

★ 균형이 중요하다. 너무 빡빡하지도, 느슨하지도 않게 중용을 지켜라.

I
착한 여성은 없다

나는 여성이 더 온순하다는 말을 믿지 않는다.

자매끼리 하는 대화를 들어본 적이 있다면, 여성이 다스리는 세상은 더욱 온화하고 따뜻한 곳, 기차도 제 시간에 딱 맞춰 도착하는 곳, 전쟁도 일어나지 않는 곳, 모두가 사랑받는다고 느끼는 곳이 될 거라고 생각할지도 모르겠다.

그러나 이건 말도 안 되는 소리다.

11년 동안 세계의 상당 부분을 통치했던 마가렛 대처 영국 수상은 재임 기간 동안 포클랜드 제도를 지키기 위해 전쟁을 치렀다. 또 20세기 경제와 사회 변화를 위해 가장 거침없는 실험을 감행했다. 실제 영국에는 마가렛 대처가 모든 방면에서 가차 없는

'강성'이었다고 생각하는 사람들이 많으며, 그녀를 묘사하는 단어 중 '온순한'이라는 말은 없을 정도다.

마가렛 대처만 그런 게 아니다. 비행기가 납치당했다면, 납치범이 남성이기를 바라는 게 좋을 것이다. 남자 납치범은 인질들을 죽이기로 마음먹으면 깔끔하게 비행기를 폭파하겠지만, 여자 납치범이라면 상자 가득, 가방 가득, 물건을 바리바리 싣고 와서 당신을 더 짜증나게 만들지도 모른다.

내가 여성이 더 온순하다는 말을 믿지 않는 진짜 이유는 여성이 모든 면에서 남성과 동등하다고 생각하기 때문이다. 만약 여성이 남성만큼 오래도록 이 세상을 책임지고 다스렸다면, 그들도 똑같이 나쁜 것들로 이 세상을 채웠으리라고 생각한다. 물론 한두 가지 사소한 차이점은 있을 것이다. 예를 들면 긴 줄을 설 필요가 없게, 공공장소에 여성용 변기가 더 많이 설치된다거나. 그러나 지금처럼 온갖 종류의 갈등과 충돌, 세계적인 기후위기, 다양하게 할 일과 한숨거리 등이 가득했을 것이다. 여성이 다스렸다고 해서 이 세상이 시(詩)와 조화로움으로 가득해졌을 거라고는 생각하지 않는다.

하지만 남자들이 여자들보다 더 폭력적인 건 사실 아닌가요?

어느 정도는 그렇다.

'어느 정도'라니요?

말 그대로다. 어느 정도는 그렇다.

자세히 설명해보세요.

좋다. 하지만 그 전에 설명하고 넘어갈 게 있다.

그럼, 어서 해보세요.

불편한 과학

모든 과학이 다 편안하게 느껴질 리 없겠지만, 어떤 과학은 정말이지, 우리를 불편하게 만든다. 갈릴레오가 교황을 향해 지구가 태양의 둘레를 돌고 있다고 말했을 때, 정말 불편한 침묵이 흘렀을 것이다. 그의 말은 진보적이었다. 하지만 진보적이지 않았던 교황 우르바노 7세에겐 갈릴레오의 말은 짜증스러웠을 것이다. 갈릴레오는 자신의 책에서 이 사실을 다시 한 번 언급했고, 로마의 신성재판소에서도 또 한 번 반복했다가 결국 이단의 혐의를 받고 1634년 가택연금에 처해졌다. 이후 1938년 시력을 잃고 불면증과 탈장으로 고통받다가 1642년 숨을 거두었다. 그의 삶은 고난의 연속이었지만, 누가 감히 그를 탓할 수 있을 것인가.

나는 가택연금을 당하고 싶지도 않고 눈이 멀고 싶지도 않다. 고통스러운 탈장이나 불면증에 시달리고 싶지도 않다. 그러나 다소 불편해지더라도 어쩔 수 없이 하고 싶은 말을 해야 할 때가 있는 법이다.

나는 1990년대를 심리학자로 보냈다. 1990년대는 정치적 격변기였다. 그동안 남자들은 나쁘고 여자들은 착했다. 또는 그런 식의 분석이 줄을 이었다. 늘 남자는 가해자요 범죄자였고, 여자는 희생자요 피해자였다. 여기에 조금이라도 이의를 제기했다간 이단으로 몰렸다. 그동안 "남자들은 자신의 폭력에 책임을 져야 한다."는 훈계와 권고를 당하는 학회에 무수히 참가했다. 자매들의 날카로운 눈초리 아래에서 우리는 절대로 폭력적인 남자들과 결탁이나 공모를 하지 않을 거라는 확신을 심어줘야만 하는 분위기였다. 단지 여자들만 그렇게 주장하는 게 아니었다. 대부분 남성들의 입에서 나온 주장이었다. 전반적으로 깊이 뉘우치고 반성하는 분위기가 이어졌다.

그래서 나는 우리 남자들이 정말로 나쁜 사람이요, 폭력은 모두 남자들의 문제라고 믿어왔다. 그러니 그렇지 않다는 걸 깨달은 뒤 내가 얼마나 놀랐겠는가. 이 반전은 어떻게 알게 되었느냐고? 혹시 오타고대학교의 더니든 조사를 기억하는가? 무려 37년 동안 한 집단을 추적하고 있는 그 끈질긴 연구 말이다.

1997년, 연구자들은 그때까지 모은 자료를 통해 부부 간 폭력에서 나타나는 성별 차이에 대한 논문을 발표했다. 그들의 발견한 내용은 당시로서는 이단에 가까웠다(다음 페이지의 표를 참고하길).

가정폭력을 둘러싼 정치학은 여성의 폭력에 대해 상당 부분 눈을 감고 있었기 때문에, 이들의 발표는 눈에 띌 수밖에 없었다. 그동안 여성이 저지르는 폭력은 대부분 정당방위의 일환으로 여겨졌다. 또 맞고 사는 여자가 남자에 비해 압도적으로 많기 때문에 남성의 폭력이 훨씬 더 심각하다는 주장으로 논점이 흐려졌다. 즉 여성의 폭력은 대수롭지 않기 때문에 크게 걱정할 필요가 없다는 식으로 논쟁이 흘러간 것이다. 내가 만약 1990년대에 남성의 폭력이 "대수롭지 않다."는 발언을 했다면, 아마 나는 당장 목이 매달리고, 총살당하고, 사지가 찢겼을 것이다.

그러나 11년 뒤, 크라이스트처치 건강 및 발달 연구팀의 데이비드 퍼거슨(David Fergusson)과 동료들은 친밀한 관계 속에서 나타나는 남성과 여성의 폭력 문제를 살펴보고 논문을 발표했다. 연구팀은 1977년 4개월 동안 그 지역에서 태어난 1,265명의 아기들

남성과 여성의 배우자간 폭력 빈도

	남성 (%)	여성 (%)
공격적 언어	94.6	85.8
경미한 신체적 폭력	35.8	21.8
심각한 신체적 폭력	18.6	5.7
(어떤 형태이든) 신체적 폭력	37.2	21.8

출처 : L Magdol et al, Gender differences in partner violence in a birth cohort of 21-year-olds: bridging the gap between clinical and epidemiological approaches, Journal of Consulting and Clinical Psychology 65(1), 1997, pp. 68~78.

을 오랜 세월에 걸쳐 매년 살펴보는 연구조사를 벌였다. 그들이 발견한 것은 과연 무엇일까?

☆ 70퍼센트의 남녀 관계 사이에서 폭력이 발생했다.
☆ 남성과 여성은 비슷한 가해 수준을 보였다.
☆ 폭력적 행동의 스펙트럼은 남성과 여성이 비슷했다.
☆ 남성과 여성 모두 심각한 신체적 폭력 행위에 연루되어 있었다.

이 연구가 우리에게 분명히 말해주는 바는 폭력이 '남성만의 문제'가 아닌 '모두의 문제'라는 사실이다. 친밀한 관계에서 남성과 여성 모두 폭력을 저질렀다. 우리는 이 문제를 우리 아들과 딸 모두와 연관 지어 생각해볼 필요가 있다. 흥미로운 점은 아이들이 자라 폭력적이 될지의 여부를 미리 예측해볼 수 있는 요인들이 꽤 있다는 것이 입증됐다는 사실이다.

☆ 가족의 다양한 사회적·경제적 배경의 결핍
☆ 사회적으로 불리한 배경 출신의 부모
☆ 유아기 보살핌의 결핍
☆ 부모가 자주 바뀔 때

☆ 잦은 잔소리를 동반한 양육 습관
☆ 어린 시절의 행동 문제와 이후 폭력성 예측의 연관성은 남자 아이들보다 여자 아이들에게서 더 강력히 나타났다.

위의 항목은 딸을 키우는 아빠들에게 시사하는 바가 크다. 아빠의 출신 배경을 제외한 나머지는 어떻게 해볼 수 있는 여지가 충분하기 때문이다. 출신 배경이야 우리 힘으로 바꿀 수는 없지만, 딸을 키우는 방식은 우리가 마음먹은 대로 할 수 있지 않은가. 이게 바로 반가운 소식이다.

딸들은 정말로 점점 폭력적이 되어가는 것일까?

딸들이 점점 폭력적으로 변하고 있다는 인상은 지우기가 쉽지 않다. 요즘 미디어만 봐도 그렇다. 또 청소년 범죄의 최전선에서 20년을 보낸 내 경험으로 미루어 봐도 그렇게 느껴진다. 지난 20년 동안 실제로 폭력사범으로 체포된 여성 청소년의 비율은 꾸준히 증가해왔다. 물론 그 이유는 여러 가지가 있을 수 있다. 학계 역시 이러한 현상을 이해하려면 꽤 오랜 시간 동안 연구해야 할지도 모른다.

나 또한 여성 폭력사범이 증가하는 이유에 여러 요인이 있다고 생각한다. 그중 최근 들어 여성도 폭력적일 수 있으며, 또 그 폭력이 심각할 수도 있다는 자각이 사회적으로 받아들여지기 시작한 점도 포함된다. 조금만 관심을 가지고 들여다보면 훤히 보이는 사실들이다.

여성폭력은 언제나 존재했지만 이제야 비로소 우리의 인식 범위에 들어오기 시작했고, 더불어 '법과 질서' 운운하는 반응을 보이게 된 것이다. 그렇다보니 여성폭력 문제에 대한 도덕적 공포심은 피할 수 없다. 오랫동안 여성은 비행과 폭력의 문제에 관한 논란에서 비켜서 있었지만, 이제는 논란의 대상이 되어버렸다. 그런데 여성폭력을 '흥밋거리' 또는 '선정적 기삿거리'로 다루는 위험한 현상이 엿보인다.

이와 같은 '사회적 문제'를 제대로 해결하고 다루려면 일단 균형 잡힌 시각을 유지하는 게 중요하다. 즉 여성폭력 문제를 새로운 전염병 취급하듯 부풀릴 게 아니라, 우리 눈앞에 실재하는 문제로서 직시해야 하는 것이다.

분명히 어떤 딸들은 폭력적이다. 또 어떤 아들들도 폭력적이다. 그러나 꽤 많은 아들들과 딸들은 온순하다. 모든 아이들은 꽤나 온순하게 삶을 시작하지만, 살아가는 동안 때때로 이 온순함이 어긋나거나 얼룩지기도 한다. 그러므로 아빠로서 우리가 해야 할 일은 아이 스스로 말썽을 피우기보다는 바르게 행동하는 게 낫다고 깨달을 수 있도록 최선을 다하는 것이다.

대수롭지 않는 폭력

오래전 구급대원으로 참여해 자원봉사활동을 한 적이 있다. 당시 학부생이었던 나는 어느 구급대의 '보충역'으로서 야간작업에 참가했다. 각 구급대마다 교육을 받은 준의료활동 종사자와 자원봉사자가 한 명씩 배치되어 있었는데, 나 같은 자원봉사자는 필요한 물품을 나르고 들것 운반을 도왔다. 하지만 상황에 따라 종종 라텍스 장갑에 피얼룩을 묻히는 경우도 생겼다.

어느 날 새벽 3시 무렵, 우리는 한 가정집의 신고전화를 받고 출동했다. 정확한 시각은 확인해보지 않았지만, 이 세상이 사라지고 빈 껍질만 남은 것처럼 기묘한 기분이 드는 그런 시간이었다. 신고 내용에 따르면, 한 남자가 머리에 부상을 입어 심각한 출혈이 있다고 했다. 직접 가보니 사실이었다. 남자는 작은 아파트의 거실에 쓰러져 있었는데, 머리에 괴어놓은 수건이 피로 흥건히 젖어 있었다. 평상복 차림인 걸로 보아 적어도 잠자리에 들 준비를 한 뒤에 부상을 입은 것 같지는 않았다. 남자의 부인은 걱정스러우면서도 동시에 몹시 화가 난 얼굴로 서성이고 있었다. 두 사람 모두 십대 후반 아니면 이십대 초반으로 보였다.

"어떻게 된 일입니까?"

구급대장이 피에 젖은 수건을 들어내고 상처를 살펴보며 물었다.

"싸움을 조금 했는데, 어쩌다보니 상황이 걷잡을 수 없이 커지고 말았어요."

"정말 그런 것 같네요. 머리는 어쩌다가 이렇게 된 겁니까?"

"접시를 던졌는데, 실수로 맞았어요."

뒤쪽에서 여자가 말했다.

그녀의 모습은 새벽 3시에 접시를 던지고도 남게 생겼다.

"별일 아니에요. 그냥 일이 조금 꼬였을 뿐이라고요. 재수가 없으려니 그만 사고가 난 거죠."

"다음에는 조금 더 조심하셔야겠습니다."

구급대장이 젊은 여자를 향해 말했다.

"심각한 부상을 입힐 수도 있었습니다."

"저 사람이 제 옛날 남자 친구 이야기를 꺼내며 헛소리를 지껄이지 않았더라면 이런 일은 일어나지도 않았을 걸요."

순간 여자가 얼마나 거칠게 울화를 터뜨리는지 나는 깜짝 놀랐다. 내 심장까지 쪼그라드는 것 같았지만, 다행히 여자의 주위에는 접시가 없었다.

"일단 환자를 응급실로 이송해 자세히 살펴봐야겠습니다."

여자는 우리와 함께 구급차에 올라탔고, 가는 내내 남자와 말다툼을 벌였다. 응급실에 도착해 외과의사가 남자의 상처를 살피는 동안에도 여자는 여전히 험악한 얼굴을 풀지 않았다. 우리 집에 그런 여자가 없다는 사실이 참 기뻤다. 그리고 여자는 아무 일 없이 집으로 돌아갔다. 경찰도 없었고, 사고 진술도 없었으며, 아무 일도 당하지 않았다. 그냥 남자의 머리를 꿰맨 뒤 함께 집으로 돌아갔다.

그렇다. 그건 남자와 여자 사이의 단순한 다툼이 '살짝 어긋난' 상황이었을 뿐이었다. 만약 거실에 쓰러진 채 피를 흘리고 있었던 사람이 여자였다면 당장 경찰에 신고가 들어갔을 것이다. 그러나 피해자는 여자가 아니라 남자였다.

한마디로 '대수롭지 않은' 폭력이었다.

교훈

그러므로 딸을 가진 아빠라면, 그것도 현명한 아빠라면 아들뿐만 아니라 딸들에게도 사람들과 존중을 바탕으로 한 관계를 맺어야 한다고 가르쳐야 한다. 타인으로부터 상처를 입거나 위협당하지 않을 권리를 가르치는 것도 중요하지만, 타인에게 해를 끼칠 권리가 없다는 사실도 꼭 가르치자.

요약– 착한 여성은 없다

★ 연구 결과 남성이 여성보다 더 폭력적이지만, 친밀한 관계 속에서는 여성도 남성만큼 폭력적임이 드러났다.

★ '정당방위'에 의한 폭력일지라도, 폭력은 결코 대수롭지 않을 수 없다. 엄연히 심각하고 중대한 사안이다.

★ 딸에게 폭력이나 위협을 참고 견뎌서는 안 된다는 사실을 가르쳐야 한다. 동시에 타인에게 폭력이나 위협을 가해서도 안 된다는 것을 가르쳐야 한다.

5장

고통받는 딸들을 위해 아빠가 할 수 있는 것

♡ 섭식장애: 딸은 어떤 모습이라도 항상 아름답다
♡ 우울, 불안 그리고 자해의 가능성이 높은 딸들
♡ 모든 아빠들의 악몽: 성관계, 마약 그리고 파티
♡ 나쁜 딸들: 내 딸이 잘못을 저질렀을 때
♡ 이혼과 새로운 만남: 딸을 먼저 생각하라

1
섭식장애
: 딸은 어떤 모습이라도 항상 아름답다

딸이 있으면 절대로 피할 수 없는 문제 중 하나가 바로 외모와 몸무게, 음식물 섭취의 문제다. 단지 딸들뿐만 아니라 수많은 여성들이 이 세 가지 문제를 늘 의식하고 고민하며 살아간다. 자신의 모습이 남들에게 어떻게 비치는가, 무엇을 먹을 것인가를 늘 걱정한다. 물론 스스로의 외모에 대해 완벽하다고 생각하는 여성들도 있긴 하겠지만, 어디 사는지는 모르겠다. 많은 여성들이 뱃살이 나와서, 엉덩이가 펑퍼짐해서, 허벅지가 튼실해서, 또는 이 모든 게 다 해당돼서 걱정한다. 대체로 여성들은 자신의 몸을 그다지 마음에 들어 하지 않는다.

여성들을 이렇게 만든 주범은 잡지와 텔레비전 프로그램, 주간지, 온갖 논평들이다. 이들은 날씬해야 아름답고 행복하며, 날씬한 게 가장 중요하다고 계속 속삭여댄다.

이러한 맥락의 극단에 섭식장애가 위치한다. 섭식장애로 고통받는 아들들도 있지만, 딸들의 경우 훨씬 문제가 심각하다. 섭식장애가 신체발달에 미치는 영향력은 모질고 심각하다. 우리 아이들이 앓고 있는 섭식장애의 현실은 참으로 오싹하고 무섭다. 그나마 희소식이 있다면, 거의 40년에 달하는 장기적인 연구 결과 섭식장애 아이들의 면역력과 저항력을 기르기 위해 부모가 할 수 있는 일을 발견했다는 사실이다. 특히 아빠가 딸을 위해 할 수 있는 일이 있다.

특히 십대 초반(약 만 11세~14세)의 아이들이 섭식장애 고위험군이다. 자세히 살펴보겠지만, 이 시기 동안 딸이 주위로부터 어떠한 메시지를 전달받는지 살피고, 가능한 한 가정에서 아이를 지지하고 격려하도록 신경 써야 한다.

섭식장애의 종류

아이를 도와줄 수 있는 방법을 이야기하기 전에, 우선 섭식장애의 보편적인 형태에 대해 알아보자. 섭식장애에는 신경성 식욕부진증(거식증), 폭식증, 충동성 섭식장애, 따로 분류되지 않는 섭식장애 등이 있다.

:: 거식증

스스로 먹을 것을 심하게 제한하는 게 거식증의 특징이다. 뚱뚱해질까 봐 극도로 두려워하는 마음과 스스로의 몸에 대한 왜곡된 시각이 원인으로 보인다. 거식증에 시달리는 딸들은 자신의 몸 중 특정 부분을 싫어하는 게 아니라 모든 걸 다 싫어한다.

다음 항목은 거식증의 징후와 증상이다. 물론 거식증에 걸렸다고 해서 이 모든 증상을 다 보이는 것은 아니다.

☆ 식사를 기피한다.
☆ 지속적으로 다이어트를 한다.
☆ 몸무게가 늘어나는 것을 극도로 두려워한다.
☆ 심하게 말랐는데도 자신이 뚱뚱하다고 생각한다.
☆ 가족들과 함께 식사하기를 원하지 않는다.
☆ 먹는 양과 음식 종류가 심각하게 줄어든다.
☆ 먹은 음식에 대해 거짓말을 한다.
☆ 먹은 음식의 양과 종류에 대해 심한 거짓말을 한다.
☆ 먹는 동안 또는 먹고 난 직후에 몹시 불안해하고 걱정한다.
☆ 특정 색깔이나 특정 질감의 음식을 선호하거나 찻숟가락처럼 '특별한 식기'로만 먹는 등 기이한 식사습관을 보인다.
☆ 음식물을 아주 잘게 조각으로 자르거나, 의식을 치르듯이

음식을 배열한다.
☆ 정해진 시간대에만 먹거나 특정 종류의 음식만 먹는 식으로 섭식에 관해 엄격하게 정해진 양식을 보인다.
☆ 배가 고파도 배고프지 않다고 말한다.
☆ 계속 몸무게에 집중한다.
☆ 사교나 학업에 점점 관심을 잃고 위축된다.
☆ 헐렁한 옷을 입는다.
☆ 과도하게 운동한다.
☆ 몸무게가 심각하게 줄어든다.
☆ 피부가 건조해지고 창백해진다.
☆ 생리가 끊기거나 생리주기가 불규칙해진다.

거식증으로 고통 받는 딸들은 자기의 몸에 대해 심각하게 왜곡된 이미지를 갖고 있다. 자신이 남들의 눈에 어떻게 비치는가를 무척이나 신경 쓰고, 더 날씬해지기를 끊임없이 소망한다. 강박관념으로 몸무게를 재고 울적해 하며 까다로워지고 남들의 비평에 극도로 예민해진다. 스스로의 사고방식에 매우 엄격하고 융통성이 없으며 완벽주의 경향을 보인다. 먹는 일에 죄책감을 느끼고 자존감이 낮으며 우울증으로 고생한다.

:: **폭식증**

주기적으로 음식물에 탐닉하며, 먹는 것을 스스로 통제하지 못하는 게 폭식증의 특징이다. 폭식 후에는 구토나 굶기, 과도한 운동이나 완하제(배변을 촉진시키는 약) 사용으로 보상하고자 한다. 폭식증을 앓는 경우 겉모습은 꽤 자신감이 넘쳐 보이지만, 이는 통제불능 상태의 감정과 불안정한 내면을 감추는 가면에 불과하다.

다음은 폭식증의 징후와 증상이다. 물론 폭식증을 앓는 사람들 모두가 이런 증상을 보이는 것은 아니다.

☆ 식사를 기피하고, 가족과 함께 식사하는 것을 원치 않는다.
☆ 먹고 난 뒤 점차 불안감을 보이고, 걱정과 죄책감이 증가한다.
☆ 식사 후에 곧바로 핑계를 대고 화장실에 가 일부러 토한다.
☆ 폭식한다(집 안에서 많은 양의 음식이 한꺼번에 사라지거나 아이 방에서 음식물 포장지가 발견되는 등).
☆ 용돈을 거의 먹을 것을 사는 데 쓰거나, 음식을 사려고 돈을 가져간다.
☆ 자신의 몸무게와 외모에 지속적으로 불만을 표시하고 늘 다이어트에 집중한다.
☆ 늦은 밤 또는 한밤중에 깨어나 아무도 보지 않는 곳에서 몰

래 폭식한다.
☆ 과도하게 운동한다.
☆ 기운이 없고 주위에 무관심하며 삶에 대해 우울한 시각을 갖고 있다.
☆ 사회적 활동과 학업에서 위축된 모습을 보인다.
☆ 자존감이 낮고 비평에 지나치게 민감하다.

폭식증은 지속적 폭식과 잦은 완하제 사용으로 인해 다음과 같은 뚜렷한 신체적 증상을 보일 수도 있다.

☆ 복부 통증과 팽만감
☆ 손과 발이 붓는다.
☆ 얼굴과 턱 선이 붓는다.
☆ 피로감, 구토감, 호흡곤란, 어지럼증
☆ 당분이 많은 음식물 섭취와 지속적인 구토로 인한 치아 건강 문제
☆ 지속적인 구토로 인한 장출혈

폭식증의 큰 문제는 과도한 몸무게 감소가 아니라 폭식과 완하제 사용 반복으로 인한 2차적인 건강 문제다. 음식물을 잔뜩 섭취

한 뒤 곧바로 토하는 것은 몹시 해로운 습관이다.

:: 충동적인 섭식장애

배가 고프지도 않은데 많은 양의 음식물을 섭취하는 것이 충동적 섭식장애의 특징이다. 이때 섭취는 폭식일 수도 있고, 종일 주전부리를 입에 달고 사는 형태가 될 수도 있다. 이는 생각처럼 그렇게 희귀한 증상은 아니다. 실제로 십대 청소년 다섯 명 중 한 명이 음식물 섭취에 대한 통제력을 잃은 적이 있다고 보고한 연구 결과도 있다. 다음은 충동적 섭식장애의 징후와 증상이다. 물론 충동적 섭식장애를 앓고 있다고 해서 다음 증상을 모두 보이는 것은 아니다.

☆ 폭식한다.
☆ 불편할 만큼 배가 부를 때까지 먹는다.
☆ 평소보다 훨씬 빨리 먹는다.
☆ 먹는 양을 보고 사람들이 놀랄까 봐 혼자 먹는다.
☆ 배가 고프지 않은데도 많은 양의 음식을 먹는다.
☆ 과식을 하는 동안과 과식 후 역겨움과 수치심을 느낀다.
☆ 몸무게가 과도하게 늘어난다.

충동적 섭식장애를 앓는 많은 이들이 슬픔이나 분노, 공포, 불안감, 우울함 등의 감정을 해결하기 위해 폭식을 이용한다. 먹는 순간에는 그러한 감정들로부터 잠시 벗어나는 것 같지만, 곧 더 증폭되어 돌아온다는 데 문제가 있다.

:: 분류되지 않는 섭식장애(EDNOS)

지난 몇십 년 사이 섭식장애는 꾸준히 증가한 반면, 증세의 심각성은 감소하고 있는 추세다. 그로 인해 섭식장애의 종류를 좀 더 세분화하기에 이르렀고, 기타 증세를 '따로 분류되지 않는 섭식장애'로 따로 묶어 구분하게 되었다. 달리 따로 분류되지 않는 섭식장애는 현재 청소년들 사이에 가장 보편적인 증상이지만, 그렇다고 해서 심각하지 않은 것은 아니다. 즉, 일반적인 증세를 보이지 않는다고 해서 문제가 전혀 없다고는 볼 수 없다.

섭식장애의 원인

삶의 모든 문제가 그렇듯이, 섭식장애의 원인 역시 한 가지로 단순명쾌하게 설명할 수는 없다. 그러나 지난 40년 동안의 연구 덕분에 주요한 요인들을 발견했다. 섭식장애에 영향을 미치는 요인 가운데는 부모도 끼어 있다. 결론적으로 섭식장애는 가족 간의 상호작용, 개인적 요인, 대중매체와 사회적 영향, 다이어트 실천 등의 원인이 복합적으로 작용한 결과로 보인다.

딱히 놀라운 결과도 아니다. 가족이 어떤 모습으로 사는가, 아이가 스스로를 어떻게 바라보는가, 이 세상이 아이에게 어떤 영향을 끼치는가, 아이와 음식과의 관계가 어떠한가가 모두 섭식장애 문제의 상당 부분을 결정하는 요인이 된다.

그나마 반가운 소식이 있다면, 우리 부모들이 가정을 건강하게 꾸려갈 경우, 자녀들이 섭식장애 문제로부터 상당히 해방될 수 있다는 사실이다. 우리 딸들이 마주한 여러 문제와 마찬가지로, 섭식장애 문제를 해결하는 데 가장 큰 도움을 줄 수 있는 사람 역시 부모다.

화가 난 게 분명한데, 그렇지 않다고 우기는 화가 난 아빠

16세 칼리는 한눈에 보기에도 끔찍한 상태였다. 나는 전문의는 아니지만, 언뜻 보기에도 칼리는 지나친 체중 미달에 얼굴이 창백해 환자처럼 보였다. 물론 나는 섭식장애 문제를 전문적으로 다루지는 않는다. 섭식장애는 관련전문가들이 팀을 이루어 나설 때 가장 효과적으로 치료할 수 있기 때문이다. 정말로 그런 전문가집단이 생긴다면 나도 '가족 문제' 전문가로 참여하고 싶다.

어쨌든 칼리는 분명히 곤란에 처해 있었다. 참고 사항을 적어놓은 사전 설문지를 보면, 칼리가 처음 섭식장애 치료기관에 입소한 게 만 13세였고, 현재는 세 번째 입소를 위해 대기 중이었다. 주치의에 따르면 칼리는 아직 극단적인 상황에 도달하지는 않았지만, 극단에 가까워져가고 있음을 두려워했다.

칼리는 아빠와 함께 살고 있었는데 아빠도 딸의 섭식 문제를 해결하기 위해 애쓰고 있었다. 언뜻 보기에 아빠는 세상에서 일어나는 거의 모든 일에 대응하려고 애쓰는 듯 보였고, 딸은 그 문제들 가운데 하나인 것 같았다.

"더는 뭘 어떻게 해야 할지 모르겠습니다."

그가 말했다.

그의 말을 이해하지 못하는 건 아니었지만, 그는 몹시 화가 나 있었다. 말하는 동안에도 점점 더 깊은 절망감 속으로 빠져들고 있었다.

"그런데 아버님은 왜 이렇게 화가 났습니까?"

내가 물었다.

"화가 나다니요? 전 화가 나지 않았습니다."

그가 화가 난 목소리로 대답했다.

"아니요. 화가 난 사람처럼 들리는걸요."

"제가요? 아닙니다."

하지만 그의 말을 믿을 수가 없었다. 그는 극구 부인했지만, 누가 봐도 화난 얼굴에 화난 목소리였다. 평소에도 이렇다면 칼리에게는 혼란스러울 것이었다. 그의 딸은 무엇보다 매사에 분명한 것을 절박하게 필요로 하는 듯 보였다.

"아버님은 화가 나지 않았다고 말씀하시지만, 여전히 화난 목소리로 들리거든요."

이제 그는 얼굴까지 찌푸렸다.

"화 안 났다니까요."

"지금도 분명히 화가 난 사람처럼 보입니다. 혹시 제가 자꾸 화를 내고 있다고 집요하게 물어서 더 화가 나신 건 아닐까요?"

"한 번만 더 말하겠습니다. 나는, 결코, 화가 나지, 않았어요."

그는 일부러 단어 하나하나에 힘을 주어가며 말했다.

상황이 조금만 덜 심각했어도 그의 말을 모른 척 넘어갔겠지만, 그 딸의 목숨이 경각에 달려 있는 지금은 도저히 물러날 수가 없었다.

"아버님. 이 말은 그냥 해본 게 아닙니다. 절대 아니에요. 아버님은 정말로 화가 나 있는 것처럼 보이는데, 무슨 이유인지 누가 봐도 명백해 보이는 사실을 극구 부인하고 계십니다. 그리고 제가 굳이 이 문제를 끈질기게 짚는 이유는 칼리가 힘들어 하는 문제 중 하나가 가정 안에 전체적으로 억압된 감정들이 많고, 말과 행동 사이의 괴리가 큰 것이라고 생각하기 때문입니다. 아이들이 보기에 말과 행동이 다른 건 꽤 혼란스러운 일이 될 수 있어요. 불안감에 떨게 되죠. 지금 따님한테 필요한 건 아버님이 실제로 하고자 하는 말이 뭔지 해독하는 게 아니잖습니까?"

그는 한동안 나를 바라보기만 하다가 이윽고 입을 열었다.

"그럴 것도 같군요."

그가 한 발 물러서자 나는 기뻤다.

"아버님이 칼리 때문에 화가 났다고 해도 놀라운 일이 아닙니다. 진심으로 따님을 걱정하고 있을 테니까요. 원래 아빠들은 맘속으로 걱정을 하고 있으면 말투가 화난 사람처럼 되지 않습니까? 하지만 아이는 아빠가 자기 때문에 화를 내는 걸 원하지 않죠. 아빠는 자기 편이고, 무슨 일이 있어도 자신을 지켜줄 거라는 확신을 주어야 합니다."

"알고 있습니다."

그러나 그의 말투는 여전히 퉁명스러웠다. 그는 여전히 자신이 무슨 잘못을 저지르고 있는지 깨닫지 못했다. 더 안 좋은 사실은 딸의 감정보다 자신의 감정을 더 중시한다는 사실이었다. 갑자기 두 사람 사이의 관계에 많은 것이 결핍되어 있다는 생각이 들었다.

"하루 이틀 사이에 일어난 일은 아니겠지요. 두 사람 사이에 사연이 많을 거라고 생각합니다. 하지만 서로가 자기만의 벽 뒤에 쭈그리고 앉아서 상대방이 먼저 나와주길 기다리고 있는 형국입니다. 이제 그만 참호 밖으로 나와 서로를 조금 더 알아가야 하지 않을까요?"

"그러니까 지금 선생은 칼리가 먹지 않는 게 나 때문이라는 거요?"

나는 어깨를 으쓱했다.

"꼭 그런 건 아닙니다. 하지만 제 경험으로 미루어 볼 때, 칼리의 섭식 장애에는 무수한 원인이 있을 수 있지만, 아버님도 원인의 일부분이 될 수 있다고 생각합니다."

"그러니까 다 내 잘못이다?"

"아니요. 그렇지 않습니다. 어쩌면 원인의 일부분이 아닐 수도 있어요. 하지만 아버님은 칼리의 아빠지 않습니까? 아빠가 아이에게 영향을 끼칠 수 없다면, 다른 사람도 역시 불가능하지요."

그는 잠시 입을 다물었다. 내 말이 욕인지 칭찬인지 헤아리고 있는 것 같았다. 결국 확신하지 못한 모양인지 더는 생각하기를 그만둔 듯했다.

"그래, 내가 뭘 어떻게 하면 되겠소?"

"노래를 부르세요."

나는 과장되게 두 팔을 들어 올리며 말했다.

"뭐라고요?"

칼리 아빠가 이마를 찌푸리며 중얼거렸다.

"아닙니다. 아니에요. 농담입니다. 잠깐 이야기나 나누면 어떻겠습니까?"

그러자 칼리가 킥킥 웃었다.

훌륭한 출발이었다.

섭식장애 발생률이 높은 가족

섭식장애의 발병 비율이 높은 가족은 그 원인이 되는 요인을 가진다. 아래에 열거한 가족 요인은 섭식장애를 앓고 있는 사람의 가정이라고 해서 모두 다 나타나는 것은 아니다. 연구자들은 아직도 이와 같은 요인들이 섭식장애 발생에 어떤 식으로 직접적인 영향을 끼치는지를 둘러싸고 논쟁을 벌이고 있다. 하지만 아래와 같은 가족 요인은 결코 바람직한 징후가 아니다.

☆ 아버지와 딸 사이에 접촉이 거의 없거나 전혀 없다.
☆ 부모가 지나치게 통제적이거나 과잉보호를 한다.
☆ 부모가 심리 전략을 사용한다(예를 들면 과거의 실수를 반복적으로 들먹이거나, 아이가 잘못을 저질렀을 경우 부모가 아예 말을 걸지 않는 등).
☆ 부모의 자식 의존도가 높다.
☆ 친밀감이나 애정 수준이 낮다.
☆ 딸들은 부모가 자신의 일상생활에 대해 무관심하거나 무신경하다고 느낀다.
☆ 외모를 중시한다.
☆ 가족 내 긴장지수가 높다.
☆ 부모 사이의 갈등이 많다.
☆ 부모 자식 간의 갈등 수준이 높다.

☆ 정서적·성적·신체적 학대가 있다.

부모 자식 간의 갈등 수준이 높다는 게 무슨 뜻일까? 사실 십대 청소년이 있는 집안에서 갈등은 꽤나 보편적인 게 아닐까? 그런데 대체 어느 정도가 높은 수준의 갈등일까?

안타깝게도 정답은 없다. 이와 같은 요인들은 복잡한 거미줄처럼 얽히고설켜 어떤 것은 섭식장애의 원인이 되고, 또 어떤 것은 섭식장애의 결과가 되기도 한다. 어떤 경우든 각 요인들을 주의 깊게 살펴보는 게 중요하다.

우리가 할 수 있는 일

아빠로서 우리는 딸의 섭식장애를 예방하기 위해 화목한 가정환경을 제공해야 한다. 그러기 위해 해야 할 일들이 있다.

☆ 무엇보다 딸의 삶에 무슨 일이 벌어지고 있는지 시간을 내 대화를 나눠야 한다. 아빠가 딸에게 관심을 갖고 있으며, 늘 곁에 있다는 확신을 주어라.
☆ 화장실의 체중계를 없애라.
☆ 어떤 일이 있어도 딸의 몸무게를 가지고 비난을 하거나 놀리지 말라.

☆ 어떤 모습이 더 마음에 든다는 식으로 딸의 외모에 대해 평가하지 말라. 외모가 아닌 한 사람의 개인으로서 마음에 드는 모습에 대해서만 이야기하라.
☆ 어렸을 때부터 아이가 집에서 보는 잡지와 텔레비전 프로그램의 종류에 대해 신경을 써라.
☆ 아이 엄마와 좋은 관계를 유지하고, 일상에서 이를 딸에게 보여줘라.
☆ 아이 엄마와 갈등이 생기면 가능한 한 빨리 해결하라. 필요한 경우 다른 도움을 구할 수도 있다.
☆ 딸에게 사랑을 보여주고 사랑받고 있음을 느끼게 하라.
☆ 아이의 모습 그 자체를 사랑하고 있다는 것을 이해시켜라. 아빠가 원하는 모습 때문이 아니라, 아이 본연의 모습을 사랑한다는 사실을 알게 하라.
☆ 딸을 믿는다고 이야기하라.
☆ 딸 스스로 결정을 내릴 수 있는 자유와 자율권을 줘라. 그리고 가능한 한 언제 어디서나 아이의 결정을 지지해줘라.
☆ 문제가 생기면 문제 해결법을 배우도록 도와줘라.
☆ 집안의 스트레스 지수를 가능한 한 많이 낮춰라.
☆ 아이가 자신의 감정을 털어놓을 수 있는 분위기를 만들어라.
☆ 아이가 불안감이나 우울함을 느낀다면, 이러한 문제들에 관

해 대화를 나누자. 문제가 심각하다고 느끼면 전문가의 도움을 구하라.
☆ 갈등이 생기면 가능한 한 빨리 해결하라. 아이와도 갈등을 겪을 수 있지만 오래가면 안 된다.
☆ 다이어트가 아닌 건강에 좋은 식문화를 장려한다.
☆ 텔레비전이 없는 식탁에서 가족과 함께 식사를 한다.

당연히 딸에게 자율권과 인정받고 있다는 느낌을 주는 게 중요하다. 아이는 스스로 지지와 인정을 받는다고 느낄수록 스스로의 섭식 문제를 제어할 수 있고, 그만큼 정서적 문제를 일으킬 가능성도 낮아진다.

또 부모로서 아이의 몸무게를 가지고 놀리거나, 먹을 것을 규제하려는 행동은 하지 않는 게 좋다. 216명의 신생아를 출생부터 만 11세까지 그들의 부모와 함께 추적 조사한 결과, 아버지가 딸의 식사와 몸무게를 규제하고 조절하려고 한 경우, 딸들이 섭식 장애를 일으킬 위험성이 높아지는 것으로 드러났다.

그러니 하지 마라.

절대로.

그리고 여기 또 한 가지 우리의 기대와 전혀 상반된 결과가 나왔다. 많은 아빠들은 텔레비전에 삐쩍 마른 모델이 나왔을 때 그들이 얼마나 '끔찍하게 말라 비틀어졌는지' 말하는 게 아이에게 좋은 영향을 미칠 거라고 생각한다. 아빠가 깡마른 체형을 별로 좋아하지 않는다는 인상을 풍길수록 딸도 자신의 몸무게에 대한 압박감에 시달리지 않을 거라고 생각하는 게 당연할 것이다. 그러나 부모가 텔레비전에 나온 인물의 신체적인 외모를 어떤 식으로든 언급하고 논평할수록 아이가 섭식장애를 일으킬 가능성도 높아진다는 연구 결과가 나왔다. 중요한 점은 신체적인 외모에 대한 언급의 긍정성·부정성에 상관없이 이러한 결과가 나왔다는 사실이다. 그러므로 외모에 대한 언급을 자주 하는 것 자체가 안 좋은 영향을 끼친다는 것을 알 수 있다.

중요한 것은 외모가 아니라 성격이라는 것을 아이에게 전달하라. 가장 좋은 방법은 미디어에 등장하는 인물의 외모를 평가하지 말고 인간으로서의 모습과 성격에 대해 언급하는 것이다.

딸들이 섭식장애를 일으키지 않고 날씬한 몸매와 다이어트에 집착하지 않도록 면역력을 키워주는 환경을 제공하고 싶다면 다음의 황금규칙을 지켜라. 즉, 아빠 스스로 건강한 생활과 식습관의 모범이 되어주고, 가족 내 갈등지수를 낮추며, 서로를 인정하고 이해할 수 있도록 노력하는 것이다.

아빠가 모범을 보인다면 최선을 다하고 있는 것이다.

딸에게 문제의 기미가 느껴진다면?

딸에게 섭식 문제가 발생했다는 걱정이 든다면, 일단 당황하지 마라. 아빠가 보일 수 있는 최악의 반응은 아이를 비난하는 것이다. 무엇보다 침착함을 유지하는 게 중요하다. 또 아이와 이야기를 나눌 때도 어떤 반응을 보일지 신중하게 고려해야 한다.

☆ 솔직해야 한다.
☆ 딸을 걱정하고 있음을 보여주고, 구체적으로 어떤 점을 염려하고 있는지 설명해준다.
☆ 아이의 반응에 귀를 기울이고 아이의 상태를 인정, 공감하며 참을성을 갖고 기다려준다. 아이도 두려워하고 있음을 잊지 말라.
☆ 아이의 두려움을 과소평가하지 말라. 또 아이에게 화를 내거나 짜증을 내지 말라.
☆ 섭식장애에 관해 최대한 많은 것을 알아봐라. 인터넷을 찾아보면 섭식장애에 관한 정보와 도움말이 담긴 사이트가 많다.
☆ 그래도 걱정이 된다면 전문가의 도움을 구하라. 일반적인 상담가보다는 섭식장애 문제의 전문가를 찾는 게 좋다. 어떻게 해야 좋을지 모르겠다면 우선 지역 병원에 문의하라. 근처의 전문가를 소개해줄 것이다.

섭식장애의 원인으로 추정되는 요인들을 살펴보면 환자들을 어떻게 대할 것인가도 알게 된다. 대부분의 나라에는 섭식장애로 고통받는 청소년을 위한 전문치료기관이 존재한다. 도움을 받을 방법은 널려 있다. 구하라, 그러면 열릴 것이다.

요약– 섭식장애: 딸은 어떤 모습이라도 항상 아름답다

★ 딸들이 몸에 대한 이미지와 몸무게에 대해 왜곡된 생각을 가질 수 있는 특별히 위험한 시기는 십대 초반(만 11세~14세)이다.
★ 긍정적이든 부정적이든 상관없이 외모에 대한 언급을 많이 할수록 몸에 대한 이미지를 왜곡시키는 문제를 일으킬 수 있다는 연구 결과가 있다.
★ 섭식장애를 경고하는 다양한 징후들을 알아두는 게 좋다.
★ 중요한 점은 부모가 이런 문제를 일으키지 않을 가정환경을 만들 수 있는 여지가 많다는 것이다.
★ 아이의 상태가 심각하다고 생각된다면 전문가의 도움을 구하는 게 좋다.

1
우울, 불안 그리고
자해의 가능성이 높은 딸들

썩 유쾌한 제목은 아니다. 좀 더 재미있는 이야기를 해보고 싶었지만 우울증과 불안, 자해에 대해 이야기하면서 웃긴 걸 찾기란 쉽지 않았다.

"있잖아, 늘 근심에 싸여서 우울하기 짝이 없고 면도날로 자기 몸을 그어대는 여자애 이야기 들어봤어?"

이런 식으로 시작하는 우스갯소리는 없다.

그러므로 재미있고 우스운 이야기를 찾는 건 포기하고 그냥 단도직입적으로 이 문제를 다루고자 한다.

위에서 말한 세 가지 문제로 고통받는 아들들도 있지만 딸들이 훨씬 많다. 자신의 성취도와 자부심, 외모에 대해 딸들이 더 부정적인 시각을 갖는 경향을 보이기 때문인 것 같다.

근본적인 원인이 어디에 있든, 딸을 키우는 아빠에게 중요한 점은 아들들보다 딸들이 우울증이나 불안감, 자해 등을 더 많이 겪는다는 사실이다. 그러므로 당신도 이러한 문제들에 대해 알아야 한다.

우울증과 불안감

우울증과 불안감은 청소년기 정신건강의 쌍둥이 악마와 같다. 수많은 청소년들에게, 특히 딸들에게 영향을 미치고 있으며, 심지어 두 문제가 한꺼번에 찾아오기도 한다. 두 증상의 공통점은 부정적인 감정을 느끼는 경향이 있다는 것인데, 이때 우울한 감정과 불안한 감정이 표출된다.

특히 십대 초반은 우울증에 취약한 시기로 보인다. 그러나 조기에 발견하고 적절한 도움을 주면 치료 효과가 좋고, 장기적으로 유익한 결과를 본다는 연구 결과가 있다. 그러므로 우울증의 징후와 증상을 잘 알고 있어야 제때 도움을 줄 수 있다.

십대 청소년기 우울증의 징후에는 다음과 같은 것들이 있다.

☆ 슬픔과 무기력한 감정을 보인다.

☆ 짜증이나 분노를 보인다. 특히 비난에 극도로 민감하게 반

응한다.
☆ 눈물을 보이거나 울음을 터뜨리는 횟수가 잦다.
☆ 다른 활동에 관심이 없다.
☆ 친구나 가족들로부터 멀어진다.
☆ 동요와 불안감을 느낀다.
☆ 삶에 대한 열정이 줄어든다.
☆ 피로감을 느낀다.
☆ 집중에 어려움을 느낀다.
☆ 식사와 수면 습관이 변화한다.

십대 청소년기 불안감의 징후에는 다음과 같은 것들이 있다.

☆ 불안해하고 긴장한다.
☆ 사회적인 접촉을 기피한다.
☆ '자신을 드러내는' 장소를 기피한다.
☆ 구체적인 공포심을 느낀다.
☆ 공황 상태가 엄습해온다(심장박동이 빨라지고 호흡이 거칠어지며 땀을 흘린다).
☆ 식사나 수면 습관이 변화한다.
☆ 눈물을 흘리거나 동요한다.

☆ 신경질을 낸다.

우울증과 불안감에서 나타나는 증상에는 겹치는 것이 많다. 그러므로 아이의 증상이 정확히 어디에 속하는지 아는 것은 사실 중요하지 않다. 더 중요한 것은 부모가 징후를 알아채고 적절하게 대처하는 것이다. 부모로서 어떻게 대응할지는 잠시 뒤 자세히 알아보자. 지금 당장은 방금 나열한 징후들 가운데 어떤 것도 결정적이고 명확한 단서는 아니라는 사실을 기억하라. 그냥 작은 사전 경고라고 여기는 게 좋다. 우선 증상이 발견되면 시간을 내 딸과 함께 대화를 나누고, 요즘 생활이 어떠한지 알아보는 게 좋다.

자해

자해는 어느 부모에게나 두렵고 가슴 아픈 일이다. 자살로 자식을 잃은 가족의 이야기를 들어본 적이 있을 것이다. 그러나 자살 외에 칼로 상처내기, 불로 지지기, 독극물 주사하기 등 자해의 범위에 들어가는 행동이 생각보다 많다. 그러므로 이러한 행동의 밑바닥에 과연 무엇이 도사리고 있는지부터 알아야 할 것이다.

자해에 대한 연구가 상당히 많다는 사실은 놀랍지는 않을 것이다. 오히려 이 문제의 전체적인 상황이 매우 복잡하다는 사실을 알고 있는 사람이 별로 없다는 게 더 놀랄 일이다. 자해에 대한 생각을 품는 것과 실질적인 행동으로 옮기는 것은 곧바로 이어지는 듯 보이지는 않는다. 그보다는 엄청나게 다양한 요인들이 복잡하게 상호작용을 하면서 나타나는 결과가 자해인 것으로 보인다. 즉 자해에 대해 생각하는 것과 그 생각을 행동으로 옮기는 것에는 뚜렷한 차이가 있는 듯하다.

:: **젠더 패러독스**(Gender Paradox)

자살 시도는 딸들이 더 많이 하지만 실제 죽음에 이르는 것은 아들이 더 많다는 사실을 젠더 패러독스라 한다. 그 이유는 아들들의 경우 밀폐된 자동차 안에서의 일산화탄소 중독, 목매달기, 총기 등 치명적인 수단을 사용하는 경향이 있고, 딸들은 약물 과다복용 등 그보다 덜 치명적인 수단을 사용하는 경향이 있기 때문이다.

:: **자해의 이유**

일곱 개 국가(오스트레일리아, 벨기에, 영국, 헝가리, 아일랜드, 네덜란드, 노르웨이)의 만 14세부터 17세 사이의 청소년 3만 477명에게 자해의 경험과 그들의 삶에 관해 묻는 익명의 설문조사를 벌였다. 연구자들이 알고 싶었던 것은 십대 청소년이 왜 이런 식의 행동을 하는지의 이유였다. 조사 결과 가장 보편적인 이유 두 가지는 '고통스러운 마음에서 벗어나 편안해지고 싶어서'와 '죽고 싶어서'였다. 즉, 고통을 호소하고자 하는 동기와 도움을 요청하는 동기 둘 다가 이유였다.

조사에 참가한 십대 청소년 대부분은 최소 한 번의 고통 호소 동기(죽고 싶어서, 스스로를 벌주려고, 고통스러운 마음에서 벗어나려고)와 한 번 정도의 도움 요청 동기(내가 얼마나 절망적인지 보여주려고, 누군가를 놀라게 해주려고, 복수하고 싶어서, 누군가 나를 정말로 사랑하는지 알아보려고, 관심을 끌기 위해)를 보고했다. 이때 남자 청소년보다 여자 청소년이 더 많은 이유를 보고했고, 나이가 많을수록 도움을 호소하는 동기를 더 많이 내세웠다. 딸들이 아들들보다 이유를 더 많이 내세운 것은 딸들이 자신의 고통에 대해 알릴 필요를 더 많이 느끼고, 자신의 동기를 더 복합적으로 이해하기 때문이라고 설명할 수 있다.

중요한 점은 이런 식의 행동이 단순하기보다 훨씬 복잡한 내막을 갖고 있다는 사실이다.

:: 위험 요인과 경고성 징후

자해는 꽤 강력한 감정에 의해 촉발되는 게 분명하다. 그렇다면 그러한 감정의 원인은 무엇일까? 왜 우리 딸들은 스스로에게 상처를 입히고 싶어 하는 걸까? 도움을 호소할 필요를 느껴서일까? 아이들을 자해라는 위험으로 내모는 요인에는 여러 가지가 있다. 그러나 아래에 열거하는 이 위험 요인들은 오직 가능한 요인일 뿐, 결정적인 것은 없다. 다만 아이가 이러한 위험 요인을 내비친다면, 그만큼 자해를 할 위험성도 높아질 수 있다는 뜻이다.

☆ 정신질환(예: 우울증)
☆ 사회경제적 불리함
☆ 약물 남용
☆ 어린 시절의 학대 경험
☆ 별거
☆ 부모의 정신건강 문제
☆ 부모와의 갈등
☆ 스트레스와 상처가 되는 경험(학교에서의 어려운 문제나 관계의 결별)
☆ 문제 해결 능력의 부족
☆ 낮은 자신감(성취에 대한 믿음)
☆ 자신에 대한 부정적인 생각
☆ 부정적인 감정

위의 목록은 결정적인 요인이 아니라는 것을 다시 한 번 강조한다. 다시 말해 딸이 부모와 갈등을 겪는다고 해서 곧바로 자해를 하는 것은 아니다. 다만 자해에 대한 생각과 행동을 유발시킬 위험성이 증가한다는 뜻이다. 또 이러한 연구 결과는 보편적인 현상을 밝힌 것으로, 내 딸이 구체적으로 어떻게 하고 있는가를 아는 게 훨씬 중요하다. 반가운 소식이 있다면, 방금 말한 모든 항목에 대해 아빠로서 무언가 해볼 여지가 상당하다는 것이다. 다시 한 번 새로운 마음으로 목록을 훑어보길 바란다.

이혼이나 별거의 문제처럼 아빠 혼자 힘으로 어떻게 해볼 도리가 없는 일들도 존재하지만, 나머지는 대부분 조율할 수 있다. 즉, 아빠로서 영향을 미칠 수 있다는 말이다.

다음으로 청소년기 자살에 대한 경고의 징후들을 살펴보자. 물론 이 징후들 역시 결정적인 것은 아니며, 상당수가 감정의 동요를 겪는 청소년기에는 정상적인 감정 범위에 들어가는 증상임을 염두에 두길 바란다. 중요한 것은 아빠로서의 본능을 믿으라는 것이다. 걱정이 된다면 전문가의 도움을 구하는 것도 좋다.

☆ 자살에 대한 이야기를 꺼내거나 글을 쓴다.
☆ 식사나 수면 양식이 변화한다.
☆ 행동에 의미심장한 변화가 보인다.
☆ 갑작스럽게 우울감이 '개선'된다(자살을 결심하면 드디어 결정을 내렸다는 안도감에 일시적으로 감정이 고양될 수 있다).
☆ 이전에 즐거워했던 활동에 흥미를 잃는다.

☆ 친구들과 가족들로부터 멀어진다.

☆ 소유물을 양도한다.

☆ 스트레스 받는 사건을 겪는다(관계의 결별 등).

☆ 알코올과 마약을 남용한다.

☆ 과거 행동을 사과한다.

다시 말하지만 이 중 어떤 것도 자살을 확고하게 알리는 예후가 아니다. 그러나 계속해서 주시해야 하고, 절대 무시해서는 안 된다.

딸이 걱정된다면 무엇을 할 수 있을까?

우리가 할 수 있는 일은 많다. 아이가 우울해 보인다면 또는 위에 나온 징후를 보이기 시작한다면, 일부러 상처를 낸 모습을 발견한다면 어떻게 할 것인가?

☆ 무엇보다 침착할 것. 아빠가 공황에 빠지면 오히려 사태가 악화된다.

☆ 딸에게 아빠로서 걱정하는 마음을 솔직히 말해라. 거북해하며 문제를 외면해서는 안 된다.

☆ 질문을 하되 설교는 하지 말라. 아빠가 자신에게 비난의 화

살을 던지는 것을 아이는 원하지 않는다. 오히려 자신의 감정과 이유에 귀 기울여주기를 바란다.

☆ 아이의 불안감을 진지하게 받아들여야 한다. 어른들의 시각으로 보면 대수롭지 않을 수 있지만, 어린 나이에는 사뭇 다르게 느껴질 수 있다. 그러므로 아이의 감정을 아빠가 진지하게 받아들이고 있음을 알려라.

☆ 늘 아이 곁을 지켜줄 것임을 알려라. 아이가 다시 행복해질 때까지 아빠는 뭐든 할 수 있음을 이해시켜라.

☆ 자해의 도구가 될 수 있는 것들을 치워 집을 안전한 곳으로 만들어라.

☆ 의문이 생기면 전문가의 도움을 구하라. 심리학자나 상담가, 의사를 찾아갈 수도 있다. 구체적인 정보가 필요하다면 지역 병원에 문의해 전문가를 소개받을 수 있을 것이다.

그 어느 문제보다 균형을 유지해야 한다. 자해만큼 어렵고도 두려운 문제가 없겠지만, 일단 부모 스스로의 불안감과 공포를 점검해볼 필요가 있다. 아이에게 무슨 일이 벌어지고 있는지, 아이를 다시 예전의 현실로 되돌리기 위해 어떤 도움을 줘야 할지 알아내는 데 집중해야 한다.

요약- 우울, 불안 그리고 자해의 가능성이 높은 딸들

★ 우울증과 불안감으로 고통 받는 청소년이 많지만 특히 십대 초반의 여자 아이들이 위험성에 쉽게, 많이 노출되어 있다.

★ 자해의 동기에도 여러 가지가 있다. 자신을 벌주고 끔찍한 고통에서 벗어나고 싶어서 저지르는 '고통 호소 동기'와 누군가를 겁주거나 앙갚음을 하거나 관심을 끌기 위해, 그 사람이 자신을 사랑하는지 알아보려고 저지르는 '도움 호소 동기'로 정리할 수 있다.

★ 딸의 상태가 걱정된다면 자해를 조기에 경고해주는 징후들에 대해 알아보고 아빠의 걱정스러운 마음을 딸에게 솔직히 말하는 게 좋다. 필요하면 전문가의 도움을 구하라.

모든 아빠들의 악몽
: 성관계, 마약 그리고 파티

　십대 딸을 둔 아빠들이 딸의 남자 친구를 좋아하지 않는 이유는? 우리 모두 한때 누군가의 남자 친구였기 때문이다. 우리가 그 나이였을 때 무수한 시간을 어떤 생각을 하며 보냈는지 또렷이 기억하고 있기 때문이다. 그래서 녀석이 아무리 예의 바르고 공손하고 사려 깊고 쾌활해 보일지라도, 사실 녀석의 유일한 관심사는 내 딸과 '재미를 보는' 것이라는 사실을 훤히 꿰뚫고 있다. 아무도 말은 하지 않지만 당신도 알고, 녀석도 아는 사실이다. 말하면 거북해질까 봐 입을 다물고 있지만 녀석이 무슨 생각을 하고, 어떤 음모를 꾸미고 있는지 당신은 잘 알고 있다.

　문제는 어떤 부모도 자식의 성관계를 원하지 않는 데서 발생한다. 결코 안 된다. 그냥 싫다. 그 유명한 이탈리아의 천문학자 갈릴레오처럼 딸을 수녀원에 집어넣을 수 있는 시대는 지나가버렸다. 실제로 갈릴레오는 두 딸 버지니아와 리비아를 아르체트리의 수녀원에 집어넣었고, 그들은 그곳에서 평생을 살았다. 다시 말해 갈릴레오는 지동설을 주창해 교황과 불화를 겪고 남은 생을 실명과 탈장의 고통 속에서 가택연금 상태로 보내야 했지만, 최소한 딸의 남자 친구에 대한 걱정은 하지 않았다.

아, 16세기는 참 좋은 시절이었다. 그렇지 않은가?

하지만 지금의 우리는 딸을 수녀원에 보낼 수 없다. 이 때문에 언젠가는 내 딸이 성생활을 하게 될 것이라는 사실을 인정해야 한다. 그러므로 우리가 할 수 있는 최선은 아이들이 책임감 있고 건전한 성생활을 하도록 격려하는 것이다.

조기 성생활을 예측할 수 있는 징후는?

이 문제에 관해 국제적으로 수많은 연구가 진행된 걸 보면, 과학자들도 자식을 둔 부모였던 모양이다. 혹시 여태껏 암 치료법이나 지구온난화 해결법이 발견되지 못한 이유가 이 때문 아닐까? 과학자들 모두 자기 자식의 성생활 징후를 밝혀내는 데 혈안이 되어 있었기 때문에? 농담이다. 하지만 결국 이들은 눈에 띄는 연구 결과를 내놓았다. 스코틀랜드의 한 연구팀은 십대 청소년 4,379명을 대상으로 조사를 진행했다. 여기에서 이른 나이에 성생활을 시작했다고 보고한 아이들은 여성일 경우가 더 많았고, 생물학적 부모와 함께 살지 않는 아이가 많았으며, 용돈을 많이 받고, 가족 간의 관계가 빈약했다. 학교에는 잘 다니지 않았다.

십대 청소년과 부모와의 관계는 부모 상호 간의 관계보다 더 중요한 영향을 끼치는 것으로 보인다. 특히 아버지의 부재가 여성의 조기 성생활의 가능성을 증가시킨다는 결과가 나왔다. 또 한 가지 흥미로운 점은 딸들의 삶에 적극적으로 개입하는 아빠가 존재하고, 함께 식사를 하는 등 규칙적인 가족 활동을 하는 경우, 성생활 부분에서 더 긍정적인 반응을 보였다.

정리해보면 딸들이 보이는 성적인 관심을 건전하게 해결해나가는 과정에서 아빠의 역할이 중요하다는 것을 알 수 있다.

수녀원 외의 다른 대안은 없을까?

딱 한 가지가 있다. 딸과 대화를 나누어라. 이것 말고 다른 대안은 없다. 사춘기에 대한 기본 사항은 책을 선물하거나 엄마에게 은근슬쩍 떠넘길 수 있지만, 성 문제에 관해서는 아빠가 직접 이야기해야 한다. 반드시 아빠여야 한다. 연구 결과를 보면 아빠와의 관계가 원만하고 개방적인 경우 딸들의 첫 성경험이 늦고, 성생활을 하더라도 안전하게 한다는 사실이 분명하게 드러난다. 그러므로 아빠들이 해야 할 일이 보다 분명하게 보인다.

☆ 배워라. 아빠 스스로 제반 사실들을 잘 알고 있어야 딸과 대화를 나눌 때도 바보처럼 더듬거리지 않는다.
☆ 이 문제에 대한 대화는 일회성으로 끝나서는 안 된다. 중요한 문제들이 늘 그렇듯이, 필요할 때마다 반복해야 한다.
☆ 성생활은 중요한 문제라는 것을 딸에게 이해시켜야 한다. 복잡한 이야기는 피하고 싶겠지만, 적어도 성생활 자체가 삶의 커다란 한 단계라는 것을 인지시켜야 한다. 즉, 아무 생각 없이 가벼운 마음으로 할 수 있는 일이 아님을 알려줘라.
☆ 성적인 매력과 동반되는 강력한 감정들에 대해서도 가르쳐줘야 한다. 그러한 감정을 느끼는 것은 지극히 정상이지만, 감정을 행동으로 옮기기 전에 신중하게 생각해볼 필요가 있다는 걸 깨달아야 한다.
☆ 성행위와 관련한 압박을 받는 위험한 상황에 처하게 되었을 때 어떻게 하면 좋을지 딸과 대화를 나눠보자. 어떤 단계에서라도 싫으면 싫다고 말할 수 있는 권리가 자신에게 있다는 것을, 상대방 남성도 그러한 권리를 반드시 존중해주어야 한다는 것을 딸에게 알려줘라.
☆ 이 모든 문제에 대해 딸의 생각은 어떤지 물어봐라. 설교나

강연이 아닌 대화와 토론을 하자. 딸이 자신의 삶에 대해 아빠에게 솔직히 이야기해주길 바란다면, 딸에게 말할 여유를 줘야 한다.

내 딸이 안전하고 건전한 성생활을 해나가기를 바란다면 딸 스스로가 자신에 대한 자신감과 호감을 가져야 한다는 것을 잊지 말자. 아빠는 딸의 성 문제에 대해 모른 척 딴청을 피울 수도 없고, 책 몇 권 던져주고 알아서 이해하라고 떠맡길 수도 없다. 혼자서 딸을 키우는 아빠라면 더더욱 선택의 여지가 없다. 하지만 엄마와 함께 살고 있다면 성 문제는 여자들끼리 해결하게 놔두는 게 최선이라고 믿고 싶을 것이다.

그러나 그렇지 않다.

엄마에게 떠넘기지 마라.

알코올과 마약[1]

저녁뉴스만 봐도 알코올과 마약 문제가 얼마나 심각한지 알 수 있다. 선진국의 어느 대도시건 중심가에 가보면 토요일 자정 무렵부터 민망한 광경을 쉽게 목격할 수 있다. 완전히 취해 자신이 어

---

1 마약 및 뒤에 나올 파티는 우리나라의 상황과 격차가 있지만, 앞으로 같은 문제가 생길 수도 있음을 가정하고 그대로 싣습니다.―편집자

디에 와 있는지도 모르는 젊은 여성들을 경찰차가 와 싣고 간다.

필로폰 같은 마약은 사회적 장벽도 없다. 부유한 아이들이나 가난한 아이들이나 차별 없이 파괴시킨다. 마약은 모든 사람에게 동등하다. 누구나 농락당한다.

이런 현실 속에서 우리 아빠들은 뭘 어떻게 하면 좋을까? 의외로 대답은 간단하다.

☆ 기회가 닿을 때마다 아이와 마약에 관한 대화를 나눈다. 이런 이야기를 굳이 꺼내고 싶지는 않겠지만, 텔레비전이나 영화, 신문기사 등을 통해 기회가 생길 때마다 이야기를 하는 게 좋다.

☆ 설교를 늘어놓으면 오히려 역효과만 낳는다. 그러나 약물남용에 관한 아빠의 가치관과 신념을 들려주는 건 좋다.

☆ 마약과 알코올에 관한 정보를 정확하게 알고 있어야 한다. 잘 모르겠다면 인터넷을 뒤져서라도 알아두는 게 좋다.

☆ 알코올과 마약에 대한 딸의 생각을 물어보자.

☆ 딸이 마약을 사용하고 있거나 사용한 경험이 있다고 털어놓아도 절대 침착함을 잃지 말고 대화를 나누자.

☆ 또래의 압박이 있다면 이를 해결할 전략을 함께 세워보자(예를 들면 "우리 아빠가 직접 음주 테스트를 하기 때문에 난 술 못 마셔."라고 말

할 수 있다).

☆ 무슨 일이 생겨도 아빠에게 달려가 도움을 청할 수 있다는 확신을 심어줘라.
☆ 아빠 스스로 술이나 마약에 취하지 말라. 아빠가 술에 취하거나 마약을 하는 모습을 보고난 뒤, 딸이 아빠의 말을 과연 진지하게 받아들이겠는가?

만약 알코올이나 마약에 손을 댔다는 의심이 든다면 어떻게 할 것인가?

☆ 절대 당황하지 마라. 당황하면 사태를 악화시킬 뿐이다.
☆ 화를 내지 마라. 아빠가 화를 내면 아이는 방어적으로 나오거나, 오히려 분노할 가능성이 커진다.
☆ 차분하고 평화로운 때를 선택해 아이와 대화를 나누자.
☆ 비난을 하기보다는 걱정과 관심을 솔직하게 이야기하라.
  - 좋은 예: 네가 요즘 마리화나를 피우는 거 알고 있어. 그래서 이야기를 좀 나눴으면 좋겠다.
  - 나쁜 예: 요즘 너 약에 취해 있는 거 다 알아. 거짓말 할 생각은 마.
☆ 아이의 말에 귀를 기울여라. 아빠가 진심으로 관심이 있다는

확신이 들 때 비로소 딸은 자신의 생각을 털어놓을 것이다.

☆ 아이만큼 아빠에게도 권리가 있음을 잊지 말자. 아빠도 마약 없는 집에 살 권리가 있다.

☆ 아이는 문제가 없다고 말하는데 아빠가 보기에 문제가 있다면 도움을 요청하라. 마약 관련 기관을 찾아가 정보와 조언, 후원을 받을 수 있다.

파티

어느 부모나 파티라는 단어에 스트레스를 느낀다. 딸은 당연히 파티에 가고 싶어 할 것이고, 부모는 실제로 할 수 있는 일이 하나도 없다. 할 수 있는 일이 있다 하더라도 해서는 안 된다. 처음으로 사회를 향해 찬란하게 첫 발을 내딛고 있는 딸은 곧 스스로에 대해, 세상살이에 대해 큰 교훈을 얻게 될 것이다. 딸의 삶이 시작되는 순간이므로 기꺼이 모임에 참여할 필요가 있다.

문제는 우리 부모에게 파티는 공포의 원천이 된다는 사실이다. 자정이 지나도록 딸이 돌아오지 않는다면 잠은 다 잔 거나 마찬가지다. 침대에 누워 "괜찮다, 괜찮아!"라고 반복해서 되뇌어 보아도, 당신은 어느새 창밖으로 들려오는 자동차 소리, 현관문 열리는 소리에 귀를 쫑긋 세우고 있을 것이다.

지금껏 들은 가장 훌륭한 파티의 규칙은 경찰청 청소년분과에서 일하는 한 경관이 얘기해준 것이다. 경찰청 각종 분과에서 근무했으며, 외교경호부대에서 수상을 경호한 경력까지 있는 유능한 남자다. 그는 자녀와 함께 다음과 같은 파티 규칙을 정해놓고 실천하고 있었다.

1. 파티에 갈 때는 파티의 주최자가 누구고, 어디에서 열리는지를 아빠가 반드시 알아야 한다.
2. 아빠 차에서 내리는 모습을 친구들이 보고 놀리지 못하도록 파티 장소에서 한 블록 떨어진 곳에 내려준다.
3. 파티에서는 맥주 여섯 캔까지 마실 수 있다. 그 이상은 안 된다.
4. 마약은 안 된다. 절대로. 어떤 일이 있어도!
5. 약속한 시간에 파티 장소에서 한 블록 떨어진 곳에 차를 세우고 기다릴 것이다. 네가 아빠 차에 올라타는 걸 다른 친구들은 못 볼 것이다.
6. 약속한 시간에 나오지 않으면 파티 장소 앞에 차를 세우고 비상등을 켠 다음 그 집으로 들어가 네가 상상할 수 있는 정도를 훨씬 넘어서는 소란을 피울 것이다. 그리고 네 친구들이 다 지켜보는 가운데 너를 아빠 차까지 데리고 갈 것이다.
7. 문제없이 규칙을 잘 지키면 계속 파티에 갈 수 있다.

8. 규칙을 어기는 순간 당분간 파티는 없다.

그는 짐작대로 파티 때문에 자식들과 어떠한 갈등도 일으키지 않았다. 나는 그의 규칙이 대단히 훌륭하다고 생각한다. 아이들이 나가서 재미있게 놀 여지를 충분히 남겨주면서, 동시에 너무 벗어나지 않도록 배려하는 체계가 너무 좋다. 물론 부모가 예상하지 못한 상황이 언제든지 발생할 수 있다. 하지만 그가 만든 규칙은 자녀에게는 밖에 나가 놀 자유를 안겨주면서 동시에 부모 입장에서는 안전한 한계를 정해주는 구조를 갖추었다.

응급 암호를 정하라

아빠와 미리 암호를 정해두는 것도 도움이 된다. 파티에 갔는데 상황이 걷잡을 수 없이 흘러가 위험하다고 판단되면, 아이는 이 암호를 사용해 아빠에게 데리러 와달라는 신호를 보낼 수 있다.

아이가 친구들과 함께 놀러나갔는데 친구들이 안전하지 못한 곳으로 가자고 하는 경우가 있다. 그런 상황에서 빠져나오려고 하면, 자칫 친구들에게 어린애 취급을 당할 수가 있다. 이때 아빠에게 전화를 걸 수 있다면 이 암호를 이용해(예를 들면 고양이 이름을 대거나, 자기 방에 불을 꺼놓고 나갔는지 확인 좀 해달라고 부탁하는 식으로) 아빠에게 당장 자신을 데리러 와달라고 부탁할 수 있다. 그러면 아이는 체면도 유지하고 안전한 곳으로 돌아올 수 있다.

요약- 모든 아빠들의 악몽: 성관계, 마약 그리고 파티

★ 아빠가 딸과 적극적으로 성 문제에 관한 대화를 나누면, 아이의 성급한 성생활을 늦출 수 있고, 보다 안전한 성생활을 하게 된다.

★ 이와 같은 대화는 일회성으로 그치는 게 아니라 기회가 닿을 때마다 꾸준히 나눠야 한다.

★ 알코올과 마약은 도처에 널려 있으므로 내 아이도 얼마든지 근처에 갈 가능성이 있음을 인지하자.

★ 아빠가 먼저 제반 사항에 대해 알아야 한다. 정확한 정보로 무장한 뒤 딸과도 대화를 나누자.

★ 파티도 피할 수 없는 현실이므로, 사전에 합리적이고 명확한 규칙을 정해 지켜나가자.

★ 위급한 상황에 아빠가 데리러 올 수 있게 미리 둘만 아는 암호를 만들어 두는 게 좋다.

나쁜 딸들
: 내 딸이 잘못을 저질렀을 때

앞서 더니든 조사에 대해 이야기했다. 연구팀은 자그마치 37년 동안 1,037명을 추적하며 그들의 일생 동안 무슨 일이 있었는지 관찰하였다. 여기서 빠뜨려서는 안 되는 정보는 더니든 조사에 다양한 인간발달사항 중 하나로 딸들이 저지르는 범죄와 비행이 포함되어 있다는 사실이다. 2001년 일부 연구팀은 〈반사회적 행동의 성별 차이〉라는 논문을 발표했다. 나처럼 청소년들과 오랜 시간 함께 일해온 사람들에게는 매혹적인 주제였다. 이는 나에게는 십대 청소년 비행의 세계로 들어가는 입구가 되었다.

그래프와 통계가 난무하는 과학책을 보기만 해도 멀미가 나는 일부 독자들을 위해 논문의 주요 내용만 요약한다. 사실 논문을 읽는 게 보통 일인가? 여기선 그들이 발견한 내용 가운데 이 책에서 하고자 하는 이야기와 관련된 부분만 골라 옮길 생각이다.

이 책이 아빠들을 위한 책이라는 사실을 감안해 핵심 질문만 발췌한다.

:: 반사회적 행동에는 성별 차이가 있는가?

☆ 극소수의 소녀들이 소녀 범죄의 대부분을 저지른다.

☆ 소녀들의 범죄가 대체로 덜 반사회적이기 때문에 당국에서도 소년 범죄보다 덜 문제 삼는 경향이 있다.

☆ 약물과 음주에 관련한 범죄에서는 소녀와 소년의 비율이 거의 비슷하다.

☆ 소년과 소녀의 반사회적 행동 비율은 만 15세 무렵에 가장 비슷하고 이후 소년 범죄가 더 심각해진다.

☆ 심각한 문제 행동으로 진단을 받은 소년들이 소녀들보다 더 많다. 그러나 청소년기 초반에는 소녀들의 문제 행동이 증가하면서 둘 사이의 간격이 줄어든다.

☆ 외모 면에서 소녀들이 더 성숙해보이기 때문에, 스스로 반사회적인 행동을 해도 괜찮다는 생각을 하고 있다.

:: 신체적 폭력과 파트너에게 가하는 폭력에 성별 차이가 있는가?

☆ 모든 연령대와 배경을 통틀어 신체적인 폭력 정도는 소년들이 소녀들보다 심했다. 그러나……

☆ 친밀한 관계에서의 폭력은 소녀들이 소년들을 앞지르거나 대등했다.

☆ '착한 여성은 없다'에서 말했듯이, 소녀들의 폭력은 단순히 정당방위 차원에서 저지른 대수롭지 않은 정도의 폭력이 아니었다.

:: 언제 반사회적 행동이 시작되는가?

☆ 반사회적 행동이 시작되는 시기는 연구에 따라 다른 편이다.

☆ 보통 반사회적 행동은 처음 유죄판결을 받기 3년에서 5년 전 무렵에 시작되는 것으로 알려져 있다.

☆ 성인기에 처음 반사회적 행동을 시작한 경우는 극히 드물다.

:: 소녀들도 소년들과 같은 위험 요인에 취약할까?

☆ 소년 소녀 모두 같은 종류의 위험 요인을 통해 반사회적 행동을 예측할 수 있다.

☆ 위험 요인에는 가족 문제, 낮은 지능, 과잉행동, 자제력 결핍 등이 있다.

☆ 소녀들은 소년들에 비해 위험 요인을 경험하는 비율이 더 낮은 것으로 보인다. 특히 과잉행동 및 또래와의 관계 문제, 신경학적 문제 등에서 낮은 비율을 보인다.

:: 소녀들의 반사회적 행동 정도가 낮은 것을 성격 차이로 설명할 수 있을까?

☆ 그런 것으로 보인다.
☆ 부정적 정서와 자제력 결핍 등 구체적인 성격은 성별에 관계없이 모두 반사회적인 행동과 관계가 있다.
☆ 위와 같은 성격을 소녀들이 덜 갖고 있기 때문에 반사회적인 행동에도 적게 개입하는 것으로 보인다.

:: 기타 정신건강 문제는 반사회적인 행동에 어떤 영향을 미칠까?

☆ 심각한 문제 행동을 보이는 청소년의 경우 90퍼센트가 불안감과 우울증, 약물남용, 과잉행동 및 집중력 결핍 장애, 난독증 등의 문제를 같이 보인다.
☆ 이 부분은 소년과 소녀가 매우 비슷한 정도를 보인다.
☆ 하나 차이가 있다면, 소녀들의 우울증은 심각한 문제 행동에 선행하기보다 문제 행동 뒤에 나타나는 경향이 있다는 점이다.

:: 청소년기 반사회적 행동은 성인기에 어떠한 영향을 미치는가?

☆ 소년 소녀 모두 지속적으로 반사회적 행동을 저지를 경우 결과는 심각할 수 있다. 그러나 결과의 모습은 조금 다르다.

☆ 남자 청소년의 경우 직장 내 문제나 약물남용, 위법과 관련한 문제를 일으킬 확률이 더 높다.

☆ 여자 청소년의 경우 관계 문제, 우울증, 자해, 신체건강 저하 등의 문제를 일으킬 확률이 더 높다.

:: 머저리 같은 남자 친구와 반사회적 행동 사이에 관계가 있을까?

☆ 반사회적 행동을 한 전력이 있는 딸들은 어긋난 방향으로 남자 친구와 관계를 맺을 가능성이 있다.

☆ 반사회적인 딸이 반사회적인 남자 아이를 만나면 어린 나이에 임신할 가능성이 높다.

☆ 청소년기에 시작한 반사회적 행동이 성인기까지 지속될지 여부를 결정하는 핵심요인은 어떤 사람과 관계를 맺느냐다. 나쁜 남자를 만나면 더 많은 문제를 일으킬 것이고, 착한 남자를 만나면 해피엔딩을 맞을 가능성이 높을 것이다.

☆ 문제는 나쁜 딸이 나쁜 아들과 만날 가능성이 높아 악순환에 빠지는 것이다.

:: 반사회적 행동의 중단과 지속은 각각 어느 정도로 나타나는가?
☆ 반가운 소식이 있다면 99퍼센트의 소녀들이 청소년기가 지나면 반사회적 행동을 중단한다.
☆ 청소년기가 지나서도 반사회적 행동을 지속하는 경우는 소녀 백 명 가운데 한 명이다.
☆ 휴우, 다행이다.

중요한 내용이 많으므로 두어 번 더 읽어두는 게 좋다. 무엇보다 딸을 키우는 아빠들이 챙겨야 할 핵심은 긍정적인 언급이 많다는 것이다. 반사회적 행동은 아들들만큼이나 딸들에게도 나쁜 영향을 미치겠지만, 딸들은 아들들보다 반사회적 행동의 정도가 덜 심각하다. 무엇보다 가장 희망적인 대목은 99퍼센트의 딸들이 성인기에 진입하면서 반사회적 행동도 졸업한다는 사실이다.

다시 한 번 말하겠다. 휴우, 정말 다행이다.

내 딸에게 문제가 발생했을 때

딸들이 국가권력과 마찰을 빚을 가능성이 적은 것은 사실이지만, 반사회적 행동은 분명히 일어나고 있는 현실이다. 여전히 변화와 재배치를 겪는 중인 딸의 두뇌는 때때로 어리석게 보이는 결정을 내릴 때가 있다. 그런 일은 흔히 일어난다. 중요한 것은 아빠가 올바른 대응을 하느냐는 것이다.

개인적으로 청소년 범죄자와 함께 해온 세월이 꽤 되는데, 그 중에는 상점을 턴 절도범도 있지만 살인범도 있다. 상상하기도 싫겠지만, 내 딸이 반사회적 행동을 했다는 사실을 알았을 때, 아빠가 취해야 할 대응방법을 알아보기로 하자.

☆ 공황상태에 빠지지 말 것. 이런 순간일수록 차가운 이성이 필요하다. 심호흡부터 한 뒤 이제 무엇을 어떻게 할지 생각해보자.

☆ 지나치게 화를 내지 말 것. 당연히 화가 치밀 것이다. 하지만 지나치게 화를 내지는 말자. 아이가 스스로 저지른 일의 심각성을 느낄 정도로만, 아빠가 딸의 행동을 용납하지 않는다는 것을 알 정도로만 화를 내라. 아빠가 자신에게 전혀 신경을 쓰지 않는다고 생각할지도 모르므로, 화를 내기는 해야 한다. 다만 불같이 화를 내지는 말라는 말이다. 길잡이 삼아 조언을 하자면 버락 오바마식 화(냉정하고 계산적이며 목표가 있는)를 추천한다. 조지 W. 부시의 화(앞뒤 재지 않고 미친 듯 광포하게 아무 나라나 마구잡이로 골라 침공하려는 기세)는 아니다.

☆ 결과를 있는 그대로 받아들일 것. 결과로부터 아이를 감싸줘서는 안 된다. 백마 탄 왕자님이 되어 딸을 구하러 가서는

안 된다. 보석으로 석방시켜서도 안 된다. 아이의 잘못을 무마시키고 결과를 가볍게 하기 위해 말싸움을 벌이는 부모가 되지는 말자. 잘못된 선택의 결과를 고스란히 느껴야 교훈을 얻을 수 있다. 아이가 실수로부터 배울 기회를 빼앗지 말자.

☆ 영리한 충고가 아닌 현명한 조언을 할 것. 변호사를 선임해야 할 정도에 이른다면, 신중하게 선택해야 한다. 청소년 범죄를 전문으로 다루는 훌륭한 변호사들도 있지만, 싸구려들도 있다. 변호사가 하는 일은 의뢰인이 처벌을 받지 않게 하는 것이라는 사실을 잊지 말자. 그게 그들의 업이다. 변호사가 생각하는 승리와 딸의 인생에서 최종적인 승리는 전혀 다른 별개의 문제라는 것을 잊지 말자. 변호사를 사서 딸의 처벌을 면하게 해주는 것은 진정한 승리가 아니다. 오히려 최악의 손실이 될 수도 있다.

☆ 동정은 좋지만 어리석은 동정은 안 된다. '어리석은 동정'은 불교 승려 트룽파 린포체가 처음 사용한 용어다. 그는 동정심을 베푸는 것은 좋은 일이라 했다. 특히 실수를 저지른 사람들에게 동정심을 베푸는 것은 권장할 일이다. 하지만 같은 실수를 반복하는 사람을 동정하는 것은 좋지 않다고 지적했다. 그건 동정이 아니라 '어리석은 동정'이라고 했다. 딸이 실수를 저질렀을 때 아빠가 동정심을 품는 것은 당연하

다. 그러나 아이가 같은 실수를 반복하고 아빠의 도움을 무시하거나 거절한다면, 절대로 어리석은 동정을 베풀어서는 안 된다.

누구에게나 어려운 일은 닥치는 법이다. 우리도 어린 시절 문제를 일으켰다. 문제를 일으키려고 작정한 것도 아닌데 그렇다. 그러므로 우리가 걱정하고 관심을 쏟아야 하는 대상은 일어난 일 자체가 아니다. 정말로 중요한 것은 어떻게 반응하는가다. 그러므로 아이가 무슨 일을 저질렀는가보다 아빠가 어떻게 대처해나갈 것인가가 더 중요하다.

타인의 실수로부터 배우기

나는 실수를 신봉하는 사람이다. 성공보다 실수로부터 더 많이 배울 수 있기 때문이다. 또 무수히 많은 부모들이 딸과의 관계에서 실수를 저지르는 것을 목격했고, 거기에서 많은 것을 배울 수 있었다. 누구도 자식과의 관계를 망치고 싶지 않겠지만, 때때로 그런 일이 일어나는 게 인생이다. 중요한 것은 실수에서 배우고 계속 앞으로 나아가는 것이다.

그러한 관점에서 정신이 번쩍 드는 이야기 세 가지를 들려주겠다.

니콜, 만 15세, 교사모욕

니콜은 한동안 학교의 최고 문제아였다. 무례한 말투와 성마른 성격 탓에 매일같이 교사들과 갈등을 빚었다. 니콜은 얼굴이 예쁘고 인기도 많았기 때문에 교칙 따위는 무시해도 좋다고 생각하는 것 같았다. 그러던 어느 날 영어수업이 시작되었는데도 니콜이 친구와 잡담을 계속하자 교사가-신임교사로 이미 니콜과 몇 차례 부딪친 적이 있었다-이제 그만 조용히 하라고 주의를 주었다. 그러나 니콜은 교사를 향해 욕설을 내뱉었고, 교사가 당장 교실 밖으로 나가라고 화를 냈는데도 그 말을 무시했다. 교사는 니콜 앞으로 걸어가 당장 나가라고 소리쳤다. 이번에는 교실 밖으로 나가긴 했지만 그 전에 교사의 뺨을 때렸다.

:: **니콜의 부모가 보인 반응**

니콜의 부모는 불같이 화를 내며 학교를 찾아왔다. 그들은 학교 측이 딸을 너그럽게 감싸지 않고 오히려 자극했다며 항의했다. 부모가 보기에, 그리고 니콜 스스로 설명하기에 당시 교사가 공격적인 말투를 썼다고 했다. 또 니콜의 개인 영역을 침범했기 때문에 니콜이 막다른 골목에 몰렸고, 친구들 앞에서 모욕을 당했다고 주장했다. 그러므로 교사의 뺨을 때린 니콜의 행동은 위협에 대한 본능적인 반응이라고 주장했다. 니콜의 부모는 오히려 교사가 니콜에게 사과를 해야 옳으며, 지금까지 사용해온 위협적인 수업 방법을 당장 수정해 수업을 이끌어나가야 한다고 촉구했다.

:: 니콜의 부모가 보였어야 하는 반응
1. 즉시 딸에게 절대로 용납할 수 없는 행동을 했음을 분명히 이해시킨다.
2. 딸에게 허용한 온갖 종류의 특권을 철회한다.
3. 학교에 연락을 취해 가능한 한 빨리 만날 약속을 한다.
4. 학교 측과의 만남의 자리에서 니콜이 교사에게 자신이 저지른 행동을 사과하게 한다.
5. 학교 측과 논의를 거쳐 적절한 처벌을 마련한다.

타냐, 만 16세, 기물파손

타냐는 금요일 밤 친구들과 밖에 나갔다. 그들은 자신들에게 담배 판매를 거부한 주유소의 유리창에 돌멩이를 던지면 끝내주게 재미있겠다고 생각했다. 유리창은 깨지지 않았지만 크게 금이 갔다. 주인 입장에서는 유리를 통째로 갈아야 했기 때문에 큰 비용이 발생했다. 방금 저지른 일에 대해 이야기를 주고받으며 킥킥대며 걸어가고 있는 타냐 일행을 신고 받은 경찰이 붙잡아갔다.

:: 타냐의 아빠가 보인 반응

타냐의 아빠는 처음부터 이 일을 '충동에 휩싸여' 벌인 것이라고 생각했다. 무엇보다 타냐보다 나이가 많은 다른 아이들이 주도한 일이라고 단정지었다. 자기 딸이 무리의 일원이었음은 인정하면서도, 다른 아이들과 과실 정도가 같다는 것은 인정하지 않았다. 그는 정식으로 유능한 변호사를 선임했다. 변호사는 돌멩이를 누가 던졌는지 증명할 수 없기 때문에 타냐에게 책임을 물을 수 없다는 결론을 얻어냈다. 재판은 이겼고, 타사는 기소당하지 않았다. 그리고 주유소 주인에게 어떠한 보상을 치를 필요도 없었다. 그냥 계속해서 행복하게 살면 될 것 같았다.

:: 타냐의 아빠가 보였어야 하는 반응

1. 타냐가 직접 돌멩이를 던지지 않았고 단지 옆에 서서 웃기만 했더라도 비난받아 마땅하다는 것을 이해시킨다.
2. 주유소 주인에게 진심 어린 사과를 하게 한다.
3. 손해의 일부분을 직접 책임지고 갚게 한다(타냐 스스로 일을 찾아 돈을 벌어야 한다는 뜻이다).
4. 책임을 다 갚았을 때 비로소 타냐는 자유의 몸이 될 수 있으며, 당당한 자신의 삶을 이어갈 수 있을 것이라는 생각을 아이 스스로 해야 한다.

야스민, 만 11세, 절도

야스민은 새 학교에 적응을 못하고 힘들어했다. 그러던 어느 날 야스민은 같은 학년의 '불량소녀'와 함께 백화점에 놀러갔다가 향수를 훔쳤다. 야스민이 향수를 가방에 슬쩍 하기 10분 전부터 백화점 보안요원은 이미 의심의 눈초리로 두 소녀를 지켜보고 있었다. 두 소녀는 매장에서 나오다가 보안요원에게 붙들렸다. 야스민의 아빠가 백화점에 도착했을 때 야스민은 훌쩍훌쩍 울고 있었고, 감옥에 갈지도 모른다는 생각에 잔뜩 겁을 먹고 있었다.

:: 야스민의 아빠가 보인 반응

그는 어떠한 행동도 하지 않았다. 자기 딸이 겁에 질려 우는 모습에 속이 상해서 그냥 야스민을 안고 위로해주었다. 그는 모든 게 괜찮다는 말만 반복하며 야스민을 차에 태우고 집으로 데려갔다. 가는 길에는 딸의 기분을 달래주고 사건을 머릿속에서 몰아내기 위해 맥도널드에 들르기도 했다. 돌아오는 차 안에서 아빠는 야스민에게 계속해서 말을 걸었지만, 아이는 울기만 했다. 그래서 일부러 따뜻하게 아이를 안아주며 아무 일도 없었던 것처럼 굴었다.

∷ 야스민의 아빠가 보였어야 하는 반응

1. 감옥에 가는 일은 없을 거라고 안심을 시키되, 야스민이 저지른 행동은 심각하고 실망스러운 일임을 분명히 알린다.
2. 백화점 직원에게 사과를 하게 한다.
3. 적당한 처벌을 가한다(컴퓨터 사용시간이나 텔레비전 시청시간 등의 특권을 박탈하는 식으로).
4. 일단 야스민의 감정이 가라앉으면 학교에서의 문제에 대해 이야기를 나눈다. 그리고 왜 절도에 가담하게 되었는지 스스로 이해할 수 있도록 도와준다(다른 친구들에게 인상적으로 보이고 싶은 마음도 있었을 것이다). 앞으로 다르게 행동하려면 어떻게 하면 좋을지에 대해서도 대화를 나눈다.
5. 누구나 실수를 저지르지만 실수에서 배우고 계속해서 앞으로 나가는 게 중요하다고 알려준다.

요약- 나쁜 딸들: 내 딸이 잘못을 저질렀을 때

★ 공황상태에 빠지지 말 것.

★ 지나치게 화를 내지 말 것.

★ 결과를 있는 그대로 받아들일 것.

★ 영리한 충고가 아닌 현명한 조언을 할 것.

★ 동정은 좋지만 어리석은 동정은 안 된다.

이혼과 새로운 만남
: 딸을 먼저 생각하라

결코 만나서는 안 되는 사람들이 있다. 첫 데이트를 해서도 안 되지만, 설사 한 번 했다고 해도 절대로 두 번째 데이트를 해서는 안 되는 사람들이 있다. 텔레비전 화면을 수놓은 유명 인사들의 다양한 만남과 이별 이야기를 통해 수도 없이 목격한 바다.

사랑과 결별은 새로운 일이 아니다. 어른들도 늘 어리석은 행동과 선택을 하지 않던가. 솔로몬 왕이 아기를 둘로 나눠가지라는 엽기적인 판결을 내린 이유도 다 양육권을 둘러싸고 싸우는 부모들 때문이었다. 지금은 그런 솔로몬 왕의 판결을 완벽함에 가까운 현명함의 소산이라고 말하지만, 어쩌면 늙고 지친 솔로몬 왕이 짜증이 솟구쳐 불쑥 해버린 말일 수도 있다.

나도 양육권을 두고 다투는 부모를 많이 보았다. 만약 그들에게 솔로몬 왕의 판결을 들이밀었다면, 분명히 누가 아기의 윗부분을 가질 것인가를 놓고 다시 싸웠을 거다.

가정법원에서 몇 년 일한 뒤 나는 솔로몬 왕의 판결을 십분 이해하게 되었다. 하지만 나라면 아이를 찢어 가지라고 말하는 대신 차라리 부모의 뺨을 얼얼할 정도로 갈겨주었을 것이다. 쩨쩨하고 염치없는 일로 가득한 가정법원 한복판에서 판사가 양쪽 부모를 향해 당장 그 망할 놈의 입을 닥치고 문제나 해결하라고 버럭 소리를 지른다면, 나는 박수를 치며 환호할 것이다.

그러나 여태껏 그런 판사는 단 한 번도 본 적이 없다. 하지만 분명히 속으로는 그렇게 소리치고 싶었을 거라고 장담한다.

그들의 눈빛을 보면 다 알 수 있다.

딸에 대한 단독 양육권 혹은 공동 양육권을 얻는 쪽은 아빠인 경우가 더 많다

역사는 참 웃기다. 뒤집히고 또 뒤집히고 또 다시 뒤집힌다. 도무지 앞일을 알 수가 없다. 1990년대에 이르자 수많은 아빠들이 엄마들 쪽으로 기운 체제에 반기를 들며 분연히 떨쳐 일어나 아빠의 권리를 주장했다. 당시에는 엄마들이 양육권을 더 많이 가져갔지만, 역사적으로 늘 그랬던 것은 아니었다.

19세기 초반 미국에서는 자식을 먹여 살릴 수도 있고, 종교적으로나 세속적으로나 아이들을 교육할 수 있다는 이유로 아빠들이 양육권을 가져가는 게 보통이었다. 그러다가 산업혁명이 시작되면서 아빠들이 도시의 공장으로 향하자 변화가 일어나기 시작했다. '어머니와의 유대감'이라는 개념이 생기면서 엄마들이 낮 동안 혼자서 자녀를 책임지는 일이 늘어났다. 상황이 이렇게 흘러가자, 오래도록 한쪽으로 기울어 있던 추가 다시 반대쪽으로 기울기 시작했다. 엄마들이 양육권을 가져가는 시대가 온 것이다.

시간이 흐른 뒤, 아빠들의 권익을 주장하는 단체들이 점점 자녀의 삶에서 아빠가 적극적인 역할을 맡을 동등한 기회를 부여받지 못한다는 절망감을 표출하기 시작했다. 이들의 주장은 1980년대와 90년대 아빠들도 엄마들만큼 양육과 복지 제공의 능력을 갖췄다는 연구 결과에 의해 뒷받침되었다. 그리고 과학적 연구와 조사 결과 오늘날에는 양육권이 엄마 아빠 어느 쪽에 주어지나 결과가 거의 같음이 입증되었다. 이후 적응 과정에서 개입되는 특별한 요인에 따라 미세한 차이가 보이기는 하지만, 아빠와 함께 사는 아이들이나 엄마와 함께 사는 아이들이 큰 차이를 보이지 않았다. 아빠 혼자와 사는 아이들이 특정한 요소들과 관련한 위험 요인을 더 많이 보인다는 연구 결과도 있지만, 그 반대의 것도 있다. 각각 어떤 문제와 관련한 위험 요인인지에 대해서는 구체적으로 밝히지 않겠다. 괜한 혼란을 불러올 수도 있고, '광범위한 경향'은 중요하지 않기 때문이다.

위험 요인 운운하는 이야기를 들었다고 마음에 담아둘 필요는 없다. 정말로 중요한 점은 난리법석 속에서도 엄마들이 아들들을 잘 보살필 수 있듯이, 아빠들도 딸들을 혼자서도 잘 키우고 보살필 수 있다는 사실이다.

가장 큰 상처

아이들이 가장 큰 상처를 받는 때는 어른들이 갈등과 충돌을 고스란히 아이들에게 노출시키는 경우다. 정말이지 생각 없는 행동이라 할 수 있다. 자식을 끔찍이 사랑한다고 주장하는 부모가 서로를 '잡아먹을 듯이' 싸워대는 갈등 상황을 그대로 자식들에게 노출시키는 장면을 보면, 실로 놀라울 뿐이다. 언젠가 오프라 윈프리가 이렇게 물었던 게 생각난다.

"옳기를 원하십니까, 행복하길 원하십니까?"

이혼을 둘러싸고 실랑이를 벌이고 있는 현장이라면, 위의 질문은 다음과 같이 바꾸고 싶다.

"옳기를 원하십니까, 자녀가 행복하길 원하십니까?"

어른끼리의 다툼을 본다면, 아이들이 힘들고 혼란스러워 할 것은 뻔하다. 이러한 아이들이 반사회적 행동과 자해 행동에 뛰어들 위험도가 높아질 것도 분명하다. 부모들에게 죄책감을 강요하고 싶지는 않지만, 죄책감을 느껴야 마땅하다고 생각한다.

건전한 이혼을 위한 황금규칙

자녀를 사이에 둔 상태에서 이혼을 최대한 잘 마무리 짓기 위한 몇 가지 규칙을 제안하고자 한다. 나는 "내 방식대로 하지 않으면 당신 자식이 다칠 거요."라고 을러대는 사람은 아니다. 그러나 이번만은 그 규칙에 예외를 만들고자 한다. 이렇게 당당하게 구는 이유는 첫째, 과학이 내 편을 확고히 들어주고 있기 때문이고, 둘째, 서로 원만한 합의를 보지 못한 부모 때문에 불행해 하는 자식들의 모습을 수도 없이 목격했기 때문이며, 셋째, 논쟁을 일삼는 심리학자들이 만장일치로 찬성하고 나선 희귀한 분야이기 때문이다. 그러니 부디 내 말에 따르라.

☆ 아이들에게 최대한 이로운 결과가 가장 중요하다. 어떤 상황이라도 아이들에게 가장 이로울 결과가 무엇일지부터 생각하고 행동하자. 객관적이기 힘들 때도 있지만, 최선을 다해 객관적인 충고와 조언에 귀를 기울여라.

☆ 아이들 앞에서 충돌하는 모습을 결코 보이지 말라. 철없는

이기주의자처럼 군다면 오히려 아이들이 상처를 입는다.
☆ 아이의 엄마가 먼저 도발하더라도 덥석 물지 말라. 아이 엄마가 어떤 도발을 해와도 그녀의 말이나 행동은 정작 중요하지 않다는 사실을 잊지 말라. 정말로 중요한 것은 좋은 아빠가 되는 일이지, 쩨쩨한 싸움에서 이기는 게 아니다.
☆ 딸 앞에서는 언제나 엄마에 대해 긍정적인 모습을 보여라. 아이 엄마를 비방하지 말 것. 분명한 이유가 있더라도 절대로 아이 앞에서 엄마를 헐뜯어서는 안 된다. 아빠가 엄마를 비난하는 건 딸에게 조금도 이롭지 않다.
☆ 아이의 엄마와 공동양육 관계를 튼실하게 구축할 수 있도록 최선을 다하라. 서로 좋은 감정이 남아 있지 않더라도 둘 다 살아있는 한 딸에게는 계속 부모가 되어야 한다. 그러므로 딸의 세계에서는 아빠와 엄마가 여전히 안정적으로 제자리를 지키고 있음을 보여주기 위해 노력해야 할 것이다.
☆ 재산 관련 문제는 가능한 한 빨리, 공정하게 해결하라. 법적인 문제는 가능한 한 빨리 마무리를 짓고 해결을 해야 두 사람 모두 각자의 삶을 빨리 시작할 수 있다.

어른들의 문제는 어른들끼리, 아이들의 문제는 아이들과 함께 해결하기 위해 최선의 노력을 기울여야 한다. 부부끼리는 서로를 몹시 미워하고 원망할 수 있겠지만, 자식에게는 더 큰 책임을 지고 있음을 잊지 말라. 무엇보다 당신은 아빠이고, 아빠는 나쁜 것들로부터 딸을 보호할 의무가 있으니까. 간단명료하게 생각하라.

무책임한 엄마

모성애는 신성불가침 영역이라는 생각이 전해 내려오지만, 안타깝게도 늘 그런 것은 아니다. 자식을 포기하고 버리는 무책임한 아빠들이 존재하듯이 무책임한 엄마도 분명 있다. 자식을 포기하는 사람들에게 물어보면 다 이유가 있지만, 그 어떤 이유도 사실도 자식을 포기할 만한 이유가 되지 못한다. 정말 중요한 것은 아이가 믿고 의지할 수 있는, 이 세상에 딱 두 사람 중 한 사람이 아이를 버렸다는 사실이다.

무책임한 엄마들은 말 그대로 아이를 포기하고 버리는 경우도 있지만, 가끔은 감정적으로 저지를 때도 있다. 이 역시 결과적으로는 버린 것과 마찬가지다. 가끔씩 아이를 만나기는 하지만 어쩌다 한 번, 그것도 무수히 약속을 어긴 뒤 실망감을 잔뜩 안겨가며 만난다. 이런 엄마들은 어쩔 수 없었다며 갖은 핑계를 다 대지만 결과는 늘 똑같다. 아이 입장에서는 또 한 번 거부감과 실망감을 느끼며 홀로 남겨지는 것이다.

만약 당신의 아이가 이런 상황에 처했다는 생각이 든다면 딸의 힘겨운 상황을 함께 해결할 수 있도록 다음과 같은 노력을 하자.

☆ 계속 대화를 나누어라. 자신의 감정을 이야기로 잘 풀어나가는 게 딸들의 장점이 아니던가. 그러니 딸과 계속해서 이야기를 나누어라.

☆ 딸이 아빠에게 원하는 건 문제 해결이 아닐 수도 있다는 걸 잊지 말아라. 흔히 남자들은 문제 해결 자체에 초점을 맞추고 이야기를 나누는 경향이 있다. 뭐, 그것도 나쁘지는 않지만 딸이 정말로 원하는 건 그저 자신의 속상한 감정을 털어놓는 것뿐일 수도 있다. 아이가 원하는 게 그것이라면 그렇게 할 여유를 줘라.

☆ 딸이 실망하고 있음을 아빠도 알고 있다고 딸에게 알려라. 엄마를 비방하지 말고, 그런 엄마가 있으면 정말로 속이 많이 상할 것이라는 걸 아빠도 알고 있음을 딸에게 말해주자.

☆ 대부분의 아이들은 일상과 규칙을 좋아한다. 엄마가 곁에 없더라도 삶은 평소처럼 흘러갈 수 있음을 알려준다면, 아이도 안정감을 되찾을 수 있을 것이다.

☆ 아이가 엄마의 행동에 마음이 상했다고 해서 나쁜 행동을 저질러도 될 구실이나 핑계가 될 수 없다는 걸 알려줘야 한다. 엄마가 어떻게 나오든지 아이 스스로 자신의 행동에 책

임을 져야 한다는 것을 이해시켜라.
- ☆ 아빠가 늘 곁에 있음을, 언제나 딸의 편임을 알게 하라. 일회성이 아니라 늘 반복해서 이해시켜라.
- ☆ 아이를 많이 사랑하고 있음을 가능한 한 자주 알리고 안아주자. 엄마가 곁에 없어도 아빠가 옆에 있다는 것을, 또 아빠에게 아이가 얼마나 특별하고 소중한 존재인지 깨닫게 하라.

부모 입장에서 자식이 상처받는 모습을 지켜보는 일은 언제나 힘겹고 고통스럽다. 그 원인이 무엇이든지 말이다. 화가 솟구칠 수도 있고, 아이 엄마에게 비난의 화살을 퍼붓고도 싶을 것이다. 그러나 절대로 그래서는 안 된다. 아이에게 전혀 도움이 되지 않는다. 그러니 아이의 부담감을 가중시키지 말고 아이의 곁을 지켜줘라. 그거면 충분하다. 아이의 옆에 있어줘라.

새로 생긴 '특별한 친구'를 소개할 때

이 일 역시 지뢰밭이 가득하다. 당신의 삶에 새로운 사람이 들어오면서 온갖 문제가 다시 시작될 수 있기 때문이다. 이때는 약간의 조심성과 외교술을 이용해 최대한 노력하는 것 말고 다른 비결은 없다. 딸에게 당신의 '특별한 친구'를 소개할 때 염두에 두어야 할 사항들을 알아보기로 하자.

☆ 발생 가능한 스트레스를 정당화할 수 있을 만큼 관계가 진지해질 때까지 기다릴 것. 데이트를 하고 있다고 해서 이 '특별한 친구'들을 모두 소개해봤자 득이 될 건 없다. 오히려 늘 새로운 사람이 왔다가 가는 모습을 반복적으로 지켜보는 딸만 힘들 뿐이다.

☆ 느린 게 최선이다. 새 친구를 소개할 때는 천천히, 부드럽게 그리고 신중하게 해야 한다. 당신이나 상대방이나 딸이나 모두에게 적응할 시간이 필요하다.

☆ 새로운 파트너와 역할을 분명히 정할 것. 새 여자 친구는 새엄마가 아니다. 그렇게 생각해서도 행동해서도 안 된다. 새 친구는 어디까지나 새 친구일 뿐이므로, 딸은 집안의 다른 손님들에게 하듯이 존경심을 가지고 대해야 한다. 또 새 파트너도 딸과 함께 가족의 문제에 대해 이야기하기까지는 시간이 걸릴 수도 있음을 이해해야 한다.

☆ 가족에 엄마를 대신할 사람이 끼는 것을 딸은 힘들어할 수 있다. 그러므로 당신도, 당신의 새 파트너도 미리 마음의 준비를 단단히 해두어야 한다.

☆ 참을성을 갖되, 동네북이 되지는 마라. 딸은 화가 나거나 속이 상할 수도 있지만, 여전히 아빠를 향한 존경심을 잃어서는 안 된다. 아빠도 아빠의 삶을 살아갈 권리가 있음을 받아

들여야 한다. 한동안 아이가 화를 낼 수는 있겠지만, 계속해서 무례하게 굴어도 된다는 뜻은 아니다.

때로 아이들은 우리 부모에게도 삶의 권리가 있음을 인식하지 못하는 경우가 있다. 부모로서 일차적인 의무는 양육이지만, 언젠가는 자식들도 우리 곁을 떠날 게 분명하다. 당신의 '특별한 친구'가 대단한 사람일 수도 있고, 또 함께 상황을 헤쳐나갈 지혜의 소유자일 수도 있다. 하지만 자식들에게 소개할 때는 조심스럽고도 여유 있는 자세를 보여야 할 것이다.

요약- 이혼과 새로운 만남: 딸을 먼저 생각하라

★ 어른들끼리의 갈등과 충돌을 아이에게 보여줘서 득이 될 게 없다.

★ 가장 중요한 고려 대상은 아이의 행복이다.

★ 아이는 부모 사이의 어떠한 갈등이나 충돌로부터 멀리 떨어져 있어야 한다.

★ 아이의 엄마에 대해 긍정적인 태도를 보여야 한다.

★ 아이의 엄마와 협력적인 공동양육 관계를 유지하기 위해 노력해야 한다.

★ '특별한 친구'를 딸에게 소개하는 시점을 최대한 신중히 고려해야 한다.

6장

멋진 아빠가 될 준비를 마치며

♡ 하루 두 번 '아빠' 한 알씩 복용할 것
♡ 멋진 아빠가 되는 3가지 방법
♡ 최고의 딸과 최고의 아빠!

하루 두 번 '아빠' 한 알씩 복용할 것

앞서 살펴본 몇 개의 장에서 섭식장애나 우울증, 불안감, 학교 문제, 조기 성생활, 비행, 불량소녀 문제 등의 위험에 처한 딸들에 관해 최근 과학이 어떠한 사실들을 발견해냈던가를 다시 한 번 더듬어보자. 뭔가 떠오르는가? 이와 같은 나쁜 일들이 등장할 때마다 단골처럼 등장한 위험 요인이 있었음을 기억할 것이다.

☆ 아빠의 부재
☆ 부모와의 갈등
☆ 부모끼리의 갈등

☆ 가정 내 훈육의 결핍
☆ 지나치게 통제적이거나 보호적인 부모
☆ 딸의 삶에 무관심한 부모
☆ 낮은 자존감
☆ 부정적인 생각과 감정

지면이나 채우려고 얼렁뚱땅 생각나는 대로 열거한 것들이 결코 아니다. 지난 45년 동안의 과학적 연구들이 몇 번씩이나 반복해서 확인해준 사실들이다. 문제 자체는 꽤 복잡하게 보인다. 하지만 이런 문제들로부터 아이를 보호할 수 있는 최선의 대책은 의외로 간단하다. 어떻게 보면 다행스럽기도 하다.

"가능한 일을 단순하게 만들되 지나치게 단순하게는 하지 말라."고 말한 것은 아인슈타인이었던가? 똑똑한 양반 같으니라고.

연구자들과 임상학자들은 우리 딸들이 섭식장애나 우울증, 만 13세 무렵의 조기 성경험 등의 문제를 일으키도록 등을 떠미는 원인에 대해 여전히 치열한 논쟁을 벌이고 있다. 그러나 그들이 어떤 논란을 벌이고 있는가는 당신과 당신의 딸에게는 전혀 중요하지 않다. 정말로 중요한 것은 위에 언급한 문제들로부터 딸의 면역력을 키워주기 위해 당신이 구체적으로 어떤 일을 하는가다.

☆ 딸의 삶에 적극적으로 개입하라. 딸의 삶에 관심을 갖고 적극적으로 개입하는 것은 중요하다. 그래야 딸은 아빠가 자신에게 관심을 갖고 있다고 느낀다. 딸들은 아빠가 뒤로 물러나 관망하기를 원하지 않는다.

☆ 딸에게 사랑받고 있다는 느낌을 안겨줘라. 이 역시 중요하다. 사랑받고 있다는 느낌은 딸을 위해 해줄 수 있는 가장 훌륭한 일이며, 딸에게 닥쳐올 온갖 시련과 시험으로부터 딸을 안전하게 지켜줄 것이다.

☆ 여성과 상호 존중을 바탕으로 한 관계를 유지하라. 딸이 남자와 어떤 관계를 맺고 어떤 것들을 기대할 것인가를 보여줄 최초이자 가장 중요한 본보기는 바로 아빠다. 아빠는 딸이 결혼하고 싶은 남자가 되어야 한다. 상투적으로 들리겠지만, 이보다도 진실된 건 없다. 아빠는 엄마와 함께할 때도 좋은 남자가 되어야 한다. 혹시 이혼을 했다고 해도 아이 엄마를 존중해야 한다. 다른 여성과 재혼을 했다면 그녀 역시 존중하라. 당신이 어떻게 행동하는지 딸은 모두 지켜보고 있다.

☆ 규칙을 마련하라. 딸도 규칙과 한계를 필요로 한다. 규칙을 정하고 종용하다보면 어쩔 수 없이 딸이 아빠에게 싫은 내색을 하게 될 것이다. 그래도 괜찮다. 겉으로는 아빠가 싫다

고 할지 몰라도 사실 딸은 아빠를 사랑한다. 규칙은 딸을 안전하게 지켜줄 필수요소고, 아빠가 딸을 사랑하고 있음을 보여주는 방식이다.

☆ 성장할 여유를 줘라. 규칙과 한계는 균형을 이루기 위한 동전의 양면과 같다. 딸은 규칙과 한계를 필요로 하지만, 동시에 혼자서 세상을 탐험하며 뭔가를 발견할 여유도 필요하다. 당신은 수많은 일들로부터 딸을 보호해주지만, 모든 일로부터 지켜줄 수는 없다. 그러므로 딸 스스로 삶을 헤쳐 나가야 한다. 어렵지만 중요한 일이다. 아빠가 언제나 모든 것을 대신 해결해줄 수는 없다. 누구도 완벽한 사람은 없으므로 당연한 이야기다. 그러므로 아빠는 가능한 한 최선을 다하면 된다.

☆ 상처를 해결하는 법을 가르쳐주어라. 생각보다 훨씬 쉬운 방법이 있다. 그냥 딸의 말에 귀를 기울이면 된다. 조용히 옆자리만 지키라는 게 아니라, 정말로 귀를 기울이라는 뜻이다. 딸은 모든 것이 결국 지나가기 마련이라는 교훈을 배우며 성장해나갈 것이다. 시간이 흐르면 상처도 치유될 것이다. 비록 완전히 깨끗하게 아물지 못할지라도, 그 상처마저 편안한 흉터로 남을 것이다.

☆ 자신을 믿도록 가르쳐라. 가장 좋은 방법은 아빠 스스로 본

보기가 되는 것이다. 아빠가 딸을 믿으면 딸도 자신을 믿을 것이다. 그렇다고 무슨 일이든 딸 혼자 하도록 맹목적으로 믿으라는 말은 아니다. 딸을 믿어준다는 것은 약간의 시간과 도움 그리고 시행착오의 필요성을 인정한다는 뜻이다. 그 과정을 거쳐 딸은 마침내 종착점에 다다를 것이다. 아빠가 딸을 믿고 있다고 말해주면 딸도 자신을 믿을 것이다. 혼란과 상실감을 느끼는 순간도 많겠지만, 그런 순간조차 아빠는 조용히 딸 곁을 지키며, 계속 삶을 헤쳐 나가다보면 언젠가는 해결책도 있을 거라고 말해줘야 한다.

이제 다음 장에 책의 전체 내용을 단 네 페이지로 요약 정리할 생각이다. 설마 이 부분만 골라 읽고 나머지는 건너뛰는 만행을 저지르지는 않을 거라고 믿는다.

요약– 하루 두 번 '아빠' 한 알씩 복용할 것

★ 딸의 삶에 적극적으로 개입하라.

★ 딸에게 사랑받고 있다는 느낌을 안겨줘라.

★ 여성과 상호 존중을 바탕으로 한 관계를 유지하라.

★ 규칙을 마련해주어라.

★ 상처를 해결하는 법을 가르쳐주어라.

★ 성장할 여유를 줘라.

★ 자신을 믿도록 가르쳐라.

멋진 아빠가 되는
3가지 방법

지금 하려는 이야기가 아빠들에게는 모두 의무 사항이다. 너무 많은 의무를 안겨줘 부담감에 허덕일까 봐 간단하게 세 가지로 줄여보았다(그렇다. 단 세 가지다!). 다만 딸과 함께 살아가는 동안 하루하루 여러 차례 반복해야 한다.

딸을 당신의 삶에 초대하라

딸이 스스로를 특별한 존재로 느낄 수 있도록 당신의 삶에 기꺼이 초대하라. 딸은 당신을 많이 사랑하겠지만, 아빠에 대해 많이 알지 못한다는 감정 탓에 그 사랑에 얼룩이 질 것이다. 그러므로 당신의 삶에 딸을 초대해 당신에 대해 속속들이 알게 하라. 뭐,

그리 어려운 일도 아니다. 가끔씩 딸을 직장에 데려가라. 사무실에서 일한다면 딸과 함께 엘리베이터를 타고 당신의 회전의자에 앉혀 빙글빙글 돌려줘라. 트럭 운전사라면 간간히 아이를 태우고 달려라. 창고에서 일한다면 지게차에 태우고 복도를 돌아다녀봐라(물론 조심해야 한다). 당신의 직업이 무엇이든 아이는 당신을 멋지다고 생각할 것이다.

음악가라면 당신의 밴드나 오케스트라의 연주를 들려줘라. 사냥꾼이나 낚시꾼이나 도보여행자라면 아이를 데리고 광활한 야외로 나가라. 장화를 신기고 따뜻한 겉옷을 입히고 장갑과 목도리를 단단히 여민 뒤 강이나 산 너머로 태양이 떠오르는 모습을 보여줘라. 아이는 그 순간을 영원토록 기억할 것이다. 가구제작자라면 나무로 가구를 만드는 모습을 보여줘라. 자동차 정비 일을 한다면 아이에게 스패너를 집어달라고 부탁해보자. 무엇이든 당신이 열정적으로 일하는 모습을 아이에게 보여줘라.

아이와 함께 외출해 함께 커피를 마시며 대화를 나누거나 감자튀김을 먹으며 수다를 떨어라. 일요일 아침 함께 길모퉁이 가게까지 걸어가 신문을 사와라. 시간과 돈이 허락하는 한도 안에서 아이와 많은 주말을 함께 보내라. 그 모든 순간들을 아이는 기억할 것이다.

무엇을 하든지, 어디를 가든지, 아이를 당신의 삶에 초대하라.

당신이 딸의 삶에 찾아가라

앞서 말했듯이 늘 소꿉놀이나 하며 딸과 시간을 보낼 수는 없지만 가끔은 해볼 필요가 있다(의외로 깜짝 놀랄 만큼 재미있을지 또 아는가? 물론 나는 한 번도 해본 적이 없어서 잘 모르지만, 재미있을지도 모른다는 생각이 불현듯 스친다). 아이가 점점 커갈수록 아빠와 함께할 수 있는 일들을 찾아내는 게 중요하다. 그리고 일부는 아이가 직접 고를 수 있게 해주어야 한다. 아이가 아빠처럼 스포츠나 음악을 좋아한다면 훨씬 수월할 것이다. 함께 운동경기를 즐길 수도 있고, 함께 콘서트에 갈 수도 있을 테니까. 아이가 뭘 좋아하든지 아빠도 좋아해야 한다. 물론 많은 아빠들이 딸의 축구시합을 응원하러 가는 일보다 곱절은 더 중요한 일들로 허리가 휘고 있다는 걸 잘 알고 있다.

이 세상에 완벽한 사람은 단 한 명도 없다. 다들 자신의 삶과 일에 얽매여 있다. 나도 어제 막내아들의 시즌 마지막 축구시합을 보러 가지 못했다. 왜? 이 책을 쓰느라고. 아들의 팀은 2대 1로 졌다. 두 팀 모두 시즌 내내 단 한 게임도 져본 일이 없는 강팀이었기 때문에 경기는 그야말로 접전이었을 것이다. 이럴 때 문제가 생긴다. 매서운 현실이 기다리고 있다. 내가 늙어서 할아버지가 되고 아들이 제 삶에 바빠 여유가 없을 때가 오면, 나는 이 책을 제 시간에 완성하지 못했던 것에 대한 아쉬움보다 아들의 축구시합을 놓쳐버린 후회가 훨씬 클 것을 잘 알고 있다.

당신의 딸도 나이가 들어가면서 관심사가 바뀔 것이다. 그에 맞춰 당신도 변해야 한다. 어쩌면 오전 내내 딸과 쇼핑을 해야 할지도 모르고, 구두 가게에서 인고의 시간을 보내야 할지도 모른다. 피할 길이 없다. 왜? 마땅히 해야 할 일이기 때문에. 무엇보다 끔찍한 쇼핑을 끝낸 후에는 딸과 함께 커피를 마시며 아이의 세계에서 무슨 일이 벌어지고 있는지 수다를 떨 수 있지 않은가. 그 정도면 소름끼치는 쇼핑을 견뎌낼 가치가 충분하지 않은가?

사소한 일들이 중요하다

가만히 돌이켜보면 우리 삶에서 가장 밝게 빛나는 순간은 사소한 때다. 네 살 때 어릿광대를 보고 활짝 웃음을 터뜨렸던 기억, 당신의 아버지가 무슨 말을 들려주었는데 그 한 마디가 자신을 이 세상에서 가장 위대한 어린이로 만들어준 것 같아 어깨가 으쓱했던 순간들처럼. 당신의 딸도 마찬가지다. 언제나 사소하고 작은 일들이 오래도록 기억에 남는다. 그러므로 자주 아이와 농담을 주고받고, 자주 안아주고, 우스꽝스러운 노래를 불러주며, 딸이 얼마나 자랑스러운지 속삭이는 쪽지를 남겨라. 생각나는 대로 해봐라. 물론 쉴 틈도 없이 하라는 말은 아니다. 그러다간 미쳐버릴지도 모르니까. 다만 아이의 삶 곳곳에 이 사소한 마법 같은 순간들을 점점이 흩뿌려주어라. 그런 순간들은 아이가 5세 때나 35

세 때나 똑같이 아이에게 충만한 느낌을 안겨줄 것이다.

요약- 멋진 아빠가 되는 3가지 방법

★ 딸을 당신의 삶에 초대하라

★ 당신이 딸의 삶에 찾아가라.

★ 사소한 일들이 중요하다.

최고의 딸과 최고의 아빠!

자, 이제 당신이 원하는 줄거리대로 영화를 찍어보자.

누구도 세상의 종말을 예측하지 못했다. 지난 30년 동안 좀비 영화에 열광하며 살아온 이들도 이런 날이 찾아올 거라고는 상상조차 하지 못했다. 그래서 그들은 그저 고개를 끄덕이며 최후의 한 마디를 남겼다.
"그래, 그럴 줄 알았어."
지금 이 순간 대부분의 사람들은 목숨을 잃었다. 발을 질질 끌며 걸어다니는 좀비 떼에게 산 채로 잡아먹히고 말았다. 미국 좀비영화의 대부 로메로 감독이 예상했던 그대로, 좀비들은 살아

있는 인간의 뇌를 좋아했다.

얼마 남지 않은 생존자들은 가까스로 피난처를 찾았다. 일부는 사무실 빌딩을, 일부는 배를, 일부는 백화점을 찾아갔다. 당신의 딸도 그 중 한 명이었다. 당신의 딸은 종말이 다가오고 있다 해서 겁에 질린 원숭이처럼 가만히 앉아 있지 않았다. 트럭에 뛰어들어 천천히 움직이는 좀비들 사이를 뚫고 여기까지 왔다. 이른바 '최고급 백화점'이었다.

가는 길에 딸은 다른 사람들을 태워주었다. 임신부와 경찰관, 오토바이를 탄 근육질 남자, 노인과 그의 아내 그리고 노인들에게 부실부동산을 팔며 부를 축적해왔을 것처럼 생긴 중년 남자였다.

처음에는 모든 게 순조로웠다. 일행은 백화점 뒤편의 집하장에 트럭을 세우고 경찰관이 소지하고 있던 권총으로 자물쇠를 쏘아 부수고 안으로 들어갔다. 그리고 날카로운 이빨을 드러내며 위협하는 좀비 하나가 썩어가는 손으로 문고리를 움켜잡기 직전에 다행히 안에서 문을 잠갔다.

부실부동산 판매업자 스티브가 얼룩진 누런 손수건으로 이마의 땀을 훔치자 다들 혼란스러운 얼굴로 옹기종기 모여 섰다.

그때 당신의 딸이 앞으로 나섰다. 당신의 딸은 수천의 좀비 떼에게 포위당했을 때는 연민에 빠져 주저앉아 있을 시간이 없다는 걸 누구보다 잘 알고 있었다.

"각자 흩어져서 백화점 안이 안전한지부터 확인해보기로 해요. 그래야 앞으로 뭘 어떻게 할지도 생각할 수 있지 않겠어요?"

그러나 오토바이를 타고 가던 근육질 남자는 불안한지 킥킥대기만 했다.

"호들갑은 그만 떨고 조금 진정하는 게 어때, 귀여운 아가씨?"

그러나 당신의 딸은 이런 식의 허세를 결코 눈감아 주지 않는다. 딸은 곧장 근육질 남자 앞으로 다가가 그의 얼굴에 얼굴을 바짝 들이대고 한 마디를 던진다.

"저 소리 안 들려? 수천의 굶주린 괴물들이 안으로 들어오려고 문을 할퀴고 씹어대는 저 소리가? 놈들은 당신이 비명을 지르기도 전에 갈가리 찢어버릴걸? 그런데 진정하라고? 이 넓은 백화점에 모든 창문과 문이 단단히 잠겨 있을 거라고 확신해?"

근육질 남자는 침을 꼴깍 삼킬 뿐, 아무 대꾸도 하지 못한다.

"그러니까 각자 흩어져서 확인하자고."

다들 딸의 말을 따라 삼삼오오 흩어져 주위를 살피기 시작했다. 널찍한 공구상점 뒤편을 살펴보고 있을 때 비명과 두 발의 총성이 들려왔다. 비명이 점점 커지고 있었다.

"제기랄."

당신의 딸은 곧장 공구상점으로 들어가 도끼를 집어 들고 백화점 앞마당으로 달려갔다. 그곳에 굶주린 좀비 하나가 부동산업자 남자 옆에 앉아 이빨로 목을 물어뜯고 있었다. 흰색 대리석 바닥에 피가 질 나쁜 특수효과처럼 흩어졌다. 공포에 질린 임신부가 솟구치는 피를 보고 픽 쓰러졌다. 그 옆에서 느끼한 근육질 남자가 마구 비명을 질러대었다. 당신의 딸은 곁눈질로 경찰관을 보며 외쳤다.

"총으로 쏴버려요!"

경찰관이 권총을 조준하고 두 발을 연거푸 쏘았다. 그러나 총에 맞은 좀비는 잔뜩 화가 난 얼굴로 뒤를 돌아볼 뿐이었다. 좀비는 피를 뚝뚝 흘리면서도 경찰관을 죽일 듯 노려보았다. 경찰관이 총을 한 번 더 발사했고 세 번째 총알이 좀비의 급소를 맞혔다.

"안 돼!"

딸이 소리쳤다. 그러나 경찰관은 딸의 소리를 듣고 있지 않았다. 좀비는 경찰관이 미처 깨닫기 전에 번개 같은 속도로 달려오고 있었다.

"다른 데를 맞혀야 해요!"

당신의 딸은 계속 외쳐댔지만 경찰관은 애꿎은 총알만 낭비하고 있었다.

딸은 이제 어떻게 해야 할지 판단을 마쳤다. 딸은 천천히 경찰관을 향해 몸을 돌렸다. 괴물이 달려와 경찰관의 몸에 부딪치자 권총이 바닥에 떨어졌고 괴물과 경찰관은 팔다리가 한데 얽혀 도리깨질을 했다. 비명이 한층 더 커졌고 질 나쁜 특수효과가 뒤를 이었다.

당신의 딸은 곧장 도끼를 치켜들고 좀비를 향해 돌진했다.

"이봐, 괴물!"

딸의 외침에 좀비가 고개를 들었다. 굶주림에 가득 찬 좀비의 시선이 딸에게 꽂혔다.

그러나 딸은 도끼를 내리쳤고 한 방에 좀비의 머리를 두 조각 냈다. 차갑고 붉은 끈적끈적한 물질이 딸의 얼굴에 튀었다.

좀비는 쓰러졌다. 이번에는 정말로 죽었다. 다시는 돌아오지 못할 곳으로 가버렸다.

딸은 숨을 몰아쉬며 그 자리에 서 있었다.

"오, 맙소사! 괴물이 죽었어."

뒤에서 오토바이 탄 남자가 말했다.

"놈들은 두개골을 부수어야 해요. 가슴에 총을 쏴봐야 아무 소용없어요. 머리를 쏘아야 한다고요."

"그런 건 다 어디서 배운 거죠?"

근육질 남자가 경외감을 품고 당신의 딸을 바라보았다.

딸은 좀비의 피와 뇌수를 뚝뚝 떨어뜨리며 남자를 돌아보았다. 강렬하고도 또렷한 눈빛으로 씩 웃으며 남자에게 말했다.

"우리 아빠한테요."

아아, 멋지지 않은가?

정말 끝내주게 멋지지 않은가?

그러니 어서 서둘러라. 당신은 딸을 키워야 한다.

행운을 빈다.

아빠, 딸을 이해하기 시작하다
(원제: Fathers Raising Daughters)

나이젤 라타 지음 | 이주혜 옮김

초판 발행일 2011년 12월 30일 | **제4쇄 발행일** 2012년 3월 7일
펴낸이 조기룡 | **펴낸곳** 내인생의책 | **등록번호** 제10-2315호
주소 서울시 마포구 망원동 385-39 2층 삼운빌딩 3층
전화 (02)335-0449, 335-0445(편집) | **팩스** (02)335-6932
전자우편 bookinmylife@naver.com | **홈 카페** http://cafe.naver.com/thebookinmylife
책임편집 신유진 | **편집** 김지연 박소란 손유진 오혜림 유정진 | **마케팅** 신현 | **디자인** 정계수

FATHERS RAISING DAUGHTERS
Copyright © Nigel Latta 2010
The Author has asserted his right to be identified as the Author of this work.

First published in English by HarperCollins Publishers New Zealand Limited in 2010.

No part of this book may be used or reproduced in any manner
whatever without written permission except in the case of brief quotations
embodied in critical articles or reviews.

Korean Translation Copyright © 2011 by THEBOOKINMYLIFE PUBLISHING CO.
This Korean language edition is published by arrangement with HarperCollins Publishers New
Zealand through BC Agency, Seoul.

이 책의 한국어 판 저작권은 BC 에이전시를 통한
저작권자와의 독점 계약으로 내인생의책에 있습니다. 저작권법에 의해
한국 내에서 보호를 받는 저작물이므로 무단전재와 복제를 금합니다.

ISBN 978-89-91813-96-0 13590

*책값은 뒤표지에 있습니다.
*잘못된 책은 구입처에서 바꾸어 드립니다.

이 도서의 국립중앙도서관 출판시도서목록(CIP)은
e-CIP홈페이지(http://www.nl.go.kr/ecip)와
국가자료공동목록시스템(http://www.nl.go.kr/kolisnet)에서 이용하실 수 있습니다.
(CIP제어번호: CIP2011005404)

책은 나무를 베어 만든 종이로 만듭니다.
내인생의책은 한 권의 책을 만들 때마다
우리 아이들이 나중에 자라 이 책이 '내 인생의 책'이라고
말할 수 있는 책을 만들고자 합니다.
그래서 원고는 나무의 생명과 맞바꿀 만한 가치가 있어야 합니다.
그림책이든 문학, 비문학이든 원고 형식은 가리지 않습니다.
여러분의 소중한 원고를 bookinmylife@naver.com으로 보내주시면
정성을 다해 좋은 책으로 만들겠습니다.